CONTRATOS I

Compra e Venda
Troca
Contrato Estimatório
Doação
Locação
Comodato
Mútuo

JOSÉ ROBERTO DE CASTRO NEVES
Mestre em Direito pela Universidade de Cambridge, Inglaterra
Doutor em Direito Civil pela Universidade do Estado do Rio de Janeiro
Professor de Direito Civil da PUC-RJ
Advogado

CONTRATOS I

COMPRA E VENDA
TROCA
CONTRATO ESTIMATÓRIO
DOAÇÃO
LOCAÇÃO
COMODATO
MÚTUO

2ª EDIÇÃO

Rio de Janeiro
2017

1ª edição – 2016
2ª edição – 2017

© *Copyright*
José Roberto de Castro Neves

Ilustração da capa:
Constantin Brancusi

CIP-Brasil. Catalogação-na-fonte.
Sindicato Nacional dos Editores de Livros, RJ.

N425c

Neves, José Roberto de Castro
  Contratos I / José Roberto de Castro Neves. - 2. ed. - Rio de Janeiro: LMJ Mundo Jurídico, 2016.
  244 p.: il.; 25 cm.

  Inclui bibliografia e índice
  ISBN 978-85-9524-016-2

  1. Processo civil - Brasil. 2. Direito processual civil - Brasil. I. Título.
17-42458
  CDU: 347.91./95(81)

O titular cuja obra seja fraudulentamente reproduzida, divulgada ou de qualquer forma utilizada poderá requerer a apreensão dos exemplares reproduzidos ou a suspensão da divulgação, sem prejuízo da indenização cabível (art. 102 da Lei nº 9.610, de l9.02.1998).

Quem vender, expuser à venda, ocultar, adquirir, distribuir, tiver em depósito ou utilizar obra ou fonograma reproduzidos com fraude, com a finalidade de vender, obter ganho, vantagem, proveito, lucro direto ou indireto, para si ou para outrem, será solidariamente responsável com o contrafator, nos termos dos artigos precedentes, respondendo como contrafatores o importador e o distribuidor em caso de reprodução no exterior (art. 104 da Lei nº 9.610/98).

As reclamações devem ser feitas até noventa dias a partir da compra e venda com nota fiscal (interpretação do art. 26 da Lei nº 8.078, de 11.09.1990).

Reservados os direitos de propriedade desta edição pela
GZ EDITORA

e-mail: contato@editoragz.com.br
www.editoragz.com.br
Av. Erasmo Braga, 299 – sala 202 – 2º andar – Centro – Rio de Janeiro – RJ – CEP 20010-170
Tels.: (0XX21) 2240-1406 / 2240-1416 – Fax: (0XX21) 2240-1511

Impresso no Brasil
Printed in Brazil

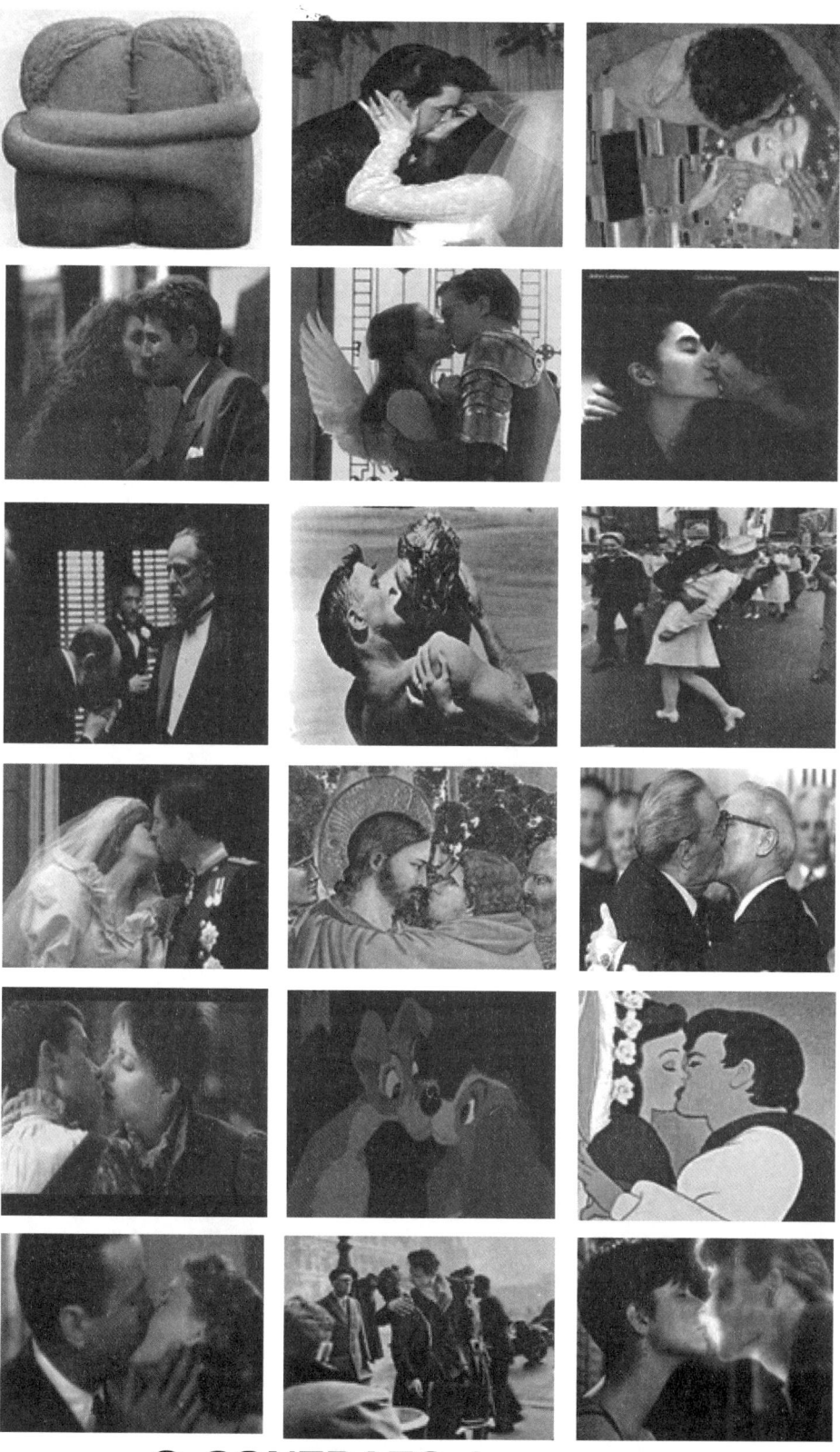

O CONTRATO É UM BEIJO
O BEIJO É UM **CONTRATO**

Apresentação

Toda produção jurídica, seja artigo, parecer, monografia, ou mesmo uma obra doutrinária, há de preencher três requisitos para merecer a qualidade de excelente. Deve ser concisa para ser lida, didática para ser entendida e consistente para ser convincente.

As obras do Professor José Roberto de Castro Neves, jovem e talentoso jurista, são consideradas excelentes por todos os seus leitores porque dizem muito sem multiplicar palavras, elucidam estudantes e competentes profissionais do Direito, fundamentam peças jurídicas de singela e elevada erudição, desde petições iniciais a votos nos tribunais superiores.

Mercê de sua extraordinária cultura geral e humanística, o talentoso autor reúne em seus escritos direito e filosofia, poesia e literatura, como logrou fazer em suas primorosas obras Medida Por Medida – O Direito Em Shakespeare e A Invenção do Direito.

Na obra que tenho a honra de apresentar, o Professor José Roberto de Castro Neves dá continuidade à sua missão inovadora de apresentar o Direito Civil de forma concisa, didática e consistente. Tal como suas obras anteriores – Uma Introdução ao Direito Civil (Parte Geral) e Direito das Obrigações –, a nova obra, Contratos I, é didática, profunda e atual. De sua agradável leitura o leitor constatará que o contrato não morreu, diferentemente do que foi proclamado em determinado momento de sua evolução. Pelo contrário, revitalizado pelos novos princípios que o informam, o contrato está mais vivo do que nunca.

Na verdade, a nova disciplina dos contratos não importou em eliminação dos seus elementos essenciais, mas sim em uma revisão de conceitos, de valores e de princípios. O contrato continua sendo o negócio jurídico por excelência, o mais poderoso instrumento de circulação de riquezas, "a veste jurídica de operações econômicas", como preconizou Enzo Roppo com maestria. Daí a relevância da sua disciplina jurídica para cada área em que ocorrem as respectivas operações econômicas.

De forma sintética, como bem ressalta o autor, é possível dizer que, após os grandes movimentos sociais da primeira metade do século passado, três novos princípios contratuais foram acrescidos àqueles já existentes, de modo a não ser possível considerar abolidos os anteriores. Esses novos princípios - a boa-fé objetiva, o equilíbrio econômico do contrato, e a sua função social - destinam-se a integrar o contrato numa ordem social harmônica. O contrato não mais pode ser visto como um átomo, algo que somente interessa às partes, desvinculado de tudo o mais. O contrato, qualquer contrato, tem importância para a sociedade e essa asserção, por força da Constituição, hoje faz parte do ordenamento positivo brasileiro.

Não ousarei fazer maiores comentários sobre a obra; seria temerário em face da sua concisão. Ela fala por si. Asseguro, entretanto, que os seus leitores nela encontrarão uma reflexão amadurecida e atual sobre os CONTRATOS.

Julho de 2016

Sergio Cavalieri Filho
Professor Emérito da EMERJ

NOTA DO AUTOR

Este trabalho vem da sala de aula. Há muitos anos leciono a matéria – contratos – para alunos de graduação. Acredito que possa haver uma contribuição com uma obra que apresente o tema, enfrentando seus aspectos essenciais e polêmicos, de uma forma atual, sem, entretanto, acomodar-se na superficialidade.

O livro também segue a linha de obras anteriores, Uma Introdução ao Direito Civil e Direito das Obrigações, ambas já com diversas edições. Em todos esses trabalhos, tomou-se por objetivo introduzir o assunto e indicar suas tendências. Não existe hoje, no Direito, nenhuma obra definitiva ou capaz de aglutinar todas as tendências e opiniões sobre algum tema. O melhor, creio, é que um texto liberte, abra portas, para que o leitor tenha certeza da necessidade de buscar novas fontes e construa a sua própria opinião.

Agradeço os amigos que leram as minutas para criticá-las. Especialmente meus colegas Natália Mizrahi Lamas, João Pedro Martinez, Patricia Klien Vega e os estudantes Paula Muanis Trindade, Fernanda Weaver, Lucca Borges e Mateus Reis. A ajuda deles foi preciosa.

O beijo é um contrato. Duas pessoas acordam que se beijarão e levam adiante a intenção. Para funcionar, o beijo precisa de reciprocidade. As partes devem agir com um mesmo objetivo, integradas. Há o beijo espontâneo, o beijo escondido, o beijo comprado, o beijo da gratidão, o beijo sofrido, entre tantos outros. São contratos. Pense bem: nos contratos, objeto deste trabalho, há um beijo.

Rio de Janeiro, julho de 2016

Nota do Autor à 2ª edição

Como a primeira edição se esgotou, surgiu a oportunidade de aprimorar o manual. Agradeço a todos que me ajudaram.

Rio de Janeiro, maio de 2017

Para Rúbia e Chamoun
pelos exemplos

Para Bel, Guilherme, João e Duda
procurando dar exemplos

OBRAS DO AUTOR

Livros Publicados:

"O Código do Consumidor e as Cláusulas Penais", Ed. Forense, Rio, 2004; 2ª ed. (2006).

"Uma Introdução ao Direito Civil – Parte Geral", Ed. Letra Legal, Rio, 2005; Ed. Forense, Rio, 2ª ed. (2007); Ed. GZ, Rio, 2011 (3ª ed.).

"Direito das Obrigações", Ed. GZ, Rio, 2008 (1ª e 2ª tiragens), 2ª ed.(2009); 3ª ed. (2012); 4ª ed. (2013); 5ª ed. (2014); 6ª ed (2016); 7ª ed. (2017)

"Medida por Medida – O Direito em Shakespeare", Ed. GZ, Rio, 2013 (1ª e 2ª ed.); 3ª ed. (2014); 4ª ed. (2015); 5ª ed., Edições de Janeiro (2016).

"A Invenção do Direito", Edições de Janeiro, Rio, 2015.

"Contratos I", Ed. GZ, Rio, 2016.

"Measure for Measure – The Law in Shakespeare", Edições de Janeiro, Rio, 2016.

Como co-autor:

"Código Civil Interpretado Conforme a Constituição da República", vol. 1, Ed. Renovar, Rio de Janeiro, 2004;

"Código Civil Interpretado Conforme a Constituição da República", vol. 2, Ed. Renovar, Rio de Janeiro, 2006;

"Código Civil Interpretado conforme a Constituição Federal", vol. 3, Renovar, Rio de Janeiro, 2011.

"Código Civil Interpretado conforme a Constituição Federal", vol. 4, Renovar, Rio de Janeiro, 2014.

Trabalhos publicados:

"Insolvency Law in Brazil" - pela Southwestern University Law Journal, dos Estados Unidos, 1996;

"Boa-fé objetiva: posição atual no ordenamento jurídico e perspectiva de sua aplicação nas relações contratuais" – Revista Forense, Rio de Janeiro, v. 351, 2001;

"O artigo 924 do Código Civil: uma leitura do conceito de equidade nas relações de consumo" – Revista Forense, Rio de Janeiro, v. 360, 2002;

"Coação e Fraude contra Credores", no livro "A Parte Geral do Novo Código Civil", Ed. Renovar, Rio de Janeiro, 2002;

"Uma leitura do conceito de equidade nas relações de consumo", no livro "A Constitucionalização do Direito", Ed. Lúmen Iuris, Rio de Janeiro, 2003;

"Aspectos da cláusula de não concorrência no direito brasileiro" – Revista Trimestral de Direito Civil, v. 12, ed. Padma, Rio de Janeiro, 2003;

"Considerações jurídicas acerca das agências reguladoras e o aumento das tarifas públicas" - Revista dos Tribunais, v. 821, São Paulo, 2004;

"Justiça, segurança, bem comum e propriedade. Uma breve introdução ao direito de propriedade e à sua função social" - Revista da EMERJ, nº 26, Rio de Janeiro, 2004;

"A intertemporalidade e seus critérios" – Revista Forense, v. 382, Rio de Janeiro, 2005;

"O enriquecimento sem causa como fonte das obrigações" – Revista dos Tribunais, v. 843, 2006.

"O enriquecimento sem causa: dimensão atual do princípio no Direito Civil", no livro "Princípios do Direito Civil Contemporâneo", Ed. Renovar, Rio de Janeiro, 2006.

"O Direito do Consumidor – de onde viemos e para onde vamos", in Revista Trimestral de Direito Civil, v. 26, Padma Editora, 2006;

"Responsabilidade Civil – vinte rachaduras, quebras e desmoronamentos (e uma canção desesperada)", in Revista Trimestral de Direito Civil, nº 33, Padma Editora, 2008;

"As Garantias do Cumprimento da Obrigação", in Revista da EMERJ, nº 44, Rio de Janeiro, 2008;

"O Princípio da Vulnerabilidade", in "Dicionário de Princípios Jurídicos", Ed. Elsevier, São Paulo, 2010.

"O Princípio da Equidade", in "Dicionário de Princípios Jurídicos", Ed. Elsevier, São Paulo, 2010.

"O árbitro conhece o direito – Jura novit cúria", in Revista Direito ao Ponto, nº 7, São Paulo, 2011.

"O Arredamento Rural e a sua Contraprestação", in Aspectos Polêmicos do Agronegócio, São Paulo, Ed. Castro Lopes, 2013.

"O Contrato de Fiança", no livro, in: Direito e Justiça social, São Paulo, Atlas, 2013.

"O Contrato Estimatório", in Revista Forum do Direito Civil nº 2, Belo Horizonte, 2013.

"Os Direitos da Personalidade e a Liberdade de Expressão – Parâmetros para a Ponderação", Revista da EMERJ, v. 16, nº 62, Rio de Janeiro, 2013.

"O Chapeleiro maluco, a rainha de copas, os advogados e o julgamento de Alice", in Narração e Normatividade", Ed, GZ, Rio de Janeiro, 2013.

"Custas, Despesas e Sucumbência na Arbitragem", in Revista de Arbitragem e Mediação, ano 11, 43, Ed. Revista dos Tribunais, São Paulo, 2014.

"Resolução e Revisão dos Contratos", in Direito Imobiliário, São Paulo, Atlas, 2015.

"Arbitragem nas Relações de Consumo – Uma Nova Esperança", in Arbitragem e Mediação, São Paulo, Atlas, 2015.

"O Contrato de Seguro, sua perspectiva civil-constitucional e sua lógica econômica", In Anais do I Congresso Internacional de Direito de Seguro do Conselho da Justiça Federal e do Superior Tribunal de Justiça, Ed. Roncarati, São Paulo, 2015.

"Shakespeare e os estudantes de direito", in Cadernos FGV Direito Rio, vol. 11, Rio de Janeiro, Edição FGV, 2015.

"O Contrato de Seguro, sua Perspectiva Civil-Constitucional e sua Lógica Econômica", in Direito dos Negócios Aplicado, vol. II, São Paulo, Almedina, 2016.

"O Bardo e a Lei", in Suplemento, Belo Horizonte, Imprensa Oficial do Estado de Minas Gerais, 2016.

"A escolha do árbitro como fundamento da arbitragem", in A Reforma da Arbitragem, Rio de Janeiro, Forense, 2016.

"Shakespeare e o espelho do homem público", in O Mundo é um Palco, Rio de Janeiro, Edições de Janeiro, 2016.

Sumário

Apresentação	VII
Nota do autor	IX
Nota do autor a 2ª edição	X
Obras do autor	XIII
Contratos: uma introdução	1
As obrigações e suas fontes	2
Os princípios de direito aplicáveis aos contratos	10
O princípio da autonomia da vontade	14
O princípio da obrigatoriedade	16
O princípio da ordem pública	17
O princípio da boa-fé	20
O princípio da relatividade	24
O princípio da conservação	25
Classificação dos contratos	27
Compra e Venda	37
Os elementos essenciais da Compra e Venda	42
Os deveres das partes	66
Promessa de Compra e Venda	72
Pactos adjetos à Compra e Venda	74
Troca	89
Contrato estimatório	91
Doação	99
Espécies de Doação	112
Limites da doação	121
Revogação da doação	133
Promessa de doação	146
Locação	149
Locação de imóveis	167
Empréstimo	189
Comodato	191
Mútuo	201
Bibliografia	215
Índice Alfabético-Remissivo	221

Contratos: uma introdução

Para atingir os seus objetivos, o homem se vale de instrumentos. Afinal, o homem tem limites, sendo uma grande parte deles imposta pela sua própria natureza. Como não sabemos voar, mas precisamos nos deslocar com rapidez, o homem criou o avião. Porque precisamos cortar coisas, como alimentos, mas não temos naturalmente essa capacidade, nós nos valemos de uma faca.[1] Entre os instrumentos de maior importância para o homem encontra-se o direito.

O homem concebeu o direito como uma necessidade. Para viver em sociedade, o homem precisa de regras, tanto para saber como deve proceder, como para punir condutas nocivas à coletividade.

O caminho do homem para construção dessas regras jurídicas não tem fim. Trata-se de uma constante adaptação do que se considera a melhor forma de reger a sociedade. O Direito não se desenvolve atendendo a "uma vontade arbitrária, mas um crescimento lento, gradual e orgânico."[2] No início do século XIX, o direito preconizava que o mais adequado meio de aferir a justiça de um contrato se dava pela análise da liberdade que as partes desfrutaram quando de sua celebração. A justiça seria uma manifestação da liberdade. Hoje, acredita-se que a ampla liberdade entre os contratantes, ao contrário, pode ser fonte da injustiça. O direito, então, adaptou-se a esse novo conceito, como fez em diversas outras situações.

Essa constante mutação do direito é um aspecto fundamental ao estudante e ao usuário, pois se deve estar diuturnamente atento e

---

1 Esse exemplo é dado por Alain de Botton e John Armstrong, em *A Arte como Terapia*, Rio de Janeiro, Intrínseca, 2014, quando explicam a arte como instrumento (p. 5).

2 Luis Díez-Picazo, *Experiencias jurídicas y teoria del derecho*, 3ª ed., Barcelona, Ariel, 1993, p. 187.

crítico, numa vigília perene, com vistas a que o direito não se torne anacrônico ou tutele algum valor já ultrapassado.

No mundo jurídico, o estudo das obrigações tem papel essencial. Nele, os contratos gozam de importância ímpar, pela sua larguíssima aplicação. A partir de agora, vamos examinar exatamente os contratos mais comuns, cuja maior parte foi contemplada no Código Civil. Aliás, o legislador decidiu por positivá-los na lei exatamente pela enorme frequência com que esses contratos eram utilizados pela sociedade.

As obrigações e suas fontes

conceito de obrigação

O leitor já conhece o conceito de obrigação: o vínculo jurídico por meio do qual uma pessoa está autorizada a exigir que outra adote certo comportamento.

Estabelece o ordenamento jurídico que alguns fatos originam obrigações, isto é, determinados fatos são aptos a criar esses vínculos jurídicos entre as pessoas. Que fatos são esses?

O direito examina esses fatos ao tratar das fontes das obrigações. O termo "fontes", aqui, expressa uma fonte d'água, uma nascente, de onde brota o fato apto a servir como uma obrigação.[3] Os atos ilícitos são fontes, na medida em que se o ilícito causar dano a outrem, o causador fica obrigado a reparar o prejuízo. Também atos unilaterais podem servir de fonte, quando, por exemplo, alguém faz uma promessa de dar um prêmio a quem realizar certa proeza. Até mesmo a lei pode ser uma fonte, quando a regra jurídica estabelecer um dever. De todas as fontes, contudo, o contrato é a mais pródiga delas e a que mais encontramos cotidianamente.

o contrato como fonte

O ordenamento jurídico admite que um acordo de vontades sirva como uma fonte de obrigações. Se duas ou mais pessoas capazes chegam a um consenso, ajustando como elas devem agir, dá-se a esse encontro de vontades, desde que seu objeto seja lícito, uma força especial. Se uma das partes, depois de celebrado o ato, decide descumpri-lo, a parte interessada tem como reclamar que a atividade estabelecida, aquela que a contraparte se comprometeu a adotar, seja desempenhada. O nome desse acordo de vontades é contrato.

Entre as fontes das obrigações, o contrato ocupa posição proeminente.

Por meio do contrato, as pessoas criam regras com o propósito de orientar seus comportamentos. As pessoas contratam para comprar certo bem, para alugar, para emprestar, para realizar certo serviço. Em regra, o contrato "envelopa" uma operação econômi-

---

3 Sobre as fontes das obrigações, José Roberto de Castro Neves, *O Direito das Obrigações*, 6ª ed., Rio de Janeiro, GZ, 2015.

ca. Nas palavras de Roppo, "o contrato é a veste jurídico-formal de operações econômicas".[4] Contrata-se para ter segurança e previsibilidade nas condutas de outras pessoas. Os condôminos de um imóvel firmam uma convenção para regular seus direitos e deveres como coproprietários de uma mesma coisa. Não é exagero dizer que a vida em sociedade não seria sequer possível sem os contratos e uma estrutura jurídica que os organizasse.[5] Nem mesmo a sociedade comunista conseguiu abolir o contrato.[6]

Sem o poder que o ordenamento jurídico dá ao contrato, a sociedade viveria em absoluta insegurança e conflito. Se os acordos firmados pelas partes não tivessem força, nada impediria que as pessoas simplesmente mudassem de ideia e não respeitassem o que antes combinaram. Para garantir a tranquilidade social, dá-se ao acordo de vontades enorme repercussão.

Uma vez estabelecido um contrato, as partes devem respeitá-lo. O contrato, portanto, serve como fonte de uma obrigação. Se a parte obrigada por um contrato pretender escapar de seus deveres, a parte interessada pode reclamar do Estado que garanta o cumprimento do acordado. O contrato, assim, serve como as amarras da vida em sociedade. Com razão, o clássico Pietro Cogliolo, registrou que "o desenvolvimento do contrato é intimamente ligado com o desenvolvimento do próprio indivíduo (...). A história do contrato é a história da civilização."[7]

O contrato, aliás, é a fonte mais rica das obrigações. Todos os negócios civis e comerciais fundam-se nele. Também o contrato é, entre as obrigações, a mais sensível do ponto de vista social. O contrato pode libertar e pode ser a origem da opressão. Há contratos singelíssimos e aqueles de profunda complexidade. Num mundo veloz e conhecido pela multiplicidade de valores em conflito, o papel do Estado, além de proteger a força do contrato, também consiste em impedir que o contrato sirva como fonte de abuso.

---

4   Enzo Roppo, *O Contrato*, Coimbra, Almedina, 2009, p. 11.

5   "O poder assim outorgado aos indivíduos para pactuar as suas relações jurídicas uns com os outros através de contratos, testamentos, laços matrimoniais, etc. é uma das grandes contribuições do direito à vida social". H.L.A. Hart, *O Conceito de Direito*, São Paulo, Martins Fontes, 2009, p. 37.

6   René David, *Os Grandes Sistemas do Direito Contemporâneo*, São Paulo, Martins Fontes, 1998, p. 277.

7   No original: "Lo sviluppo dei contratti è intimamente ligato con lo sviluppo dell'individuo e col perire della comunità; e queste due cose dispendono alla loro volta dall'evoluzione sociale, dal crescere del commercio, dal progresso dele condizioni economiche, dalle industrie, da tutta la vita. La storia dei contratti à dunque la storia della civiltà." (Pietro Cogliolo, Filosofia del Diritto Privato, Firenze, Barbèra, 1888, p. 228)

Numa sociedade minimamente organizada, é natural acreditar que se protegerá um acordo feito entre duas pessoas, no qual se ajustam deveres recíprocos entre elas. Imagine-se uma sociedade bem primitiva, na qual uma pessoa trocou, digamos, uma medida de grãos por uma caça. No início, o melhor seria mesmo a troca, pela imediatez e simplicidade da relação. No mesmo momento, dava-se e tomava-se. Um entregava os grãos e recebia, imediatamente, a caça. Esse acordo de vontades era respeitado naquela comunidade.[8]

o crédito

Pouco depois, sofisticou-se essa relação: admitiu-se que os efeitos do negócio fossem dilatados no tempo, de sorte que alguém poderia ficar obrigado a realizar certa atividade no futuro. Imagine-se que uma pessoa entregou os grãos e acertou que apenas receberia a caça num momento futuro. Nascia o crédito. Atente-se que o crédito pressupõe certa confiança. Credor é aquele que crê. Ele crê que, no futuro, receberá a sua contraprestação.

a tutela do crédito

Se a pessoa deixasse de cumprir o seu dever – no exemplo, entregar a caça na data determinada –, a parte lesada poderia reclamar o dever. Num primeiro momento, a parte interessada, credora da caça, solicitava à contraparte que cumprisse o ajustado (e, por vezes, agia fisicamente para proteger esse cumprimento). O grande passo, do ponto de vista de desenvolvimento da civilização, ocorre quando a parte lesada num acordo conquistou o poder de reclamar o cumprimento da prestação do Estado. Na verdade, o estado primitivo podia ser, na prática, o líder da tribo, o rei, o xamã, o ancião, ou qualquer outra autoridade que tivesse comando entre os súditos ou sobre a comunidade. O prejudicado, pois, solicitava que o Estado impusesse ao acordante inadimplente o dever de atuar como combinado, ou reclamava uma punição pelo descumprimento do acordo. Avaliada a situação, o Estado protegia e amparava a parte correta, muitas vezes impondo o cumprimento do dever, tal como fora convencionado. A confiança da parte que concedia crédito, portanto, não se limitava à pessoa do devedor. Ela confiava também no Estado, no sistema jurídico que a protegeria na hipótese de inadimplemento.

No mundo moderno, o Estado acabou por tirar quase completamente das pessoas o poder de autotutela, isto é, de obter, por via da força privada, o cumprimento das obrigações. Se duas pessoas não conseguem chegar a um consenso acerca dos deveres que elas estabeleceram entre si, apenas o Estado poderá dirimir essa pendência, sendo vedado que uma delas solucione unilateralmente e pela via da força um litígio, impondo, de modo arbitrário, a sua posição à outra.

Vale registrar, contudo, que, em regra, a melhor forma de so-

---

[8] Sobre a relação, no Direito primitivo, entre o intercâmbio comercial e o contrato, ver Richard A. Posner, *A Economia da Justiça*, São Paulo, Martins Fontes, 2010, p. 215 e seguintes.

lucionar uma divergência é a autocomposição. Ou seja, as próprias partes, por meio de concessões mútuas, chegarem a um consenso. Mas isso nem sempre se atinge. Nesse momento, qualquer das pessoas envolvidas, ou mesmo ambas, podem socorrer-se do Estado.

O Estado vai, por meio do Poder Judiciário, examinar a questão para encerrar a divergência (quando muito, as partes convencionam que o tema será submetido à arbitragem. Neste caso, um terceiro, escolhido pelos litigantes, decidirá acerca do fato em discussão e seu veredito terá a mesma força de uma manifestação do Poder Judiciário). Portanto, se uma das partes de uma convenção está insatisfeita com a outra, por entender que o acordo não está sendo respeitado como deveria, ela tem o poder de invocar o Estado para que aquele litígio seja dirimido, restaurando a paz social.

O primeiro desafio de uma análise dessa situação – e esse desafio era o mesmo do líder da tribo, há milênios – consiste em identificar se o acordo deve ou não ser respeitado pelo Estado.

Dito isso de outra forma: deve o Estado admitir qualquer tipo de acordo? Qualquer forma de convenção de vontade pode e deve ser respeitada?

Até aqui, usamos as palavras convenção, pacto, acordo e contrato, indistintamente. O conceito, a rigor, é hoje o mesmo. O termo latino *contractus* vem de *contrahere*, isto é, convenção, pacto. A convergência de vontades por meio da qual as partes chegam a um entendimento. Talvez a diferença do contrato para os outros termos é a de que o contrato tem uma conotação jurídica: essa vontade das partes direcionada a gerar efeitos jurídicos, a ponto de permitir que uma delas possa exigir da outra que cumpra o acordado.

a vontade

Pois, então, quais seriam os contratos aceitos e tolerados pelo Estado? Será que o acordo de vontades tem o poder supremo de criar um dever absoluto, que o Estado deve respeitar cegamente?

Essa resposta passa pela importância dada pelo Estado à vontade das pessoas. Num ordenamento em que a vontade tenha uma enorme força, tende-se a respeitar mais os contratos, tal como entabulados. Se, diferentemente, o Estado restringe a vontade, indicando as situações nas quais essa vontade deve ceder, o contrato terá menos poder.

Imagine-se uma sociedade que dê absoluta importância à vontade das partes, na qual se garante ampla liberdade de contratar, como se fosse um dogma religioso, a ponto de se permitir que as pessoas vendam, por exemplo, seus filhos. O exemplo é propositalmente cruel e extremo. Numa outra sociedade, bem mais restrita do ponto de vista da liberdade de contratar, pode, imagine-se, ser proibido contratar a venda de qualquer bem que ultrapasse determinado valor. Logo se vê que dependerá do Estado aceitar ou não certo acordo de vontades como apto a criar um contrato válido e eficaz.

Aliás, o próprio Estado, por motivos políticos, pode alterar as leis e, de um momento para o outro, admitir determinado contrato como bom, antes ilícito, ou rejeitar um acordo, embora ele fosse válido até há pouco. Não havia muito tempo, as produtoras de tabaco podiam anunciar sua mercadoria na televisão e não havia nada de mal nesse contrato entre elas e as transmissoras. Hoje, entretanto, vedou-se tal propaganda e o contrato que estabelecia esse negócio passou a ser proibido.

De toda forma, vale notar a função da vontade como fonte criadora do direito. Entretanto, não é toda e qualquer vontade que será apta a criar um poder. Mais ainda, muitas vezes, o Estado vai filtrar a vontade, de sorte que a manifestação de vontade poderá surtir efeitos diferentes daqueles que as partes inicialmente imaginavam e desejavam.

<small>vontade para os romanos</small>

Desde a Roma clássica, para que a vontade – a *voluntas* – fosse admitida como criadora e fonte de um contrato, devia-se, desde logo, averiguar se não havia uma arbitrariedade ou um mero capricho. Proibia-se, por exemplo, que uma pessoa convencionasse virar escrava de outra.[9]

No Direito Romano, o conceito de contrato – *contractus*, expressão elíptica de *negotium contractum* – era bem mais restrito do que hoje.[10] Não havia a ideia de contrato como um conceito geral de acordo de vontades. O *contractus*, capaz de gerar obrigações, apenas existia se esse acordo de vontades incidisse sobre um tipo específico de negócio, previamente tipificado. Eram, pois, apenas alguns tipos de contrato, notadamente nos negócios mais comuns, tais como a compra e venda, a doação e a locação. Assim, *contractus* eram somente aqueles acordos que geravam obrigações para as partes. O simples acordo de vontade, fora dessa tipificação, era conhecido como *pacta* ou *pactum* e não gerava direitos obrigacionais, ou seja, a parte lesada por uma eventual falha da outra no cumprimento do acordado não poderia reclamar o adimplemento do Estado (*ex nudo pacto non nascitur actio*).[11] Contudo, aquele que participava de um pacto tinha como invocar o acordo para defesa, isto é, para não ser cobrado por algo indevido. Dizia-se: *nuda pactio obligationem non parit, sed parit exceptionem*,[12] ou seja, o simples acordo de vontade, não gera uma obrigação, mas serve como defesa.

---

9   Enrique Ahrens, *História Del Derecho*, Buenos Aires, Editorial Impulso, 1945, p. 207.
10 José Carlos Moreira Alves, *Direito Romano*, vol. II, 6 ed., Rio de Janeiro, 1997, Forense, p. 108.
11 Ebert Chamoun, *Instituições de Direito Romano*, Rio de Janeiro, Ed. Forense, 1951, p. 327.
12 Digesto, Livro II, Título XIV, 7, §4º. *Du Digeste*, Tome Premier, Paris, Chez Behmer et Lamort, 1805, p. 154.

Logo, nesse período conhecido como clássico do Direito Romano, o contrato apenas existia pela simbiose desses dois elementos: o acordo de vontade e a adequação aos tipos previamente fixados.[13] Diz-se que não havia, naquele momento, um conceito de contrato, porém uma lista de contratos tipificados.

Num momento posterior do desenvolvimento do Direito Romano, com um certo relaxamento do formalismo, passaram a ser admitidas as seguinte formas de contrato: *re*, ou real, se havia a entrega física de coisa; *verbis*, verbal, se fosse necessário pronunciar certas palavras solenes; *litteris*, escrito, caso se requeresse algum registro escrito; e, por fim, *consensu*, se bastasse o simples consentimento das partes.

Uma forma comum de contrato verbal era a *stipulatio*. Este era o meio ordinário de duas pessoas assumirem uma obrigação mútua.[14] Entretanto, como os romanos eram formalistas, para que esse acordo de vontades tivesse algum efeito, as partes deveriam trocar palavras solenes, sendo fundamental, pois, a oralidade. Um dizia, "*spondesne*"? (isto é, prometes?), enquanto o outro respondia, "*spondeo*" (ou seja, prometo) e assim se vinculavam.

Havia, entretanto, muitos contratos nos quais a simples troca de palavras solenes não era suficiente. Fazia-se necessário, ainda, um elemento objetivo, uma forma, muitas vezes refletido na efetiva transferência da coisa, objeto do negócio. Assim era, por exemplo, no comodato e no mútuo – *commodatum* e *mutuum*, respectivamente.

Nas situações nas quais não se respeitava a formalidade necessária, entendia-se que as partes não haviam contratado. Nesses casos, havia simplesmente um pacto (*pactum*), o pacto nu (*nudum pactum*), que não permitia à parte lesada reclamar o adimplemento. Na prática, como se disse, no pacto não havia direito de ação.

Código
Justiniano Como se sabe, Justiniano, no século VI, promoveu uma grande compilação do Direito Romano, reunindo e sistematizando séculos daquele sistema jurídico. Como o Direito Romano desenvolveu-se durante mais de mil anos, muitas vezes não havia consistência conceitual do direito entre um momento histórico e outro. Isso se pode dizer especialmente em relação ao contrato, que saiu de um formalismo extremo a um abrandamento dessas exigências.[15]

Idade Média Na Europa feudal, os contratos seguiram com sua característica real ou formal.[16] Havia práticas bem pitorescas, como a da necessi-

---

13 Pietro Bonfante, *Histoire du Droit Romaine*, tome premier, Paris, Sirey, 1928, p. 489.

14 John Gilissen, *Introdução Histórica ao Direito*, Lisboa, Fundação Calouste Gulbekian, 1979, p. 731.

15 Frederic Girard (*Manuel Élémentaire de Droit Romain*, Paris, Librairie Arthur Rousseau, 1924, p. 618) explica a teoria dos contratos inominados no Direito Romano, com o crescimento de sua aceitação.

16 John Gilissen, *Introdução Histórica ao Direito*, Lisboa, Fundação Calouste Gulbekian, 1979, p. 734.

dade de as partes, para estabelecer definitivamente o vínculo de um acordo, irem juntas a uma taberna e beber. Essa prática se denominava "Le vin du marché". Ou, ainda, a palmada, que era dada no vendedor (*emptio non valet sine palmata*), como uma demonstração do negócio.

No medievo, a mais comum das formalidades era o juramento. Jurava-se por Deus o cumprimento da obrigação.

consensualismo Discute-se, no desenvolvimento histórico do direito, a partir de quando o Estado admitiu que a simples convergência de vontades – o consensualismo –, sem a necessidade de um elemento formal, fosse suficiente para gerar uma obrigação. Em outras palavras, em um determinado momento, o formalismo mais aguçado cedeu e a conjunção de vontades passou a ter enorme importância na formação dos contratos. Reconhece-se que a opinião dos canonistas, estudiosos do direito que estudavam as leis canônicas (relacionadas à Igreja), teve papel relevante. Isso porque eles concederam especial importância à promessa, à palavra empenhada. Reconhecendo-se a força da palavra, todos os acordos, mesmo aqueles que não haviam atentado a alguma forma, deveriam ser respeitados. Naquele momento, já se afastava a diferença entre o pacto e o contrato, pois a parte que fosse lesada em um pacto também poderia reclamar o adimplemento.

Entretanto, o consensualismo ainda estava por assistir ao seu apogeu. No século XVIII, os pensadores defendiam o livre-arbítrio e o racionalismo.[17] O homem, pela sua razão, deveria atuar como senhor de seu destino, o que se manifestava, inclusive, pelo seu poder de contratar. É nesse momento histórico que o conceito de *pacta sunt servanda* ganha enorme ênfase, pois o acordo, derivado da vontade dos homens, passa a ser o sustentáculo do próprio ordenamento jurídico.

apogeu da autonomia da vontade

Nessa toada surge o Código Civil francês, de 1804. Esse Código espelhou as enormes conquistas sociais da Revolução Francesa. A lei deveria servir para todos e, portanto, deveria ser acessível a todos. A sua redação era acessível – dizem que Balzac, para aprimorar seu estilo, lia o Código Civil francês. "Napoleão considerava o resultado mais importante e duradouro de seu domínio."[18] Nele, a autonomia da vontade, o poder de auto-regulação, vive o seu momento dourado. O artigo 1134 estabelece que o contrato é lei entre as partes.[19]

---

[17] Alceu Amoroso Lima, *Introdução ao Direito Moderno*, 4ª ed., Rio de Janeiro, Editora PUC, 2001, p. 51.

[18] Antonio Padoa Schioppa, *História do Direito na Europa*, São Paulo, Martins Fontes, 2014.

[19] A redação do artigo 1134 francês é: "Les conventions légalement formées tiennent lieu de loi à ceux qui les ont faites.", isto é as convenções legalmente estabelecidas funcionam como leis entre as partes.

Defende-se a liberdade absoluta das convenções. Cabe ao Estado apenas respeitar as vontades, expressas nos negócios. Como manifestação da vontade, os contratos nada mais eram do que a pura expressão da liberdade. Mais ainda, a liberdade contratual era vista como a medida da justiça.[20]

<small>crítica à plena autonomia da vontade</small>

A liberdade sem fronteiras acabou por gerar excessos. Esses desvios foram denunciados, notadamente por pensadores socialistas. A liberdade absoluta acabava funcionando como fonte de abuso dos mais poderosos em relação aos menos favorecidos. O contrato de trabalho, por exemplo, servia de manancial inesgotável de descomedimentos. Radbruch, um dos maiores juristas da primeira metade do século XX, defendia que a liberdade contratual era a "alavanca" que punha em movimento o mundo jurídico.[21] Entretanto, o mesmo Radbruch reconhece adiante que "A liberdade contratual do direito converteu-se, portanto, em escravidão contratual da sociedade".[22]

O próprio papel da vontade individual, como centro de preocupação do mundo jurídico, sofreu sérios abalos. Essa transição pode ser sentida numa passagem de um livro de Jhering, escrito pouco depois de 1850, no qual ele inicialmente registra: "A vontade é que, de facto, cria as forças que a vida deve modelar e dirigir".[23] Depois, contudo, o jurista afirma que essa vontade individual apenas deve preponderar se em conformidade com a "vontade geral". Diz Jhering: "Mas, se o equilíbrio se destrói, a vontade individual torna-se impotente e não pode transpor os limites que lhe designam a vontade geral."[24]

Os excessos se avolumaram na medida em que a sociedade se massificou. Numa sociedade de consumo, os contratos de adesão são

---

20   Ripert, grande civilista francês da primeira metade do século passado, conclui seu livro *"Les Forces Créatrices Du Droit"* tratando do liberalismo contratual. Eis o que diz o jurista: "De là vient la supériorité du contrat sur la loi. On a bien souvent raillé le mot bien connu de Fouillée: "qui dit contractuel dit juste", en relevant l'injustice qui peut naître de l'inégalité des obligations contractuelles. L'objection ne porte guère car ce philosophe ne nie pas qu'il puísse y avoir des contrats injustes, il affirme seulement que le contrat, créant des rapports volontaires, ne peut être en soi injuste." (Georges Ripert, *Les Forces Créatrices Du Droit*, Paris, LGDJ, 1955, p. 416).

21   Gustav Radbruch, *Filosofia do Direito*, 6ª ed., Coimbra, Armênio Amado Editor, 1979, p. 283.

22   Gustav Radbruch, *Filosofia do Direito*, 6ª ed., Coimbra, Armênio Amado Editor, 1979, p. 288. O filósofo do Direito termina assim o capítulo referente aos contratos: "Em resumo: quando hoje a constituição do Reich nos diz, no seu art. 152, que 'no comércio econômico a liberdade contratual só vigora nos limites da lei", é conveniente notar que isto nada mais nos mostra senão que, assim como para a propriedade, também aqui a liberdade foi subordinada à lei, e o interesse individual reposto na sua sujeição ao interesse social."

23   *O espírito do direito romano*, v. III, Rio de Janeiro, Alba Editora, 1943, p. 214.

24   *O espírito do direito romano*, v. III, Rio de Janeiro, Alba Editora, 1943, p. 214.

freqüentes e, até mesmo, necessários. Nesses contratos de adesão – no qual uma das partes tem sua vontade extremamente mutilada – não há mais a possibilidade de as partes expressarem a sua vontade e discutirem os termos do negócio. Diante disso, o modelo de respeito irrestrito ao contrato estava comprometido. Afinal, o conceito partia do pressuposto de que o contrato advinha de uma ampla discussão entre as partes, acerca do seu conteúdo e extensão, porém a realidade era muito diversa. Num mundo no qual as partes pouco podiam debater o conteúdo dos negócios, pois uma delas exercia enorme poder sobre a outra, era necessário criar novos paradigmas.

<small>os interesses dignos de tutela</small>

Daí a necessidade de se integrar o contrato – a princípio uma manifestação da autonomia privada – ao interesse de se garantir uma sociedade justa e solidária. Isso é feito pela harmonização da vontade privada com o interesse social. Emilio Betti explicava que a autonomia privada deve ser protegida na medida em que ela se dirige a ordenar interesses dignos de tutela.[25] Evidentemente, caberá ao intérprete responder à pergunta: quais os interesses dignos de tutela?

Ferramenta essencial à convivência social, o contrato e a forma como o ordenamento jurídico o enfrenta vêm sofrendo enorme alteração no tempo. Talvez esse fenômeno possa ser melhor explicitado apreciando os princípios gerais de direito aplicados aos contratos.

Os princípios de direito aplicáveis aos contratos

<small>a vontade e a lei</small>

Antes considerada o elemento central do negócio jurídico e justificativa da própria razão de ser do direito, a vontade, hoje, embora relevante, não tem poder absoluto. Ela se encontra sujeita à crítica do ordenamento jurídico, que a aceita se cumprir sua função social. Outro grande pilar da estrutura do direito liberal clássico é a lei. A norma positivada, escrita e sistematizada, idealmente deveria cobrir todas as situações da vida humana e apresentar uma resposta perfeita e precisa do Estado à sociedade. Do ponto de vista conceitual, para os juspositivistas, a lei deixaria pouco espaço para interpretações, pois a clareza de seu texto garantiria a segurança jurídica, o maior vetor a ser protegido pelo ordenamento, na medida em que as pessoas saberiam exatamente como proceder. Para garantir a segurança, a lei era um fim em si mesma. Seria como se dizer: a lei é boa porque é a lei. Contudo, a lei – isto é, a norma escrita indicando claramente o preceito e a sanção – já não ocupa o ponto central e exclusivo da fonte normativa.

O século XX foi marcado pelo holocausto. Esta triste página da história representou para o direito um aspecto sombrio. Infelizmente, o direito foi cúmplice. Isso porque toda a construção da política

---

25 Emilio Betti, *Teoria General Del Negócio Jurídico*, Madrid, Editorial Revista de Derecho Privado, 1969, p. 51.

nazista foi fundada numa regra jurídica formalmente perfeita, inquebrantável e chancelada por juristas brilhantes. Os ovos da serpente foram chocados num arcabouço jurídico cerebrino, que tratava o direito como uma ciência exata. Construiu-se uma justificação jurídica perfeita para as discriminações que permitiram o holocausto. Terminada a Segunda Grande Guerra, era necessário rever o modelo do positivismo e o conceito da perfeita subsunção dos fatos às regras. Reclamava-se a edificação de outro sistema, que não abandonasse por completo a segurança jurídica, mas que também abrigasse a sociedade da aplicação robótica de normas abstratamente perfeitas para fins moralmente reprováveis.

Reconheceu-se que os grandes valores que animam e justificam a sociedade não podem distanciar-se da aplicação do direito. Este não deve dissociar-se por completo da moralidade, da ética, da essência da humanidade. Cabia ao jurista moderno reincorporar os princípios do direito ao ordenamento.

> os princípios gerais

Filósofos contemporâneos do direito, como Hart, separaram as regras concretas ("rules") dos princípios gerais do direito, identificando as regras como comandos mais concretos, enquanto os princípios seriam abstratos.[26] Os princípios contêm uma maior carga valorativa.

Dworkin, por sua vez, defende que as regras são aplicadas na base do "tudo ou nada", enquanto os princípios admitem uma gradação, devendo incidir com maior ou menor força de acordo com o caso concreto, por meio de um critério de ponderação.[27]

Os princípios funcionam como grandes vetores do ordenamento jurídico e, não raro, entram em aparente conflito, sendo fundamental, nesses casos, que o aplicador os pondere, flexibilizando-os. Comumente, por exemplo, o princípio da liberdade de imprensa colide com o princípio da proteção à intimidade. Não há, em absoluto, uma prevalência de um princípio sobre o outro. Os princípios não se apresentam como imperativos. Apenas o estudo do caso concreto permitirá definir qual deles merece preponderar.

Segundo a imagem de Eduardo Couture, os princípios se revelam nas leis.[28] Funcionam como grandes vetores.

No conceito de normas jurídicas abertas, vê-se o fenômeno da normatização de princípios.

Ao mesmo tempo, com um enorme número de regras escritas, para cuidar de um sem-fim de situações, é necessário eleger um vértice, que permita garantir uma unidade ao ordenamento.

---

26 Ver H.L.A. Hart, *O Conceito de Direito*, São Paulo, Martins Fontes, 2009.
27 Ver Ronald Dworkin, *Uma questão de princípio*, 2ª ed., São Paulo, Martins Fontes, 2005.
28 Eduardo Couture, *Interpretação das Leis Processuais*, São Paulo, Max Limonad, 1956, p. 49.

Nesse fenômeno, surge a Constituição Federal como grande ponto central de convergência, ápice da ordem axiológico-normativa. Todas as demais regras jurídicas devem ser interpretadas a partir da Constituição, exatamente para garantir a harmonia e coerência do sistema. Portanto, também o direito civil deve ser examinado pelo prisma da Constituição.

A Constituição e o Código Civil oferecem diversas regras abertas, que refletem princípios. O intérprete tem condição de aplicá-las não de forma maniqueísta – como se elas incidissem ou não ao caso concreto –, porém de forma que a norma atue como um "toner", que admite gradações, para que sua força seja maior ou menor dependendo das circunstâncias.

Tome-se um exemplo bem extremo: o artigo 569 do Código Civil[29] diz que o locatário deve usar a coisa alugada para os usos convencionados ou presumidos. Essa regra positivada se aplica radicalmente, positiva ou negativamente. Em outras palavras, ou o bem locado foi usado de forma correta ou não. Já a regra do artigo 422 do Código Civil[30] determina que as partes atuem de boa-fé. O conceito de boa-fé é muito aberto. Na verdade, trata-se de um princípio: as partes sempre devem agir de boa-fé. A sua concretização, contudo, pode dar-se de diversas formas. O intérprete terá mais amplitude na aplicação desse conceito. Afinal, por vezes, para dar um exemplo, a necessidade de informação e transparência é maior numa hipótese do que em outra. A sensibilidade de quem analisa a situação dirá em que extensão e intensidade o princípio se aplica, partindo-se, sempre, do caso concreto.

A interpretação buscando proteger princípios reclama uma leitura valorativa do intérprete. O aplicador da lei, assim, ganha uma função crucial: ele não é apenas a boca da lei, mas se investe do espírito dessa lei. Afinal, "a interpretação cria o texto."

É, portanto, lugar comum, hoje, reconhecer a importância dos princípios gerais do direito como norte na interpretação e na aplicação das normas jurídicas. Mais ainda, os princípios servem de liga entre

---

29 "Art. 569. O locatário é obrigado:
I - a servir-se da coisa alugada para os usos convencionados ou presumidos, conforme a natureza dela e as circunstâncias, bem como tratá-la com o mesmo cuidado como se sua fosse;
II - a pagar pontualmente o aluguel nos prazos ajustados, e, em falta de ajuste, segundo o costume do lugar;
III - a levar ao conhecimento do locador as turbações de terceiros, que se pretendam fundadas em direito;
IV - a restituir a coisa, finda a locação, no estado em que a recebeu, salvas as deteriorações naturais ao uso regular."

30 "Art. 422. Os contratantes são obrigados a guardar, assim na conclusão do contrato, como em sua execução, os princípios de probidade e boa-fé."

as muitas regras, garantindo a inteireza do ordenamento. Com efeito, sem os princípios, o ordenamento jurídico ficaria despedaçado.

Enquanto a norma, teoricamente, apresenta um preceito e uma sanção, o princípio serve de vetor. Ele oferece um conceito geral, para que, a partir daí, brotem diversas ordens.

<small>o desenvolvimento dos princípios</small>

Os princípios se desenvolveram. Caminharam. Afinal, como ensinou Jhering, "O Direito não é uma pura teoria, mas uma força viva".[31]

Como se disse, os princípios se diferenciam das regras na medida em que estas são mais concretas e se dirigem, normalmente, a uma situação típica. Já o princípio indica um norte, um conceito aberto.

Segundo a conhecida lição de Alexy, as regras se aplicam por meio da subsunção (ou seja, elas se adequam ou não ao caso concreto), ao passo que os princípios incidem de forma diferente.[32] Pela sua natureza, aceitam uma incidência mais genérica. De outro lado, os princípios, como se disse, aceitam uma aplicação gradual, uma modulação, ao contrário das regras jurídicas. Comumente, mais de um princípio se encontra presente numa determinada situação, devendo o intérprete, como antes se registrou, ponderá-los, a fim de aplicar aquele de maior relevância ao caso.

Tome-se, num outro exemplo, a regra do artigo 591 do Código Civil.[33] Segundo o dispositivo, se o mútuo – o empréstimo de um bem fungível, como o dinheiro – for feito com fins econômicos, presumem-se devidos os juros. Trata-se de uma regra jurídica bem definida: ela apresenta uma situação, a de existir um fim econômico nesse empréstimo, para estabelecer um efeito, consistente na presunção de que quem tomou o empréstimo deva arcar com os juros. Diante dessa circunstância concreta, incide a regra.

Situação diferente ocorrerá, por exemplo, com o princípio da obrigatoriedade dos contratos. Não existe regra específica na lei informando que as partes devam cumprir os contratos por elas celebrados. Entretanto, ninguém discute a validade e importância desse comando. Trata-se de um princípio, como logo veremos. Dele se extraem diversas conseqüências e conceitos.

Note-se, contudo, que esse princípio da obrigatoriedade pode, por vezes, ceder, notadamente quando confrontado com outro princípio, que, numa situação concreta, demonstre-se mais relevante.

---

31 Rudolf Von Jhering, *A luta pelo direito*, 12ª ed., Rio de janeiro, Forense, 1992, p. 1.

32 Robert Alexy, *Teoria dos Direitos Fundamentais*, São Paulo, Malheiros Editores, 1986, p. 86 e seguintes.

33 "Art. 591. Destinando-se o mútuo a fins econômicos, presumem-se devidos juros, os quais, sob pena de redução, não poderão exceder a taxa a que se refere o art. 406, permitida a capitalização anual."

Caso as partes celebrem um contrato com determinado conteúdo, porém no curso do negócio sobrevenha uma situação extraordinária, que altere a realidade econômica do acordo, tornando-o excessivamente oneroso para uma delas, outros princípios – da função social do contrato e da razoável equivalência das prestações – surgirão para fazer ceder o conceito da obrigatoriedade. Há, até, uma regra específica – corolário desses últimos princípios referidos – nesse sentido. Com efeito, o artigo 317 do Código Civil[34] garante à parte lesada por essa alteração das conjunturas o poder de reclamar uma revisão do negócio, a fim de adequá-lo à nova realidade.

Pode-se dizer que os mais relevantes princípios aplicáveis ao direito dos contratos são o da autonomia da vontade, da obrigatoriedade, da ordem pública, da relatividade, da boa-fé e da preservação.

O PRINCÍPIO DA AUTONOMIA DA VONTADE

Ao tratar, especificamente, dos princípios mais relevantes no direito dos contratos, vale citar, de início, o princípio da autonomia da vontade. Antes se ressaltou que esse conceito outrora gozou de um status sem rival como paradigma da interpretação e da própria forma de aferição de validade do contrato.

No apogeu de uma sociedade liberal, a liberdade de contratar era a medida da justiça. À parte cabia decidir se iria contratar, com quem contrataria, qual o conteúdo do negócio e, em última instância, se iria reclamar do inadimplemento, caso este ocorresse. Assim, admitia-se que as partes deliberassem sobre qualquer assunto, da forma como bem entendessem, cabendo ao Estado respeitar essa vontade, amarrada num contrato.

Verificou-se, contudo, que, comumente, havia uma desigualdade de poder entre as partes, de modo a permitir que uma pudesse tirar vantagem da fraqueza da outra. Observou-se, ainda, que, muitas vezes, numa sociedade massificada, não raro as partes não têm como negociar – isto é, como exercer livremente a autonomia da vontade –, pois os negócios são padronizados. A partir dessa constatação, esvaziou-se o conceito da plena autonomia. Afinal, ele foi concebido com o pressuposto de que os contratos seriam livremente negociados, podendo cada parte, ciente da situação de fato, ponderar seus interesses, para que, ao final, se atingisse um efetivo acordo das vontades. Como essa autonomia ideal – em muitos casos – não existe mais, o contrato, de documento libertador, passou a ser o instrumento da opressão.

---

34 "Art. 317. Quando, por motivos imprevisíveis, sobrevier desproporção manifesta entre o valor da prestação devida e o do momento de sua execução, poderá o juiz corrigi-lo, a pedido da parte, de modo que assegure, quanto possível, o valor real da prestação."

dirigismo contratual

A primeira grande manifestação jurídica de controle ao eventual abuso que uma parte mais forte poderia imprimir à outra foi o movimento de dirigismo contratual. Por meio dessa intervenção, o Estado impunha limites ao poder de contratar. Nas relações de trabalho, por exemplo, o Estado indicava qual poderia ser o seu objeto, evitando que o empregador pudesse tirar algum proveito desmesurado do empregado.

O ordenamento, então, decidiu atuar como filtro. Um prisma, pelo qual o intérprete analisa o negócio jurídico. Hoje o contrato deve ser apreciado de modo crítico, fazendo-se um juízo de mérito, a fim de aferir se o ordenamento o aceita. Como ensina Perlingieri, "o ato de autonomia privada não é um valor em si; pode sê-lo, e em certos limites, se e quando responder a um interesse digno de proteção por parte do ordenamento."[35] Pouco adiante, o civilista italiano ressalva: "As fontes da relação contratual não estão só no contrato, mas também na lei, nos usos, na equidade; e tal circunstância não autoriza a falar de profanação da auto-regulamentação."[36]

O fato de as partes terem concordado com o negócio não serve de senha para garantir a validade do ato. Se o ato é extremamente lesivo para uma das partes, a ponto de representar uma acabada quebra do razoável equilíbrio econômico, a parte prejudicada pode reclamar a sua anulação, mesmo tendo acordado com ele inicialmente.

Caso, por exemplo, duas pessoas contratem certa atividade por meio da qual uma delas se submeta a uma situação humilhante e vexatória, a ponto de agredir a sua dignidade, será possível que o próprio Estado tome medidas a fim de evitar que o contrato seja cumprido. Isso porque não interessa ao ordenamento jurídico um negócio que contrarie os valores mais caros à nossa sociedade.

Portanto, a autonomia da vontade segue merecedora da maior relevância, pois há o interesse em permitir que as partes possam autodeterminar suas condutas. Em regra, essa manifestação de autonomia deve ser protegida e a nossa civilização seria rapidamente destruída caso se deixe de respeitar os contratos. Todavia, essa autonomia é limitada pelo interesse social. O negócio jurídico não é mais visto como uma expressão da vontade pura, porém como o ordenamento jurídico admite que aquela manifestação de vontade seja recebida. Como explica o clássico Cesare Vivante, "La volontà individuale dà l'impulso all'affare, ma è la legge che integra ed atua quella dichiarazione ponendo a sua servigio lórdinamento giuridico."[37]

---

35 Pietro Perlingieri, *Perfis do Direito Civil*, Rio de Janeiro, Renovar, 1997, p. 279.

36 Pietro Perlingieri, *Perfis do Direito Civil*, Rio de Janeiro, Renovar, 1997, p. 279.

37 Cesare Vivante, *Trattato di Diritto Commerciale*, vol. IV, Milano, Casa Editrice Dottor Francesco Vallardi, 1926, p. 2.

O Princípio da obrigatoriedade

Outro princípio fundamental é o da obrigatoriedade. *Pacta sunt servanda*, diziam os antigos. Uma vez ajustada uma conduta por meio de um contrato, as partes contratantes devem cumprir a convenção.

O artigo 1.134 do Código Civil francês apresenta o conceito de que o contrato é lei entre as partes. Segundo a famosa regra, "as convenções legalmente formadas fazem as vezes de lei para aqueles que as celebraram."[38]

Esse princípio da obrigatoriedade tem enorme relação com outro, de brutal importância: o da segurança jurídica. As pessoas realizam as suas atividades na certeza de que o ordenamento jurídico as protege. Um empresta dinheiro a outro porque tem convicção de que, caso quem tomou a dívida não pague, poderá reclamá-la judicialmente a dívida, de sorte que seu crédito encontra-se protegido. Se não houvesse segurança, todo o tráfego jurídico restaria mortalmente afetado. De outra ponta, caso se relativizasse violentamente o princípio da obrigatoriedade, ninguém mais contrataria – o contrato deixaria de ter importância e passaria a ser apenas uma recomendação moral. A segurança, portanto, é fundamental e há enorme interesse da sociedade em que esse princípio seja respeitado.

Por outro lado, já vimos que a obrigatoriedade cega, num mundo de desigualdades, serve de manancial para abusos e iniquidades. Eis, então, o tênue equilíbrio: assegurar ao cidadão a obrigatoriedade dos contratos, porém, ao mesmo tempo, protegê-lo da imposição de cumprimento de negócios abusivos. Trocando em miúdos, haverá o princípio da obrigatoriedade, desde que o negócio se coadune com um interesse social.

A ideia de obrigatoriedade, embora relevantíssima (e, até mesmo, fundamental), há que ser vista com algum tempero.

Com efeito, perde a função social o negócio que se transformar num abuso. Eis porque a teoria da imprevisão passou a gozar, mais recentemente, de enorme destaque. De fato, apenas com a promulgação do Código Civil de 2002, a possibilidade de rever o negócio pelo advento de uma situação extraordinária (que transformou as bases originais do acordo) foi cristalizada no artigo 317.[39] Antes a aplicação dessa teoria era admitida com base na construção da doutrina e da jurisprudência.

---

38 Como já se disse, eis o texto do artigo 1.134 do Código Civil francês: "Les conventions légalement formées tiennent lieu de loi à ceux qui les ont faites."

39 "Art. 317. Quando, por motivos imprevisíveis, sobrevier desproporção manifesta entre o valor da prestação devida e o do momento de sua execução, poderá o juiz corrigi-lo, a pedido da parte, de modo que assegure, quanto possível, o valor real da prestação."

Contudo, cabe ressalvar que a teoria da imprevisão – também chamada de cláusula *rebus sic stantibus*[40] – apenas tem lugar naqueles casos nos quais o fato excepcional, que alterou o equilíbrio do negócio, não era da sua própria natureza aleatória. Isso porque há vários contratos nos quais se verifica uma álea, ou seja, pelas suas naturais circunstâncias, pode haver um desequilíbrio econômico. Tome-se, para dar um conhecido exemplo, o contrato de seguro. Nele, uma parte, o segurado, paga à outra, a seguradora, um valor para que esta última assuma um risco e responda por eventuais danos. Se o dano não ocorrer, a seguradora gozará de um proveito econômico, pois não terá que indenizar ninguém. Se, de outro lado, o dano sobrevier, a seguradora possivelmente arcará com montante superior ao que recebeu. Essa álea, entretanto, compõe a natureza dessa operação. A verificação do fato superveniente – o dano do segurado – era uma possibilidade prevista pela parte, de sorte que, nesses negócios, afasta-se a aplicação da teoria da imprevisão.[41]

O Princípio da ordem pública

o princípio da ordem pública

O princípio da ordem pública também tem enorme relevância. Aliás, sua importância não para de crescer e ganhar novos e importantes contornos.

Inicialmente, esse princípio tinha um papel reduzido; preconizava-se que os negócios deveriam, como ainda devem, respeitar os bons costumes e a moral. Os acordos que deixassem de atender a esses bons costumes e a moral deveriam – como devem – ser podados.

Evidentemente, a moral de hoje certamente não será a mesma de amanhã, assim como a moralidade de hoje não se identifica completamente com a de ontem. Aquilo que, há duas gerações, se entendia como um atentado ao pudor, na atualidade se admite sem maiores sustos. Os costumes sociais estão em constante mutação. Cícero, em famoso discurso no Senado Romano, alardeava: *O tempora! O mores!* – Que tempos! Que costumes!

Mais recentemente, o princípio da ordem pública ganhou nova força. E isso se dá principalmente com os conceitos de justiça econômica e da função social do contrato.[42]

---

40 Ou seja: se as coisas assim se mantiverem.

41 Ou, quando muito, terá a sua aplicação restrita a casos ainda mais excepcionais.

42 Antonio Junqueira de Azevedo (in *Princípios do Novo Direito Contratual e Desregulamentação do Mercado, Direito de Exclusividade nas Relações Contratuais de Fornecimento, Função Social do Contrato e Responsabilidade Aquiliana do Terceiro que contribui para Inadimplemento Contratual*, in Revista dos Tribunais, nº 750, São Paulo, ed. RT, 1998) e Teresa Negreiros (in *Teoria dos Contratos*, Rio de Janeiro, Renovar, 2002) veem os princípios do equilíbrio econômico e da função social como autônomos, convivendo com os demais da obrigatoriedade, da autonomia da vontade, da relatividade e da boa-fé.

equivalência econômica

De fato, hoje, vigora a ideia de que o contrato deve espelhar uma justiça econômica, de sorte que uma das partes não pode desfrutar de um benefício desmesurado em relação à outra.

Num negócio oneroso e comutativo, deve haver um razoável equilíbrio econômico entre as prestações. Jhering preconizava: "A idéia de justiça representa o equilíbrio imposto pelo interesse da sociedade entre um fato e as consequências que dele resultam para o seu autor, isto é, entre o fato criminoso e a pena, entre o fato meritório e a recompensa. O comércio jurídico realiza este último equilíbrio do modo mais perfeito. Graças a ele cada contratante recebe em troca o equivalente daquilo que deu."[43]

Caso a equivalência econômica esteja radicalmente comprometida, a injustiça acarretará um dano social. Eis a justificativa de a norma vedar o negócio lesivo, consoante o artigo 157 do Código Civil.[44] Afinal, também é um princípio jurídico o de que ninguém pode ter um proveito se não houver uma causa jurídica que justifique o incremento patrimonial. Numa relação contratual, também não se admitirá o enriquecimento sem causa, isto é, veda-se que uma das partes experimente uma vantagem patrimonial em detrimento da contraparte, sem que, para tanto, exista um fundamento legal.

Evidentemente, as partes podem fazer um negócio no qual uma obtenha um proveito. Não se proíbe o bom negócio. Tampouco o ordenamento jurídico vai proteger o contratante de uma má escolha comercial, ou de uma análise ruim de mercado, que acabou por gerar um contrato que lhe é desfavorável. De fato, principalmente no ramo mercantil, as partes podem celebrar negócios altamente ruinosos, por conta de uma má opção. Isso é, notadamente nos atos de comércio, uma situação que pode ocorrer e está inserida nessa realidade.

Contudo, averiguada uma discrepância abissal do valor das prestações, num negócio teoricamente sinalagmático, o Estado vai agir, para corrigi-la.

função social

Assim também, albergado pelo princípio da ordem pública encontra-se o fundamental valor de que o contrato tem uma função social, regra, aliás, expressamente mencionada no artigo 421 do Código Civil.[45]

---

43 Rudolf Von Jhering, *A evolução do direito*, 2ª ed., Salvador, Livraria Progresso, 1956, p. 193.

44 "Art. 157. Ocorre a lesão quando uma pessoa, sob premente necessidade, ou por inexperiência, se obriga a prestação manifestamente desproporcional ao valor da prestação oposta.
§ 1o Aprecia-se a desproporção das prestações segundo os valores vigentes ao tempo em que foi celebrado o negócio jurídico.
§ 2o Não se decretará a anulação do negócio, se for oferecido suplemento suficiente, ou se a parte favorecida concordar com a redução do proveito."

45 "Art. 421. A liberdade de contratar será exercida em razão e nos limites da função social do contrato."

De fato, por todas as razões, o contrato exerce uma função social. Caso, contudo, o contrato esteja atuando como fator de desestabilização, caberá ao Estado corrigir a imperfeição. Assim, o impulso da autodeterminação funciona desde que esteja em harmonia com os valores preconizados pelo ordenamento jurídico, da mesma forma que a obrigatoriedade existirá se o contrato cumprir sua função social.

O artigo 421 do Código Civil, aliás, registra expressamente que a liberdade de contratar será exercida "em razão e nos limites da função social do contrato." Evidentemente, se o contrato expressar um abuso, uma acabada injustiça, um mortal desequilíbrio, nele não haverá função social, de sorte que ele não deverá ser considerado, cabendo ao Estado revê-lo.[46]

Nessa linha, vale mencionar que, até mesmo para interpretar um contrato, não se pode perder de vista que seu fim é o de cumprir uma função econômica. Paula Forgioni, com razão, anota que "As partes não contratam pelo mero prazer de trocar declarações de vontade, ou seja, ao se vincularem, as empresas têm em vista determinado escopo, que se mescla com a função que esperam o negócio desempenhe; todo negócio possui uma função econômica."[47] Com efeito, as partes sempre buscam algum proveito ou atingir certo fim Mesmo nos negócios graciosos, derivados da pura generosidade de uma das partes, há um interesse: praticar esse ato de altruísmo.

> dignidade da pessoa humana

Ainda examinando o princípio de ordem pública, deve-se fazer referência a que, num ordenamento jurídico que escolheu a proteção à pessoa humana e à sua dignidade como vértice, os contratos terão sua validade e eficácia comprometidas caso não sejam respeitados esses valores.

Como a leitura dos negócios deve passar pela Constituição Federal e as diretrizes por ela fixadas – especificamente o conceito de que a dignidade da pessoa humana é um dos fundamentos do Estado (artigo 1º, III, da Constituição Federal)[48] e que um dos objetivos do Estado reside na construção de uma sociedade justa, livre e solidária (artigo 3º, I)[49] – agredirá ao ordenamento jurídico o negócio que afrontar a dignidade e que frustrar o legítimo objetivo da República, referido num dos mais belos dispositivos da Constituição.

---

46 Sobre o tema, ver Rodrigo Garcia da Fonseca, A Função Social do Contrato e o Alcance do Artigo 421 do Código Civil, Rio de Janeiro, Renovar, 2007.

47 Paula A. Forgioni, *Teoria Geral dos Contratos Empresariais*, São Paulo, Ed. Revista dos Tribunais, 2010, p. 58.

48 "Art. 1º A República Federativa do Brasil, formada pela união indissolúvel dos Estados e Municípios e do Distrito Federal, constitui-se em Estado Democrático de Direito e tem como fundamentos:
(...)
III - a dignidade da pessoa humana"

49 "Art. 3º Constituem objetivos fundamentais da República Federativa do Brasil:
I - construir uma sociedade livre, justa e solidária;"

O Princípio da boa-fé

o princípio
da boa-fé

Não é difícil identificar a busca, pelo ordenamento jurídico contemporâneo, por incorporar valores éticos ao direito. Ripert já alertara que "A precisão técnica faz perder à regra jurídica o seu caráter moral."[50] Na esteira de aproximar a aplicação do direito a valores éticos, o princípio da boa-fé e da confiança têm enorme importância hoje na análise dos contratos.

Espera-se das partes contratantes não apenas que elas, no seu íntimo, pretendam ser corretas e agir de forma leal: exige-se que a conduta delas, objetivamente analisada, seja correta e leal. Deixando a apreciação subjetiva da intenção das partes, o Direito contratual analisa os atos concretos. Deve haver uma atuação adequada: as informações devem ser prestadas, os cuidados tomados, a preocupação com a satisfação da contraparte deve ser uma constante. A esse enorme rol de atividades, na verdade, um "standard" de conduta proba, denomina-se boa-fé objetiva.[51]

Este nome, segundo alguns, tem o defeito de se confundir com o da "boa-fé subjetiva", que consiste na intenção da parte, ou seja, uma apreciação interna, psicológica. Enquanto o ordenamento jurídico colocou a vontade num pedestal, a boa-fé subjetiva gozou de enorme destaque. Afinal, buscava-se aferir a real intenção da parte. Ainda para algumas situações, a boa-fé subjetiva tem relevância, como ocorre na usucapião, pois interessa saber se a parte que está na posse do bem, e deseja adquirir a sua propriedade pelo decurso do tempo, tem internamente a ideia de que é dona da coisa. Esse *animus domini* está na cabeça do possuidor. Trata-se, portanto, de um dado subjetivo.

Com o ordenamento jurídico cada vez mais atento aos aspectos éticos, valoriza-se a conduta concreta. Logo, a boa-fé objetiva, que sequer fora tratada no Código Civil de 1916, passou gradualmente a ter uma extraordinária relevância.

Aristóteles, na sua *Ética a Nicômaco*,[52] ensina que a virtude não é um estudo teórico, mas uma análise das ações. "É mediante a prática de atos justos que o homem se torna justo",[53] registra o filósofo. Não adianta ao homem as melhores intenções se elas não

---

50 *A regra moral nas obrigações civis*, 2ª ed., Campinas, Bookseller, 2002, p. 386.

51 Entre nós, o trabalho clássico sobre o tema de boa-fé objetiva é *A Boa-Fé no Direito Privado*, de Judith Martins-Costa, São Paulo, Revista dos Tribunais, 1999. O trabalho foi majorado – *A Boa-Fé no Direito Privado – critérios para a sua aplicação*, São Paulo, Marcial Pons, 2015. e tornou-se, entre nós, a obra definitiva.

52 Nicômaco era o nome do pai e do filho do famoso filósofo grego.

53 Aristóteles, *Ética a Nicômacos*, 3 ed., Brasília, Ed. UNB, 1999, p. 39.

são traduzidas em ações. A virtude se concretiza na conduta, não na potencialidade. Eis a importância fundamental da boa-fé objetiva.

Desenvolveram-se os mais diversos conceitos a partir do valor central de que as partes devam agir lealmente, de forma transparente. Até porque, as partes, na relação contratual, não ocupam posições antagônicas, mas devem atuar conjuntamente, unindo esforços. Ambas buscam o adimplemento e esse propósito comum é a alma da relação obrigacional.[54]

funções
da boa-fé
objetiva

Há um razoável consentimento de que a boa-fé objetiva serve como modelo de interpretação, como ensina o artigo 113 do Código Civil[55] (funcionando, até mesmo, para integrar negócios, como orientador nos casos de incompletude contratual); como padrão de conduta, referido no artigo 422;[56] e, por fim, como fonte de obrigações, na medida em que cria deveres, assim como forma de aferir a licitude do exercício de um direito (artigo 187).[57]

os deveres
laterais

Nesta última faceta, encontra-se a ideia de que o contrato deva satisfazer as partes. O seu fim deve ser alcançado, com a entrega das prestações, a ponto de atender à legítima expectativa dos contratantes. Eis, aí, a gênese do conceito de deveres laterais ou acessórios. Comumente nos contratos há a prestação central, consistente na obrigação principal, objeto do negócio. Numa compra e venda, a prestação central é a transferência da propriedade do bem, enquanto, do lado do vendedor, a prestação central será o recebimento do valor. Na locação, a prestação principal será a entrega da posse da coisa para uso do locatário, ao passo que, para o locador, a prestação principal consistirá no recebimento do aluguel. Contudo, lateralmente a essa obrigação principal, correm outras, cujo descumprimento também vai acarretar prejuízo para as partes.

Imagine-se, por exemplo, o dever de informar ao comprador adequadamente das características do bem objeto da venda. Se esse dever for negligenciado, o comprador sofrerá um revés. Tome-se, ainda, a situação de o vendedor não explicar ao adquirente de um estabelecimento comercial que ele próprio, vendedor, pretende agir como seu concorrente, num negócio que abrirá em seguida. Essas condutas podem frustrar o adequado adimplemento. Daí dizer-se,

---

54 Veja-se Clovis do Couto e Silva, *A obrigação como processo*, Rio de Janeiro, FGV Editora, 2007.

55 "Art. 113. Os negócios jurídicos devem ser interpretados conforme a boa-fé e os usos do lugar de sua celebração."

56 "Art. 422. Os contratantes são obrigados a guardar, assim na conclusão do contrato, como em sua execução, os princípios de probidade e boa-fé."

57 "Art. 187. Também comete ato ilícito o titular de um direito que, ao exercê-lo, excede manifestamente os limites impostos pelo seu fim econômico ou social, pela boa-fé ou pelos bons costumes."

com razão, que os deveres decorrentes da boa-fé objetiva vão acompanhar as partes num contrato, antes, durante e depois do negócio.

Já se apontou que esses deveres acessórios podem ser resumidos da seguinte forma: (a) dever de cuidado e zelo com a contraparte, como a preocupação com a sua segurança e seu patrimônio; (b) dever de negociar com justiça, oferecendo todas as informações relevantes; e (c) dever de abster-se de adotar qualquer medida que possa frustrar a satisfação da contraparte com o negócio, tendo em vista o propósito do contrato e, se for o caso, tomar medidas para que esse propósito seja atingido.

A violação dos deveres laterais gera, também, o dever de reparação pelo seu responsável, na medida do dano causado por esse descumprimento.

<small>princípio da confiança</small>

Ainda tratando da boa-fé, mas agora na acepção de que ela deva formar um padrão de conduta, cumpre falar do conceito do *venire contra factum proprium*. Evidentemente, o comportamento das partes cria certas expectativas na contraparte. Se um contratante sempre agiu de determinada maneira, natural que ele siga atuando dessa forma e que a contraparte acredite nisso. A alteração abrupta do comportamento pode frustrar uma expectativa legítima. O direito vai proteger a legítima expectativa criada pela própria contraparte. Aqui, cuida-se do princípio da confiança.[58]

A ideia de confiança, de alguma forma, se relaciona à segurança jurídica. O direito protege a justa expectativa de uma parte. Como se disse, caso uma parte de um contrato atue seguidamente num determinado sentido, a ponto de incutir na contraparte a certeza de que o contrato tem determinada força, o direito protegerá essa expectativa.

Evidentemente, não será qualquer conduta capaz de alterar o objeto do contrato. Para que o comportamento da parte tenha esse poder, deve haver nele a força de dar à contraparte a justa crença de que o objeto do contrato foi alterado. Por vezes, alguns direitos são, por assim dizer, perdidos (no fenômeno denominado *supressio*). Noutras ocasiões, nascem novos direitos, decorrentes desse comportamento da parte que cria uma razoável e legítima expectativa (*surrectio*).[59]

Tome-se a situação de um contrato no qual se convencionou, dentre muitas outras obrigações, que uma das partes teria que prestar à outra, semanalmente, contas por escrito de determinada atividade. Contudo, em muitos anos de vigência do contrato, tais contas nunca

---

[58] Sobre o tema, Anderson Schreiber, A Proibição de Comportamento Contraditório, Rio de Janeiro, Renovar, 2005.

[59] Sobre o tema, Marcelo Dickstein, *A boa-fé objetiva na modificação tácita da relação jurídica: surrectio e suppressio*, Rio de Janeiro, Lúmen Júris, 2010.

foram exigidas nem prestadas. Será que, diante dessa conduta reiterada e constante, a parte, inicialmente credora dessa obrigação, pode acusar a outra de inadimplente? Tudo indica que não. O fato concreto de a credora dessa obrigação jamais ter exigido seu cumprimento deu à contraparte a justa percepção de que a referida obrigação fora desprezada. Operou-se a *supressio*.

De outra ponta, imagine-se se, no mesmo contrato, não houvesse essa disposição exigindo a prestação semanal de contas. Entretanto, uma das partes passou a oferecer essas prestações e assim fez durante anos a fio, de forma a estabelecer um padrão. Indaga-se: se a parte decidir, sem nenhum fundamento, paralisar com essa prestação, pode a contraparte reclamar o cumprimento do dever obrigação, alegando que se estabelecera uma obrigação, pelo comportamento continuado nesse sentido? Acredita-se que sim. A conduta da parte criou um dever. Trata-se da *surrectio*.

Registre-se, em tempo, que esses princípios vão permitir, ainda, que a parte de um contrato se defenda de uma determinada infração contratual, caso possa alegar que a contraparte esteja atuando da mesma forma. Eis o *tu quoque*, isto é, "até tu" – se você não cumpre a sua parte, terei que cumprir a minha? Evidentemente, não se está a falar do conceito da exceção do contrato não cumprido. É claro que se uma das partes não cumprir a sua prestação, a outra pode deixar de oferecer a contraprestação, consoante a conhecida regra do artigo 476 do Código Civil.[60] O conceito do *tu quoque* é mais sutil.

Caso, por exemplo, por meio de um contrato as partes prometeram exclusividade recíproca e uma delas falha nisso, a outra pode reclamar o dano decorrente do descumprimento. A parte reclamada tem como se defender alegando que a reclamante também se encontra inadimplente (nesse ou noutro dever contratual) e que, por isso, não estaria obrigada a cumprir a sua prestação. Aqui, estaríamos falando da exceção do contrato não cumprido (caberia, claro, avaliar a importância dos alegados inadimplementos, a fim de aferir se existe uma equivalência entre eles – pois um inadimplemento mínimo de uma parte não justifica um inadimplemento completo da contraparte).

Situação diferente será a de uma parte reclamar, por exemplo, um atraso de alguns dias numa determinada obrigação (como a de pagar o preço), quando ela mesma, no passado, atrasou outros poucos dias nos seus deveres (de entregar a mercadoria). O ponto, que justifica a incidência do *tu quoque*, é o de que, numa relação contratual, a parte que também comete desvios não pode exigir da outra uma conduta de absoluta e irrestrita retidão.

---

60 "Art. 476. Nos contratos bilaterais, nenhum dos contratantes, antes de cumprida a sua obrigação, pode exigir o implemento da do outro."

<small>usos e costumes</small>

Vale notar, ainda, que na análise do alcance dos efeitos de um determinado contrato, o intérprete deve apreciar os usos e costumes de determinada região, comunidade ou do ramo específico no qual o negócio foi entabulado. Comumente, uma área específica do comércio tem as suas peculiaridades – que pode ser, por exemplo, a absoluta informalidade ou confiança exacerbada. O mesmo se pode dizer de um determinado grupo que se relaciona com padrões próprios. Ao apreciar esses contratos, deve-se ter presente a particularidade da situação.[61]

O Princípio da relatividade do contrato

<small>o princípio da relatividade dos contratos</small>

Anote-se, por derradeiro, o princípio da relatividade dos contratos. Classicamente, dizia-se que o contrato era *res inter alios*, isto é, era negócio apenas entre as partes, que não devia gerar qualquer efeito a terceiros, muito menos vinculá-los. Com efeito, um terceiro, estranho ao negócio, não deveria ser forçado a cumpri-lo, nem teria poder de exigir seu adimplemento. Sendo a obrigação um direito subjetivo relativo, o poder do credor somente poderia ser exercido em relação ao devedor. Eis, aí, o princípio da relatividade, em oposição a um efeito *erga omnes*, isto é, de aplicação geral, "contra todos".

Quando se fala que terceiro não poderá sofrer os efeitos do contrato, aprecia-se a situação de um dever ser imposto a terceiro. Evidentemente, não há nenhuma vedação a que terceiro seja beneficiado de uma obrigação. Admite-se, por exemplo, que uma pessoa constitua uma renda em nome de terceiro, ou que ajuste com a seguradora que um terceiro será o beneficiário de um seguro. Classicamente, apenas se evitava que terceiro fosse tragado para dentro de uma relação obrigacional iniciada por outras pessoas, com a imposição de deveres, sem que tivesse concordado em atrelar-se. Afinal, a vontade é o gatilho do contrato: sem que a parte tenha manifestado a sua vontade, no sentido de se atrelar àquela relação, o contrato não a vincula.

Uma rachadura nesse princípio foi a construção do conceito do terceiro cúmplice e o estudo dos efeitos externos do contrato.[62] Como o contrato já não é uma ferramenta do individualismo e deve cumprir uma função social, terceiros não podem suscitar a sua situação de não contratante quando interferem diretamente para contribuir para o inadimplemento. Em outras palavras, caso o terceiro

---

61 Sobre o tema: Marcos de Campos Ludwig, *Usos e Costumes no Processo Obrigacional*, São Paulo, Ed. Revista dos Tribunais, 2015.

62 Sobre o tema, Humberto Theodoro Neto, *Efeitos Externos do Contrato*, Rio de Janeiro, Forense, 2007 e Paula Greco Bandeira, *Fundamentos da Responsabilidade Civil do Terceiro Cúmplice*, in Revista Trimestral do Direito Civil, v. 30, Rio de Janeiro, Padma, 2007.

contribua diretamente para o inadimplemento de um contrato do qual tem conhecimento, seja auxiliando a parte ou a aliciando, este terceiro também ficará responsabilizado.

Para que o terceiro, inicialmente estranho ao negócio, possa ser de alguma forma responsabilizado é necessário que ele tenha ciência do contrato celebrado entre outras pessoas e, mesmo assim, tenha atuado de forma determinante para que as prestações previstas nesse contrato não se aperfeiçoassem. Em outras palavras, o terceiro sabia que sua conduta, por ação ou omissão, determinariam o inadimplemento de, pelo menos, uma das partes de um outro contrato. Agiu, portanto, dolosamente.

De acordo com a corrente hoje dominante, essa responsabilidade do terceiro cúmplice, contudo, não tem natureza contratual. Será um ato ilícito e, como tal, permitirá à parte lesada reclamar do infrator os danos dele decorrentes.

Evidentemente, diante de tantos princípios, o papel do intérprete ganha complexidade. Na anamnese de um contrato, deve-se conjugar todos esses valores, a fim de ponderá-los, entendendo qual aquele, naquele negócio específico, que ganha maior repercussão social. Não existe uma solução pré-determinada de qual princípio deva prevalecer. Apenas o caso concreto, com as suas peculiaridades, indicará as normas aplicáveis e os princípios regentes, depois de ponderados todos os valores em jogo. Embora a segurança jurídica tenha fundamental importância, por vezes, como a execução do contrato afeta a dignidade da pessoa humana, a segurança terá que, em parte, ceder.

O Princípio da conservação

> o princípio da conservação

Um último princípio do direito dos contratos que merece menção é o da conservação ou preservação. A rigor, trata-se de um princípio da teoria geral do direito. No âmbito contratual, a ideia de conservação decorre do pressuposto de seriedade de propósito das partes quando se engajam num negócio, da sua utilidade e do interesse social que os negócios produzam efeitos.

Ocorre que, por vezes, o negócio pode ter uma interpretação que o condene, pois acarrete uma invalidade ou uma absoluta ineficácia do acordo. Caso reconhecido esse vício, o negócio será fulminado e perderá qualquer chance de produzir efeitos. Nessas horas, o intérprete deve buscar um resultado útil ao contrato, a fim de conservá-lo. Bem vistas as coisas, trata-se de encontrar uma interpretação que dê eficácia ao contrato e, com isso, salvá-lo. Interpreta-se, assim, *favor negotii*, isto é, em proveito do negócio.

Com efeito, não raro o contrato é redigido por pessoas que não são técnicas, não têm prática ou, até mesmo, cometem erros que acabam por gerar dúvidas sobre a amplitude do negócio e, inclusive, se o negócio é válido ou pode produzir efeitos. Nessas ocasiões, caberá ao intérprete encontrar, na medida do possível, uma leitura do contrato que produza a maior quantidade de efeitos, para, assim, conservar o negócio.

Esse conceito da conservação é encontrado em diversos ordenamentos:

> Código Civil francês: "Art. 1.157. Quando uma cláusula é suscetível de dois sentidos, deve-se antes entendê-la naquele com o qual ela pode ter algum efeito, do que naquele sentido com o qual ela não poderia produzir efeito algum."
> Código Civil italiano: "Art. 1.367. Conservação do contrato – Na dúvida, o contrato ou as cláusulas individuais devem interpretar-se no sentido em que possam ter qualquer efeito, ao invés de no sentido pelo qual não teriam efeito algum."
> Código Civil espanhol: "Art. 1.284. Se alguma cláusula dos contratos admitir diversos sentidos, deverá ser entendida naquele mais adequado para que produza efeito."

Por vezes, essa conservação dar-se-á em apenas uma parte do contrato, caso se encontre, em outra parte do negócio jurídico, nulidades intransponíveis. Caberá avaliar se, ao tirar efeito de apenas certas disposições do negócio – a fim de protegê-lo –, o contrato não se torne totalmente adernado, retirando-lhe o mínimo equilíbrio. Isso porque comumente o contrato é firmado a partir de concessões mútuas e interesses cuidadosamente equilibrados. Retirar uma cláusula do contrato pode acarretar num descompasso, na perda da comutatividade. Evidentemente, o intérprete, no momento de salvar o contrato, não deve criar um monstro, estabelecendo uma relação absolutamente injusta para uma das partes, divorciada daquilo que se convencionou.

interpretação integrativa

Outro tema semelhante se relaciona à integração do contrato. Isso vai ocorrer se o acordo celebrado entre as partes deixar de prever certa situação e, em função dessa ausência, não haver indicação precisa da forma como as partes devam agir.

Imagine-se que, no âmbito de certa relação contratual, sobrevém um fato que tem repercussões naquela esfera. Tome-se o seguinte exemplo: as partes ajustaram que o preço de venda de um determinado bem seria fixado, no futuro, por uma de três instituições financeiras, listando o nome dessas sociedades. Ocorre que todas essas três instituições são extintas depois de celebrado o contrato e antes do momento em que deveriam fixar o valor do ativo. Como proceder? Será razoável defender que o negócio deva perder totalmente sua eficácia? Parece mais razoável estabelecer que outra instituição financeira, com as mesmas características daquelas extintas, seja a sucessora nesse encargo, pois, assim, garante-se a conservação do negócio. A interpretação integrativa do contrato consiste em compreender que as partes indicaram certo grupo de empresas, mas que a falta delas não deve condenar o negócio. Razoável, portanto, interpretar o ato como o de que a vontade das partes fosse a de garantir que uma instituição financeira, terceira em relação às partes, indicasse o preço e que a lista oferecida era apenas indicativa, sendo que, de boa-fé e buscando dar sentido ao contrato, posse natural que as partes, caso não existissem mais as sociedades inicialmente indicadas, tivessem eleito outra instituição para realizar a tarefa. Com isso, preserva-se o contrato, com uma interpretação intregrativa.

Classificação dos contratos

Antes de se analisar os contratos referidos no Código Civil, vale, principalmente por motivos didáticos, apreciar algumas de suas classificações. Na realidade, ao identificar essas classificações pode-se, muitas vezes, compreender a extensão dos efeitos do negócio.

correspectividade

Uma primeira classificação se refere à correspectividade do contrato, isto é, a relação entre as prestações de cada uma das partes.

contratos unilaterais

Nos contratos unilaterais, há obrigação para apenas uma das partes. *Ex uno latere*. Somente uma delas deve oferecer uma prestação. Só uma parte é sujeito passivo da obrigação. A doação simples é o maior exemplo desses contratos.

Não se pode perder de vista que o contrato expressa um acordo de vontades e, portanto, sempre deve haver, ao menos, dois lados. Assim, a designação – "contrato unilateral" – não é muito feliz, pois no contrato sempre haverá duas partes. Mesmo na doação, o donatário, que recebe a prestação, deve consentir. Assim, a unilateralidade se refere ao fato de que apenas uma das partes terá que oferecer a prestação.

O contrato unilateral não se confunde com o negócio jurídico unilateral (como a promessa de recompensa). No negócio unilateral, não existe consenso de outrem.

contratos unilaterais imperfeitos

Diferentes, contudo, são os contratos unilaterais imperfeitos. Nestes casos, embora exista um contrato unilateral, que, ordinariamente, cria obrigações apenas para uma das partes, pode haver obrigação para a outra. Ocorre, por exemplo, na doação com encargo. O donatário, embora não exista uma prestação dele, é obrigado a respeitar o encargo. Se deixar de fazê-lo, poderá haver a revogação de doação por inexecução do encargo (artigo 555 do Código Civil).[63] Nesse caso, não obstante exista um contrato unilateral, a parte beneficiada fica sujeita a uma obrigação.

contratos bilaterais

Mais comum, entretanto, os contratos são bilaterais. As partes ajustam obrigações recíprocas. Na compra e venda, por exemplo,

---

63 "Art. 555. A doação pode ser revogada por ingratidão do donatário, ou por inexecução do encargo."

cada parte deve realizar uma prestação: como veremos, uma entrega a coisa e a outra paga o preço. A mesma bilateralidade se vê na locação: uma entrega a posse da coisa e a outra paga o aluguel.

Em regra, nesses negócios há um sinalagma entre as prestações, ou seja, uma razoável equivalência econômica entre elas. Essa razoável equivalência econômica explica e justifica, até mesmo, a função social desse negócio.

Veja-se que apenas nos contratos bilaterais se pode suscitar a exceção do contrato não cumprido (artigo 476).[64] A *exceptio non adimpleti contractus*, como se sabe, é a regra segundo a qual a parte pode negar-se a apresentar a sua prestação até que a contraparte ofereça a sua. Exceção significa defesa: trata-se, pois, da defesa oferecida por quem não recebeu a contraprestação.

Evidentemente, cumpre averiguar qual das partes teria o dever de oferecer primeiro a prestação. Isso porque, normalmente, uma das partes apenas deve cumprir a sua prestação depois de receber a prestação devida pela outra parte. Assim, antes de receber a prestação, por vezes a recusa de se entregar a contraprestação é justificada. Muitas vezes, ambas as partes devem cumprir suas obrigações no mesmo momento, sendo, então, justificável que a parte aguarde o oferecimento simultâneo da prestação. Nos contratos unilaterais, como apenas uma das partes deve dar a sua prestação, não há que se falar nessa exceção.

Visto o fenômeno sob outro ângulo, uma parte apenas pode exigir o adimplemento da outra, se tiver cumprido a sua prestação.

Existe, ainda, a *exceptio non rite adimpleti contractus*, aplicável nas hipóteses nas quais a prestação é cumprida de forma defeituosa. Nestes casos, deve-se averiguar o âmbito desse cumprimento parcial para verificar se se justifica deixar de oferecer a contraprestação. Afinal, se o cumprimento, ainda que parcial, for substancial, não será razoável que a parte deixe de entregar a sua prestação. A resposta será diferente se o cumprimento for mínimo ou insuficiente para a satisfação, situação na qual se justifica que a contraparte não cumpra a prestação.

cláusula resolutiva tácita

Também comum aos contratos bilaterais é a cláusula resolutiva tácita, referida no artigo 475 do Código Civil.[65] Segundo o dispositivo, refletindo uma regra fundamental, a parte que sofrer a inadimplência da outra pode requerer a resolução do negócio, acompanhada das perdas e danos.

---

64 "Art. 476. Nos contratos bilaterais, nenhum dos contratantes, antes de cumprida a sua obrigação, pode exigir o implemento da do outro."

65 "Art. 475. A parte lesada pelo inadimplemento pode pedir a resolução do contrato, se não preferir exigir-lhe o cumprimento, cabendo, em qualquer dos casos, indenização por perdas e danos."

contratos gratuitos

Outra importante classificação se relaciona à natureza patrimonial da prestação. Os contratos podem ser gratuitos, se um dos contratantes atua por mera liberalidade. Neles, o patrimônio de uma das partes é diminuído em benefício de outra. Esta, por sua, vez, tem seu patrimônio acrescido sem qualquer contraprestação.

Normalmente, os contratos gratuitos são unilaterais, frutos da benevolência e generosidade de uma das partes.

Há enorme importância na identificação de um contrato gratuito. De acordo com o artigo 114 do Código Civil,[66] nos negócios gratuitos a interpretação é restritiva em favor do instituidor. Logo, beneficia-se, na interpretação, o devedor.

A razão desse dispositivo, além de lógica, guarda enorme justiça. Não se deseja estabelecer para o instituidor de um negócio gratuito um ônus maior daquele que ele previu. Em outras palavras, não se quer criar para a pessoa generosa um dever superior àquele que ela imaginou. Portanto, não se dá ao negócio uma interpretação abrangente, porém a mais restrita possível. Imagine-se a pessoa que doou a outra uma mesa, sem fazer qualquer referência às cadeiras. Será razoável imaginar que as cadeiras estavam incluídas? A lei quis proteger o doador, anotando que, nesses negócios graciosos, a interpretação é restrita. Se nada se falou das cadeiras, entende-se que a doação limitou-se à mesa.

Outra característica importante dos contratos benéficos encontra-se na regra do artigo 392 do Código Civil.[67] Segundo esse dispositivo, nos contratos benéficos, o devedor apenas responde se agir com dolo. Eis um dos excepcionais casos nos quais a lei civil distingue o dolo da culpa. Aqui, mais uma vez, o legislador pretendeu proteger o instituidor do ato benéfico. Enquanto nos contratos bilaterais onerosos, a parte responde por simples culpa, nos contratos benéficos, o devedor – aquele que se comprometeu graciosamente a agir em benefício de outrem – apenas ficará responsável pelo inadimplemento se agir dolosamente, ou seja, se atuar conscientemente visando ao descumprimento do que acordou fazer.

Imagine-se a situação da pessoa que doa um carro. Trata-se de um ato gratuito. O instituidor da doação passa a ser devedor, sem qualquer contraprestação. Se o doador, por imprudência, bate com o automóvel e destrói o objeto da doação, o credor nada poderá cobrar, pois o inadimplemento – a impossibilidade de cumprimento da obrigação – ocorreu sem culpa do devedor. Todavia, se o mesmo devedor,

---

66 "Art. 114. Os negócios jurídicos benéficos e a renúncia interpretam-se estritamente."

67 "Art. 392. Nos contratos benéficos, responde por simples culpa o contratante, a quem o contrato aproveite, e por dolo aquele a quem não favoreça. Nos contratos onerosos, responde cada uma das partes por culpa, salvo as exceções previstas em lei."

por maldade, arrebenta o carro, apenas para não cumprir o dever que assumiu – e, logo, agiu com dolo –, o credor poderá reclamar uma indenização pelo descumprimento da obrigação pactuada.

<small>contratos comutativos</small>

Diversamente, os contratos podem ser comutativos – o oposto dos graciosos –, havendo uma ideal equivalência econômica entre as prestações. Cada parte deve cumprir uma prestação em proveito da outra, sendo que essas prestações guardam, entre si, um certo equilíbrio e sinalagma. No artigo 1.102 do Código Civil francês, o termo sinalagma é utilizado como sinônimo de bilateral, mas, a rigor, sinalagma se relaciona com a questão de equivalência econômica. A palavra tem origem grega, *syn* significa junto e *allagma* quer dizer troca. Portanto, sinalagma significa uma reciprocidade na troca.

O sinalagma apenas é absolutamente perfeito se cada uma das partes entregar à outra a mesmíssima prestação – ambas entregam à contraparte idêntica quantia de dinheiro ou trocam bens iguais e fungíveis entre si, por exemplo. Ocorre que isso é uma situação surreal e ilógica, pois não há sentido em alguém entregar algo para receber outro idêntico – obviamente, melhor seria que essa pessoa mantivesse o que já possui. Assim, as prestações, por regra, são diversas, de sorte que cada uma tem um valor. As partes negociam para que essas prestações, que podem ter naturezas totalmente distintas, guardem uma razoável equivalência. Aliás, o próprio ordenamento jurídico tem interesse que as prestações guardem esse equilíbrio.

Se o sinalagma entre as prestações for muito díspare no nascimento do contrato, haverá a lesão, prevista no artigo 157 do Código Civil.[68]

Caso, diferentemente, o sinalagma entre as prestações, por um fato extraordinário, desaparecer no desenvolvimento do negócio, entre o momento em que ele for instituído e o momento da entrega da prestação, pode-se suscitar a teoria da imprevisão (artigo 317),[69] para reestruturar a paridade econômica do negócio, restabelecendo o equilíbrio, ou reclamar a resolução por onerosidade excessiva (artigo 478),[70] para rescindi-lo.

---

[68] "Art. 157. Ocorre a lesão quando uma pessoa, sob premente necessidade, ou por inexperiência, se obriga a prestação manifestamente desproporcional ao valor da prestação oposta.
§ 1º Aprecia-se a desproporção das prestações segundo os valores vigentes ao tempo em que foi celebrado o negócio jurídico.
§ 2º Não se decretará a anulação do negócio, se for oferecido suplemento suficiente, ou se a parte favorecida concordar com a redução do proveito."

[69] "Art. 317. Quando, por motivos imprevisíveis, sobrevier desproporção manifesta entre o valor da prestação devida e o do momento de sua execução, poderá o juiz corrigi-lo, a pedido da parte, de modo que assegure, quanto possível, o valor real da prestação."

[70] "Art. 478. Nos contratos de execução continuada ou diferida, se a prestação de uma das partes se tornar excessivamente onerosa, com extrema vantagem para a outra, em virtude de acontecimentos extraordinários e imprevisíveis, poderá o devedor pedir a resolução do contrato. Os efeitos da sentença que a decretar retroagirão à data da citação."

Como o ordenamento jurídico repudia o enriquecimento desprovido de causa, cada vez se dá mais atenção ao equilíbrio econômico das prestações.

<small>contrato aleatório</small>

Ainda cuidando da natureza patrimonial da prestação, há o contrato aleatório. Nesses negócios, ambas as prestações, ou uma delas, pode ser incerta, pois as partes, de alguma forma, assumem o risco.

O contrato de seguro é um bom exemplo. Nele, uma das partes apenas arcará com a sua prestação, o prêmio do seguro. Se determinado evento ocorrer – um fato que trará dano ao segurado –, a seguradora cobre o prejuízo. Se, todavia, o dano não sobrevier, a seguradora nada deverá. Há, pois, uma álea, um elemento do acaso.

Será possível falar em comutatividade nesses negócios? Claro. Na lógica desses atos, estuda-se o risco de o evento danoso ocorrer. O negócio guardará justiça enquanto houver chance de o dano ocorrer e o valor pago pelo segurado for condizente com o risco coberto. Há uma série de cálculos que buscam garantir esse tênue equilíbrio.

<small>formalidade</small>

Classificam-se também os contratos pela forma como eles são criados e passam a surtir efeitos. A questão que se coloca aqui é: quando os contratos se aperfeiçoam.

Em Roma, os contratos podiam nascer de forma consensual, real, verbal e literal – *consensu*, *res*, *verbis* e *literis*.

<small>contratos consensuais</small>

Os consensuais decorriam do mútuo acordo, como a compra e venda, a locação, a sociedade e o mandato. A sua formação depende apenas do consentimento mútuo.

Admite-se que o contrato seja estabelecido mesmo sem uma manifestação expressa e direta quanto à sua formação, bastando que as partes tenham adotado um comportamento que demonstre a existência de uma relação contratual. Nesse sentido, aliás, o artigo 2.1 dos Princípios Relativos aos Contratos Comerciais Internacionais, elaborado pelo UNIDROIT, segundo o qual: "um contrato pode ser concluído, seja através de uma proposta e uma aceitação, seja através da conduta das partes que seja suficiente para demonstrar o acordo."[71]

<small>contratos reais</small>

Nos reais, havia a necessidade de entrega da coisa para que ele surtisse efeito. Isso ocorria no mútuo, no comodato, no penhor e no depósito, por exemplo.

<small>contratos verbais e literais</small>

Já os verbais pediam a declamação de certas palavras. O nascimento do negócio requisitava a pronúncia de palavras solenes, como ocorria na *stipulatio*.

Por fim, nos contratos literais, algo deveria ser escrito para que o contrato passasse a gerar efeito.

---

[71] Haroldo Verçosa ressalta que o mesmo conceito é repetido no dispositivo 2-204 do Uniform Commercial Code dos Estados Unidos (*Contratos Mercantis e a Teoria Geral dos Contratos*, São Paulo, Quartier Latin, 2010, p. 290).

contratos
solenes
Registre-se, ainda, a classificação dos contratos quanto à forma. Os contratos solenes são aqueles cuja validade depende da observância de determinada forma. Tome-se o exemplo da lavratura da escritura de compra e venda de bem imóvel por tabelião, ou do casamento. Nesses dois negócios, o ato fica subordinado à realização de uma determinada solenidade.

contratos não
solenes
Diferentemente, nos contratos não solenes, que constituem a regra geral, os negócios não precisam adotar certa forma para obter validade.

A compra e venda de uma revista no jornaleiro, por exemplo, não requer nenhum ato formal ou específico para sua validade e eficácia.

contratos
principais
Permite-se, ainda, classificar os contratos quanto à relação entre as prestações nele assumidas. Os contratos principais são aqueles cuja existência independent de outro. A invalidade deles acarreta a dos acessórios, mas a recíproca não é verdadeira, indica o artigo 184.[72]

contratos
acessórios
Os contratos acessórios, por sua vez, existem para auxiliar outro contrato. Devem, evidentemente, guardar pertinência e coerência com o negócio principal, ao qual estão subordinados.

A invalidade do principal acarreta a invalidade do acessório, pois este segue o destino daquele.

Um bom exemplo é o contrato de fiança, que existe apenas para garantir uma dívida estabelecida em outro contrato. Terminado, por qualquer razão, o contrato principal, o acessório, em regra, perde a sua eficácia.

Num mercado sofisticado, cada vez mais se encontram contratos interligados, numa relação em que não existe, de fato, uma subordinação de um negócio em relação a outro, porém uma interdependência.

Comumente, hoje, vê-se relações intrincadas e complexas, nas quais há um emaranhado de contratos que convivem e, não raro, dependem uns dos outros. A análise desses negócios requer um exame global da relação, revelando-se, em regra, equivocada a apreciação de um só desses contratos sem compreender o seu contexto.[73] Nesses casos, o fim de um desses contratos pode acarretar o fim de todos os cligados.[74]

Permita-se, na oportunidade, apresentar a classificação dos contratos quanto ao momento da sua execução.

---

72 "Art. 184. Respeitada a intenção das partes, a invalidade parcial de um negócio jurídico não o prejudicará na parte válida, se esta for separável; a invalidade da obrigação principal implica a das obrigações acessórias, mas a destas não induz a da obrigação principal."

73 Sobre o tema: Francisco Paulo de Crescenzo Marino, *Contratos Coligados no Direito Brasileiro*, São Paulo, Saraiva, 2009 e Carlos Nelson Konder, *Contratos Conexos*, Rio de Janeiro, Renovar, 2006.

74 Caberá ao intérprete uma análise global para avaliar o grau de impacto do término de uma das relações sobre as demais. Não raro, ao se extinguir um dos contratos, todos os outros coligados perdem sentido econômico ou mesmo sofrem um enorme revés. Nesses casos, o fim de um importará o mesmo destino aos demais, porque esses negócios, em regra, formam um todo indiviso. Caso, de outra forma, fique demonstrado não haver maior repercussão no término de um desses negócios, em relação aos demais, estes seguem vigentes.

contrato de execução instantânea

No contrato de execução instantânea, o negócio se executa numa só prestação. Em regra geral, imediatamente a seguir do nascimento do ato.

Nas obrigações de execução simultânea, ambas as partes devem oferecer suas prestações ao mesmo tempo – "zung um zung", segundo os alemães, ou "donnant donnant", para os franceses.

execução diferida

Se, diferentemente, o contrato for de execução diferida, haverá uma distinção entre o momento em que uma das partes oferece a prestação daquele no qual a contraparte entrega a contraprestação.

Já nas obrigações de execução continuada (ou de trato sucessivo), as partes seguem, durante um tempo, ou mesmo indefinidamente, oferecendo mutuamente a prestação e a contraprestação.

contrato com prazo determinado

Caso se estiver diante de um contrato por prazo determinado, o termo final do negócio marca o momento em que as partes se desobrigam. Essa regra se excepciona nas hipóteses de justa causa ou nas de força maior. Assim, as partes são vinculadas às prestações estabelecidas contratualmente, a menos que a contraparte descumpra a sua, dando justa causa para que se rescinda o contrato, ou se houver um caso de força maior, que transforme o negócio ou impossibilite o adimplemento.

contrato com prazo indeterminado

Nos contratos por prazo indeterminado, o contrato pode ser rescindido a qualquer momento, porque ninguém pode estar vinculado para sempre. Essa regra, entretanto, é temperada pela boa-fé. Se uma parte fez investimentos de monta para explorar certo negócio, a outra não pode encerrar a relação de forma surpreendente, sob pena, até mesmo, de obter um benefício desprovido de causa.

contratos sujeitos à condição

Nos contratos sujeitos à condição suspensiva, a eficácia do negócio fica subordinada a fato futuro e incerto. Apenas ocorrido o fato, o negócio passa a ter efeito. Evidentemente, pode-se ajustar também uma condição resolutiva, na qual o contrato tem desde logo eficácia, que, todavia, cessará se sobrevier a condição.

Este evento, o gatilho da condição, deve ser um fato que não dependa apenas da vontade das partes – os romanos falavam, *si volens*. O ordenamento veda as cláusulas puramente potestativas. Idealmente, necessário que seja um fato que ocorra por motivos alheios.

contrato sujeito a evento

Existe, ainda, o contrato sujeito a evento. Aqui, a eficácia do negócio depende de fato que a parte pode cumprir. Ocorre, por exemplo, no ajuste de que o negócio terá eficácia quando uma das partes for visitar a contraparte. Não se trata de uma condição puramente potestativa, porém de uma estipulação lícita, que subordina o ato a certa atividade de uma das partes.

contrato de adesão

Anote-se, por fim, a classificação dos contratos referente à ingerência das partes ao seu conteúdo. Pode haver o contrato cujas cláusulas foram discutidas pelas partes e, diferentemente, há o contrato de adesão, no qual uma das partes fixa o conteúdo do contrato enquanto a outra a ele apenas adere.

Os contratos de adesão são cada vez mais comuns, principalmente numa sociedade de massa.

Nos contratos de adesão, informa o artigo 423 do Código Civil,[75] a interpretação do negócio se faz em favor do aderente. *Interpretatio contra stipulatorem*. O conceito já existia no artigo 1.162 do Code Napoleon e é seguido no artigo 47 do Código de Defesa do Consumidor.[76] Como o estipulante já teve a vantagem de escrever o contrato, sem chance de negociação do aderente, justo que este último, ao menos, possa interpretar, de forma razoável, o negócio em seu benefício. Eis um meio de atenuar o desequilíbrio inato dessas situações.

Vale, ainda, registrar a regra do artigo 424 do Código Civil,[77] também relativa aos contratos de adesão: são nulas, nos contratos de adesão, as cláusulas que estipulem a renúncia antecipada do aderente a direito resultante da natureza do negócio.

O propósito da norma, aqui, é o de garantir a real vontade, ou seja, que exista, de fato, uma manifestação consciente daquele que aderiu ao contrato.

Uma das maiores diferenças entre a teoria contratual contemporânea e a teoria contratual clássica reside, precisamente, na análise da vulnerabilidade das partes. Antes, as partes eram tratadas como entes abstratos, ao passo que, no Direito contemporâneo, o intérprete é convidado a apreciar a subjetividade, as eventuais disparidades da relação, a fim de verificar se existe a necessidade de uma intervenção, com o propósito de evitar que o desequilíbrio redunde num abuso. A partir desse conceito, admite-se essa intromissão, por meio de normas cogentes ou pelo Judiciário.[78]

_{tipicidade dos contratos}

Os contratos podem, também, ser classificados de acordo com a sua tipicidade. Na Roma clássica, apenas se admitiam os contratos expressamente referidos em lei. Hoje, como se sabe, já não é mais assim. Em decorrência do princípio da autonomia da vontade, as partes podem ajustar quaisquer obrigações entre elas, desde que, claro, elas sejam lícitas.

_{contratos típicos}

Os contratos típicos, também chamados de nominados, encontram-se referidos na lei. São os mais comuns e, por isso mesmo, o legislador cuidou especificamente deles. Pelo seu uso frequente, en-

---

75 "Art. 423. Quando houver no contrato de adesão cláusulas ambíguas ou contraditórias, dever-se-á adotar a interpretação mais favorável ao aderente."

76 "Art. 47. As cláusulas contratuais serão interpretadas de maneira mais favorável ao consumidor."

77 "Art. 424. Nos contratos de adesão, são nulas as cláusulas que estipulem a renúncia antecipada do aderente a direito resultante da natureza do negócio."

78 Ver sobre o tema, Teresa Negreiros, *Teoria dos Contratos*, Rio de Janeiro, Renovar, 2002, p. 310 e seguintes.

tendeu-se que seria bom regulá-los de forma especial, atentando-se às suas peculiaridades. Foi o que se fez, por exemplo, com a compra e venda, a doação, a locação, o seguro, a fiança e tantos outros.

Ao se identificar o contrato como sendo uma espécie típica, adotam-se os dispositivos referidos na lei para interpretar a sua aplicação e abrangência.

contratos atípicos

De outro lado, há os contratos atípicos (ou inominados), os quais não têm previsão legal. O artigo 425 do Código Civil[79] admite expressamente a existência desses negócios, embora esse dispositivo seja absolutamente desnecessário. Como se disse, em função do princípio da autonomia da vontade ou do consensualismo, a vontade funciona como elemento criador de uma obrigação.[80]

contratos mistos

Finalmente, nos contratos mistos, há contratos típicos com elementos não previstos pela lei.

Daqui em diante, neste manual, iremos examinar os contratos referidos no Código Civil. Estes negócios, disciplinados nas suas peculiaridades, são aqueles mais encontrados no uso quotidiano. Assim, o estudo tem enorme valia, pois o Direito, afinal, tem sentido pela sua utilidade prática.

---

79 "Art. 425. É lícito às partes estipular contratos atípicos, observadas as normas gerais fixadas neste Código."

80 Sobre o tema, Álvaro Vilaça Azevedo, *Contratos Inominados ou Atípicos*, São Paulo, Bushatsky, 1975.

COMPRA E VENDA

Inicialmente, o homem vivia daquilo que ele próprio produzia. Comia o que colhia, construía sua morada, fazia sua roupa. Depois, passou a trocar coisas. Uma maçã por um pedaço de carne, uma pele de ovelha por um machado. No Velho Testamento, há a referência clássica ao escambo celebrado entre Esaú e Jacó, no qual estes trocam um prato de lentilha pelo direito à primogenitura. Na troca, permuta-se um bem por outro, ou seja, as prestações recíprocas de cada parte são uma coisa ou um direito transferido mutuamente.

O Velho Testamento fala, também, da venda de José (filho do Jacó, mencionado acima), como escravo, por seus irmãos. Segundo o relato bíblico, seus irmãos teriam recebido vinte moedas de prata por José. De acordo com os historiadores, essa informação não é precisa, pois não existiam, naquela época, moedas.[1] Pode ter havido nessa venda – narrada, com incrível detalhe e talento, no clássico romance de Thomas Mann, *José e Seus Irmãos* –, a entrega de anéis de prata, ou mesmo de pequenas barras desse metal, mas não moedas.

O metal, como o gado, o azeite de oliva e o sal eram utilizados como pontos de referência, padrões, para estipular o valor das coisas. Como explica o historiador Yuval Noah Harari, "Conchas de cauri foram usadas como dinheiro por cerca de 4 mil anos em toda a África, sul da Ásia, leste da Ásia e Oceania. No início do século XX, ainda se podiam pagar impostos em conchas de caori na Uganda britânica."[2] A cabeça de gado, como se disse, era uma forma de mensuração de valor. Daí a palavra pecúnia, derivada de *pecus*, que, em latim, significa gado. Também a origem da palavra

---

[1] Oscar Pillagallo, *A Aventura do Dinheiro*, São Paulo, Publifolha, 2000, p. 34.
[2] Yuval Noah Harari, *Sapiens*, 3 ed., Porto Alegre, L&PM, 2015.

"salário" vem de sal, pois esse mineral também era usado como medida de valoração.³

a invenção da moeda

Da mera pesagem do metal para a moeda houve um salto. Diz-se que essa cunhagem do metal, transformando-o em moeda, deu-se apenas no século VII antes da era Cristã, no reino da Lídia, na atual Turquia. O pedaço de metal, estampado, em ambos os lados, por uma bigorna de madeira, em peças padronizadas, em ouro e prata, representou, a partir do momento em que seu valor passou a ser aceito pela sociedade – pois o Estado que o emitia garantia o seu valor –, uma incrível revolução. Heródoto, o grande historiador da antiguidade, registra o feito e nos conta o nome daquela primeira moeda: "stater" ou talento.⁴

Há um aspecto histórico – e algo educativo – nesse nascimento: Creso, o rei Lídio, responsável pela primeira cunhagem, desejava aumentar seu reino, mas não tinha um exército. Valeu-se, então, de sua moeda, para contratar guerreiros mercenários. Lamentavelmente, seu plano não deu certo. A sua ganância serviu-lhe de algoz: o rei Creso acabou perdendo as batalhas e também seu reino. Desde seu nascimento, o dinheiro tem importância, mas não é tudo...

Com o surgimento da moeda, o comércio fica incrivelmente facilitado. Junto com a moeda, nasce a compra e venda, numa evolução da troca. Rapidamente, a compra e venda transformou-se num dos contratos mais corriqueiros.

A moeda, com a compra e venda, transforma-se numa metáfora: o dinheiro representa aquilo que ela pode comprar. Aliás, o papel-moeda é, também, outra representação. Numa obra tardia de Goethe, a segunda parte de Fausto (concluída em 1832, ano da morte do gênio alemão), o herói que dá nome ao título do livro e Mefistófles visitam o imperador. Nessa passagem, o imperador está preocupado com a ausência de recursos. Mefistófles, então, indica ao imperador o caminho de uma alquimia peculiar, mas que resolverá o problema do império: imprimir papel-moeda. Com isso, Mefistófles ensina a criar dinheiro.⁵

No Direito Romano, a compra e venda (*emptio venditio*) teve lugar de destaque. Por meio desse contrato, "o vendedor (*venditor*) prometia ao outro, o comprador (*emptor*), transferir definitivamente a posse de uma coisa mediante um pagamento em dinheiro, o preço

---

3 Segundo o historiador Jack Weatherford, em algum momento, os soldados romanos eram pagos em sal. Ver *A História do Dinheiro*, São Paulo, Negócio Editora, 1999, p. 23.
4 Jaques Attali, *Os judeus, o dinheiro e o mundo*, São Paulo, Futura, 2003, p. 70.
5 Ver Hans Christoph Binswanger, *Dinheiro e Magia*, Rio de Janeiro, Zahar, 2010.

(*pretium*)."⁶ Desde a criação da moeda até os dias atuais, a compra e venda sempre teve papel fundamental na sociedade.

Numa sociedade moderna, na qual o homem não produz o que consome, as pessoas têm que comprar tudo: sua comida, sua roupa, sua casa. Há compras mais complexas e sofisticadas, como a de direitos presentes ou mesmo futuros (que se denomina cessão; o que se dá ao se adquirir, por exemplo, um crédito), ou a venda de coisa alheia, de que adiante trataremos, ou mesmo a compra de coisas litigiosas, como admite o artigo 109 do Código de Processo Civil de 2015[7-8].

Evidentemente, o ordenamento jurídico regula o negócio de compra e venda. Não sem razão, Vivante reconhecia: "Per la sua importanza la compravendita sta a capo di tutti contratti nel diritto commerciale."⁹ Dada a sua relevância, a compra e venda é o primeiro dos contratos típicos examinado pelo Código Civil, que começa pela sua definição, no artigo 481.[10]

coisa e dinheiro

Seguindo a orientação clássica, a compra e venda se qualifica pela obrigação, assumida por uma das partes, consistente em transferir a propriedade de uma coisa à outra, mediante o recebimento de um preço em dinheiro. Dessa forma, com o contrato de compra e venda nascem, a rigor, duas obrigações: uma de dar a coisa e outra de dar dinheiro.

Nesse contrato, a prestação e a contraprestação são, pois, muito definidas: coisa de um lado – devida pelo vendedor –, dinheiro de outro – que cabe ao comprador entregar. Caso exista uma transferência de coisa por coisa, haverá uma troca e não a compra e venda. De fato, se a contraprestação for qualquer coisa diferente de dinheiro – inclusive a prestação de um serviço –, não haverá compra e venda, porém troca.

transferência de domínio

Atente-se que a coisa, objeto da prestação do vendedor, deve ter seu domínio transferido. A mera obrigação de entregar o bem, sem a transmissão da propriedade, não caracterizará a compra e venda. Com efeito, haverá, nesse caso, o empréstimo, ou a locação, caracterizada pela entrega da posse, mas não da propriedade. Na

---

6   Ebert Chamoun, *Instituições de Direito Romano*, Rio de Janeiro, Forense, 1951, p. 354.

7   "Art. 109. A alienação da coisa ou do direito litigioso por ato entre vivos, a título particular, não altera a legitimidade das partes."

8   Sobre a venda de coisa litigiosa, Pontes de Miranda, *Comentários ao Código de Processo Civil*, Tomo I, Rio de Janeiro, Forense, 2001, p. 138/139.

9   Cesare Vivante, *Trattatto di Diritto Commerciale*, Vol. IV, V ed., Milano, Casa Editrice Dottor Francesco Vallardi, 1926, p. 121.

10 "Art. 481. Pelo contrato de compra e venda, um dos contratantes se obriga a transferir o domínio de certa coisa, e o outro, a pagar-lhe certo preço em dinheiro."

compra e venda, ajusta-se que a propriedade do bem – e não apenas a sua posse – é transferida ao comprador, que, uma vez cumprida a obrigação, passa a ser o novo dono do objeto do contrato.

preço

Dessa forma, no núcleo da compra e venda se identifica a obrigação de transferir a propriedade – a alienação de um bem –, numa clássica obrigação de dar, e, de outra ponta, a contraprestação em dinheiro, um preço pago pelo comprador, adquirente do bem vendido.

Retirado o preço, afasta-se a compra e venda. A transferência *inter vivos* graciosa da propriedade consiste no contrato de doação.

Portanto, sem essas características – o dever de transferir a propriedade mediante o recebimento de um preço em dinheiro –, desfigura-se a compra e venda.

contrato bilateral

Por excelência, trata-se de contrato bilateral, pois, como se disse, há prestações exigíveis para ambos os lados, que derivam de um consenso. O vendedor é credor do dinheiro e devedor da coisa, ao passo que o comprador é credor da coisa e devedor do dinheiro.

contrato comutativo

Além de oneroso, cuida-se de contrato comutativo, ou seja, deve haver uma razoável equivalência entre as prestações – nas palavras de Orlando Gomes, "equivalência entre sacrifício e proveito".[11] Se houver grande disparidade, pode-se estar diante de uma doação. Afinal, se o preço pago é apenas simbólico, o negócio jurídico estará mais próximo da doação do que da compra e venda.

Caso exista, originalmente, uma brutal diferença econômica entre as prestações, pode-se suscitar a lesão (artigo 157 do Código Civil).[12] Caso a diferença econômica entre as prestações ocorra posteriormente, depois de firmado o contrato, mas antes da data ajustada para o seu adimplemento, admite-se invocar a teoria da imprevisão ou a resolução por onerosidade excessiva (artigos 317[13] e 478[14] do Código Civil, respectivamente).

---

11 Orlando Gomes, *Contratos*, 26ª ed., Rio de Janeiro, Forense, 2008, p. 88.

12 "Art. 157. Ocorre a lesão quando uma pessoa, sob premente necessidade, ou por inexperiência, se obriga a prestação manifestamente desproporcional ao valor da prestação oposta.
§ 1o Aprecia-se a desproporção das prestações segundo os valores vigentes ao tempo em que foi celebrado o negócio jurídico.
§ 2o Não se decretará a anulação do negócio, se for oferecido suplemento suficiente, ou se a parte favorecida concordar com a redução do proveito."

13 "Art. 317. Quando, por motivos imprevisíveis, sobrevier desproporção manifesta entre o valor da prestação devida e o do momento de sua execução, poderá o juiz corrigi-lo, a pedido da parte, de modo que assegure, quanto possível, o valor real da prestação."

14 "Art. 478. Nos contratos de execução continuada ou diferida, se a prestação de uma das partes se tornar excessivamente onerosa, com extrema vantagem para a outra, em virtude de acontecimentos extraordinários e imprevisíveis, poderá o devedor pedir a resolução do contrato. Os efeitos da sentença que a decretar retroagirão à data da citação."

Eventualmente, contudo, o contrato de compra e venda pode ser aleatório, como veremos adiante, hipótese na qual não haverá plena comutatividade entre as prestações.

efeitos obrigacionais

A compra e venda, no nosso sistema, cria apenas obrigações. Celebrado o negócio, o devedor assume o dever de transferir a propriedade da coisa. Não há, com o contrato, a transferência do bem. Inexistem, portanto, direitos reais decorrentes do contrato de compra e venda do bem. Do contrato de compra e venda, o credor não recebe a propriedade, mas um crédito. A distinção entre direitos obrigacionais e reais é antiga.[15] Havia, já em Roma, a regra *traditionibus vel usu capionibus dominia rerum non nudis pactis transferuntur*, ou seja, o domínio das coisas se transfere pela usucapião ou pela tradição, mas não pelo contrato. O conceito vale até hoje.

tradição

A transferência de propriedade, no sistema adotado no Brasil, exige um modo – uma formalidade – e um título – a expressão de uma causa considerada boa e justa juridicamente. Assim, expressamente, o artigo 1.267 do Código Civil, segundo o qual "A propriedade das coisas não se transfere pelos negócios jurídicos antes da tradição." Em outras palavras, para que um bem passe a um novo proprietário, deve haver uma razão jurídica, aceita pelo ordenamento – tal como uma doação ou uma compra e venda –, e uma formalidade, cujo cumprimento se requer. Esta formalidade pode ser a mera entrega do bem – a tradição –, o que ocorre na grande parte dos bens móveis, ou depender de um registro oficial, tal como se dá com os bens imóveis, cuja efetiva transferência depende da transcrição da compra e venda no Registro de Imóveis do local onde o bem estiver situado. Tradição, aliás, significa precisamente essa transferência da cultura, feita de geração a geração.

Esse sistema de transferência de propriedade – no qual se requer o título e o modo –, cuja origem remonta ao Direito Romano, é seguido na Alemanha (a rigor, nós nos inspiramos no § 433 do Código Civil alemão),[16] na Suíça, na Espanha e na Argentina.

Diferentemente, na acepção francesa, o contrato de compra e venda opera a transferência de propriedade, como se vê dos artigos 711, 1.582 e 1.583 do Code.[17] Seguiram essa orientação, além da

---

15 Esta distinção já era conhecida no Direito Romano, como ensina Pietro Bonfante, *Histoire du Droit Romain*, Tome Premier, Paris, Librairie du Recueil Sirey, 1928, p. 219/220.

16 "§ 433. (Obrigações do vendedor e do comprador). Pelo contrato de compra torna-se o vendedor de uma coisa obrigado a entregar a coisa ao comprador e a proporcionar a propriedade da coisa. O vendedor de um direito está obrigado a proporcionar ao comprador o direito e, quando o direito autorizar a posse de uma coisa, a entregar a coisa."

17 "Art. 711. A propriedade dos bens se adquire e se transmite por sucessão, por doação entre vivos ou testamentária, e por efeito das obrigações."

França, Portugal[18] e Itália. Nesses países, o contrato de compra e venda tem um poder maior, pois dele irradiam direitos reais, isto é, por meio dele, a propriedade se transfere ao comprador apenas com o contrato.

A relevância da distinção entre os dois sistemas é muito sensível. Afinal, no nosso ordenamento, depois de celebrar o contrato, o vendedor segue dono da coisa. O comprador fica apenas com o direito de reclamá-la, tem direito à coisa, *ius ad rem*. Se o vendedor não entregar o bem, inadimplindo o seu dever, o comprador terá que acioná-lo para cobrar o crédito. Se o vendedor, antes de transferir o bem, perdê-lo, o credor, dependendo da averiguação de culpa do vendedor, poderá ou não reclamar uma indenização.

Desse modo, embora a compra e venda tenha natureza consensual – basta o acordo das partes para ela se aperfeiçoar –, ela pode ser solene, como no caso da necessidade da escritura pública de compra e venda de imóvel, hipótese na qual se requer uma forma específica, a escritura pública.

Vale a ressalva de que, mesmo no nosso sistema, há algumas importantes exceções, nas quais o mero contrato funciona como meio hábil à transferência da propriedade: isso se dá com a alienação fiduciária em garantia, adiante examinada, na qual, por força do artigo 1º da norma que a regula (o Decreto-Lei nº 911, de 1.10.1969), o domínio é transferido independentemente da tradição. O mesmo ocorre no Decreto-Lei nº 3.545, de 22.8.1941, relativo à compra e venda de títulos da dívida pública, que, no seu artigo 8º, indica que o mero contrato já opera a transferência da propriedade.

Os elementos essenciais da compra e venda

Desde os romanos, identificam-se os três elementos essenciais – *essentialia negotii* – do contrato de compra e venda: *res*, *pretium* e *consensus*. A coisa (objeto), o preço e o consentimento.

"Art. 1582. A venda é uma convenção pela qual um se obriga a entregar uma coisa e outro a pagá-la. Pode ser feita por ato autêntico ou por escritura particular.
Art. 1.583. É ela perfeita entre as partes, e a propriedade é adquirida de pleno direito pelo comprador ante o vendedor, desde que haja acordo sobre a coisa e o preço, embora a coisa não tenha ainda sido entregue nem o preço ainda pago."

18 Quando da independência do Brasil, em 1822, adotávamos a Lei Civil portuguesa, na época, as Ordenações Filipinas. Em 1867, houve a promulgação do primeiro Código Civil português, que seguiu a orientação francesa do Código de 1804, para o qual o contrato era suficiente para transferir a propriedade. Nós seguimos adotando as Ordenações – mesmo depois de elas já não serem aplicadas em Portugal. Essa situação perdurou até a promulgação do Código Civil de 1916 (que entrou em vigor no primeiro dia de 1917). Fomos, nesse particular, influenciados pelo Código Alemão, datado de 1896. Daí porque nos distanciamos, no tema, dos portugueses.

De acordo com o artigo 482 do Código Civil,[19] presentes esses três elementos, o contrato considera-se perfeito e exigível.[20] Pode o interessado reclamar da contraparte o cumprimento da obrigação. Permite-se até que, se requerido o adimplemento judicialmente, o juiz supra a atuação da contraparte e promova a transferência do bem.

A contrário senso, na hipótese de o negócio deixar de fazer referência a qualquer desses elementos – não existir uma definição da coisa, do preço e do consentimento –, o contrato ainda não se aperfeiçoou e, logo, nenhuma das partes pode cobrar da outra o adimplemento.

Qualquer análise que se faça da compra e venda deve partir da apreciação desses três elementos.

o objeto

Examine-se, em primeiro lugar, o objeto. A rigor, qualquer coisa, corpórea ou não, pode ser objeto da compra e venda, desde que lícita e moralmente alienável.

Embora durante muito tempo aceitava-se apenas a venda de bem corpóreo, hoje se admite, sem restrição, a venda de um bem incorpóreo, como energia, propriedade artística, direitos, entre outros.[21] Pode-se vender, por exemplo, um crédito. A venda de um crédito denomina-se cessão, sobre a qual há as normas específicas dos artigos 286 a 298 do Código Civil. E a posse? Pode-se vender a posse? Claro que sim. O comprador paga um preço e recebe, em contraprestação, um bem: o direito à posse.

Registre-se, de toda sorte, que, para alguns juristas, apenas se identifica a compra e venda se o contrato tratar da transferência da propriedade de uma coisa. Consoante San Tiago Dantas, "para que seja compra e venda, é condição essencial, que a obrigação resultante do contrato verse sobre transmissão de um direito sobre a coisa, e não de vantagens, privilégios ou situações jurídicas como a posse, a detenção ou casos semelhantes."[22] Não se vê, contudo, motivo para não tratar como compra e venda esses negócios – nos quais se vendam créditos ou situações jurídicas –, até mesmo para garantir ao adquirente a proteção conferida pela lei ao comprador.[23]

---

19 "Art. 482. A compra e venda, quando pura, considerar-se-á obrigatória e perfeita, desde que as partes acordarem no objeto e no preço."

20 Com relação à compra e venda de imóveis, Rizzardo adiciona ainda o elemento forma (*Contratos*, 8ª ed., São Paulo, Forense, 2008, p. 312).

21 Sobre o tema, Cunha Gonçalves, *Da Compra e Venda*, São Paulo, Ed. Monteiro Lobato, 1930, p. 109/134.

22 *Programa de Direito Civil II*, Rio de Janeiro, Editora Rio, 1978, p. 217.

23 Veja-se a o dispositivo do Código Civil italiano que inicia a compra e venda, para notar como ele permite a amplitude do objeto desse negócio:
"Art. 1.470. A venda é o contrato que tem por objeto a transferência da propriedade de uma coisa ou a transferência de um outro direito contra um preço equivalente."

Evidentemente, o objeto deve ser lícito. Trata-se, a rigor, de um corolário do artigo 104, II, do Código Civil,[24] que requer, entre os requisitos de validade do negócio jurídico, o objeto lícito.

O artigo 426 do Código Civil,[25] por exemplo, fulmina de nulidade a venda de herança de pessoa viva – pois se reconhece a imoralidade dessa negociação. Entretanto, pode haver o ajuste para depois da morte de uma pessoa (pactuando-se, por exemplo, que seus herdeiros terão que pagar certa dívida), assim como um pai pode desejar antecipar como se dará a partilha de seus bens entre seus herdeiros.

Não se pode, claro, dispor sobre os direitos da personalidade, consoante se extrai do artigo 11 do Código Civil.[26] Logo, não se admite, por exemplo, vender a honra. Proíbe-se, também, a venda de partes do corpo humano, diz o artigo 13,[27] quando isso representar a diminuição permanente da integridade física, ou afrontar os bons costumes.

Há bens fora do comércio – como, para citar um exemplo, uma praia de uso público (artigo 100 do Código Civil)[28] – e, portanto, inalienáveis. Estes também não podem ser objeto de uma compra e venda.

Também não podem ser vendidos os bens gravados com a cláusula de inalienabilidade. Para que essa cláusula seja instituída, no momento de transferência do bem por ato gracioso (normalmente por doação ou por sucessão *causa mortis*), quem transfere, o autor da generosidade, grava sobre o bem uma disposição, segundo a qual o titular do domínio não pode aliená-lo. Havendo o registro dessa disposição no título (no instrumento de doação ou na disposição testamentária), o bem não pode ser objeto de compra e venda.

Da mesma forma, não se admite que alguém compre bem sobre o qual já tenha a propriedade. Até mesmo por uma razão lógica, a venda será totalmente ineficaz se isso ocorrer – afinal, o objeto desse contrato deve ser susceptível à alienação do vendedor ao comprador.

---

24 "Art. 104. A validade do negócio jurídico requer:
I - agente capaz;
II - objeto lícito, possível, determinado ou determinável"

25 "Art. 426. Não pode ser objeto de contrato a herança de pessoa viva."

26 "Art. 11. Com exceção dos casos previstos em lei, os direitos da personalidade são intransmissíveis e irrenunciáveis, não podendo o seu exercício sofrer limitação voluntária."

27 "Art. 13. Salvo por exigência médica, é defeso o ato de disposição do próprio corpo, quando importar diminuição permanente da integridade física, ou contrariar os bons costumes.
Parágrafo único. O ato previsto neste artigo será admitido para fins de transplante, na forma estabelecida em lei especial."

28 "Art. 100. Os bens públicos de uso comum do povo e os de uso especial são inalienáveis, enquanto conservarem a sua qualificação, na forma que a lei determinar."

Se o comprador já é o senhor da coisa, o vendedor nada vende e o contrato não terá qualquer efeito.

A única exceção a essa regra é a da escritura de ratificação, por qualquer motivo que seja. Aqui, embora já se tenha transferido a propriedade, há algum problema no registro que impõe às partes ratificar o ato. Normalmente, o vício é formal. Por meio disso, o proprietário regulariza a situação de sua propriedade.

Na peculiar história do Brasil, até mesmo a nossa independência de Portugal foi "comprada". Com efeito, após Dom Pedro I ter "declarado" a independência do Brasil, em 1822, sobreveio uma sucessão de reuniões entre representantes de Portugal com os da antiga colônia, a fim de discutir os termos de uma indenização. Dessa forma, o Brasil comprou sua independência.[29] Entre os bens que teve que adquirir de Portugal constava a real biblioteca dos reis portugueses, que veio para cá em 1808, quando Dom João VI fugiu de Napoleão.

objeto determinado ou determinável

Em regra, o objeto deve ser determinado, ou, ao menos, determinável pelo gênero, qualidade e quantidade. Sem essa identificação mínima, não haverá a coisa e, logo, não se aperfeiçoará o contrato de compra e venda.

coisas futuras

Concebe-se a venda de coisas futuras, isto é, bens que não existem ainda no momento da celebração do negócio. Segundo o artigo 483 do Código Civil[30] (dispositivo sem equivalente na legislação de 1916), se a coisa jamais chegar a existir, o contrato ficará sem efeito, ressalvada a hipótese de o negócio ser aleatório, de que se falará adiante. Dessa forma, nada há de irregular na compra de um bezerro que ainda está por nascer. Entretanto, se o animal não nascer, considera-se o contrato sem efeito. Apenas haverá outra implicação – da não existência superveniente da coisa objeto do negócio – se as partes tiverem conferido ao contrato uma natureza aleatória, isto é, caso se tenha convencionado um negócio com o risco de o objeto não surgir (o contrato *emptio spei*, de que se tratará a seguir). Um grande exemplo prático dessa espécie de negócio é a venda de imóvel na planta, antes de erigir o prédio onde se localizará o bem.

Ocorre que a coisa, objeto do negócio de compra e venda, não precisa existir quando se celebra o contrato, mas deve existir, ao menos, no momento de entrega da prestação, ou seja, no momento de cumprimento da obrigação. Como já se explicou, no direito brasileiro, o contrato de compra e venda não opera, por si só, a transferência de propriedade. O domínio apenas passa a ser do comprador com a

---

29   Acerca da negociação e dos exatos valores pagos, ver Lilia Moritz Schwarcz, *A Longa Viagem da Biblioteca dos Reis*, São Paulo, Companhia das Letras, 2002, p. 396.

30   "Art. 483. A compra e venda pode ter por objeto coisa atual ou futura. Neste caso, ficará sem efeito o contrato se esta não vier a existir, salvo se a intenção das partes era de concluir contrato aleatório."

tradição física da coisa móvel ou com o registro, nos livros pertinentes, das coisas imóveis. Assim, é importante que a coisa exista no momento da tradição, mas não quando o contrato é celebrado.

Caso o vendedor não disponha da coisa no momento em que deveria transferi-la ao comprador, deve-se apurar, tanto se a coisa existia ou se deixou de existir, se há culpa do devedor, pela impossibilidade de entrega. Consoante o artigo 234 do Código Civil,[31] a partir dessa averiguação, verifica-se a sua responsabilidade.

Se houver culpa, o devedor responde pelos danos. Caso contrário – isto é, não existindo culpa do devedor –, o negócio se resolve pela perda do objeto, e tudo volta ao seu estado inicial. Logo, se o bem se perde, antes de sua entrega, com culpa do devedor, este deverá arcar com as perdas e danos do credor. O mesmo ocorrerá se o bem não chega a existir por culpa do devedor: este deverá arcar com as perdas do credor.

No exemplo que se deu acima, do bezerro que não nasceu, comprovado que isso ocorreu por culpa do devedor – como, por exemplo, o caso de não ter alimentado adequadamente a vaca prenha, de sorte a acarretar a perda da cria –, o credor pode requerer um ressarcimento pelo prejuízo que experimentou.

compra e venda aleatória

Já se mencionou e vale a pena esmiuçar um pouco a compra e venda aleatória. Desde os romanos, admite-se a venda condicional – *venditio rei speratae*[32] ou *emptio rei speratae* –, num negócio que fica condicionado ao evento de a coisa vir a existir. Nesses casos, não se sabe exatamente qual o objeto do contrato. Ele não é determinado, mas é determinável.

rei speratae

No contrato *emptio rei speratae* (compra da coisa esperada), a coisa, depois de a celebração do contrato, tem que vir a existir para que o negócio se concretize (artigo 459 do Código Civil).[33] Se a coisa existir em quantidade mínima, mesmo que inferior ao esperado, o negócio é valido e eficaz, devendo o comprador pagar o preço ajustado. Tal ocorre, por exemplo, na venda de uma safra. Se a colhei-

---

31 "Art. 234. Se, no caso do artigo antecedente, a coisa se perder, sem culpa do devedor, antes da tradição, ou pendente a condição suspensiva, fica resolvida a obrigação para ambas as partes; se a perda resultar de culpa do devedor, responderá este pelo equivalente e mais perdas e danos."

32 Segundo Moreira Alves, embora o conceito já existisse na Roma antiga, a denominação vem dos autores medievais (*Direito Romano*, Vol. II, Rio de Janeiro, Forense, 1997, p. 158).

33 "Art. 459. Se for aleatório, por serem objeto dele coisas futuras, tomando o adquirente a si o risco de virem a existir em qualquer quantidade, terá também direito o alienante a todo o preço, desde que de sua parte não tiver concorrido culpa, ainda que a coisa venha a existir em quantidade inferior à esperada.
Parágrafo único. Mas, se da coisa nada vier a existir, alienação não haverá, e o alienante restituirá o preço recebido."

ta for espetacular ou mínima, a coisa existiu e, logo, o negócio se aperfeiçoou. Se nada se receber, não haverá coisa e, portanto, ficará faltando um elemento essencial do negócio (o objeto); o vendedor, então, devolverá o preço, pois o contrato de compra e venda não se concretizou. Aqui há, efetivamente, uma condição: isto é, a eficácia do negócio fica subordinada a um fato futuro e incerto: a superveniente existência da coisa, ainda que em quantidade mínima.

emptio spei — Diferentemente, no contrato de compra e venda *emptio spei*, compra-se a esperança de uma coisa futura. Trata-se do mais aleatório de todos os contratos. Neste caso, o adquirente se compromete a pagar o preço mesmo que a coisa não venha a existir (artigo 458 do Código),[34] ressalvado, claro, se a coisa deixou de existir por dolo ou culpa da parte. O exemplo clássico é a compra, pelo pescador, do lanço da rede, no qual ele pode receber ou não algum peixe.

coisa exposta ao risco — Uma terceira hipótese é a da coisa exposta ao risco, referida nos artigos 460[35] e 461[36] do Código Civil. Trata-se da situação da pessoa que compra a coisa, embora ciente de que o bem, objeto do negócio, esteja sujeito a risco. Neste caso, o relevante é aferir se o adquirente tinha conhecimento da extensão do risco. Imagine-se aquele que compra uma obra de arte, uma escultura, por exemplo, que ficará, durante um mês, exposta em praça pública. Não há dúvida de que, infelizmente, essa obra pode ser maltratada – ou mesmo completamente destruída – por um vândalo. O mesmo se dá, para citar outro caso, com quem compra vinhos que virão de navio da França. Na viagem, a bebida pode ter suas qualidades seriamente prejudicadas. Trata-se de riscos que o adquirente deve ter plena ciência, porque, diante deles, a sua compra passa a ter um caráter aleatório. Nesse tipo de negócio, o adquirente arca com esse risco de perda ou deterioração.

Nos três casos – *emptio rei speratae*, *emptio spei* e na venda de coisa exposta ao risco –, se a coisa deixar de existir por dolo ou culpa do alienante, o negócio fica desfeito, com a responsabilização do vendedor. Mesmo nas compras e vendas sujeitas a risco, se o alie-

---

34 "Art. 458. Se o contrato for aleatório, por dizer respeito a coisas ou fatos futuros, cujo risco de não virem a existir um dos contratantes assuma, terá o outro direito de receber integralmente o que lhe foi prometido, desde que de sua parte não tenha havido dolo ou culpa, ainda que nada do avençado venha a existir."

35 "Art. 460. Se for aleatório o contrato, por se referir a coisas existentes, mas expostas a risco, assumido pelo adquirente, terá igualmente direito o alienante a todo o preço, posto que a coisa já não existisse, em parte, ou de todo, no dia do contrato."

36 "Art. 461. A alienação aleatória a que se refere o artigo antecedente poderá ser anulada como dolosa pelo prejudicado, se provar que o outro contratante não ignorava a consumação do risco, a que no contrato se considerava exposta a coisa."

nante contribuiu para aumentar o risco – além daqueles naturais das circunstâncias, que eram do conhecimento do comprador –, ele responderá pelo seu ato e o adquirente estará apto a reclamar uma reparação.

venda sob a mostra

Ainda tratando do objeto do contrato de compra e venda, outra situação – a rigor, o oposto das vendas aleatórias – que merece análise é a venda sob amostra, mencionada no artigo 484 do Código.[37] Neste caso, a coisa entregue deve seguir o padrão do protótipo anteriormente apresentado pelo vendedor. O vendedor se compromete a dar ao credor coisa que possui as mesmas qualidades da amostra (ou modelo). Se a coisa não guardar semelhança com o modelo, o credor pode enjeitar o bem entregue e reclamar que o devedor lhe dê a coisa prometida, igual à da amostra.

compra a non domino

Uma questão interessante, que atrai alguma discussão, é a venda de bem de terceiro. Indaga-se: pode uma pessoa vender bem de terceiro? Trata-se da compra *a non domino*. Neste caso, como o objeto é lícito, não se trata de nulidade. O devedor, claro, fica com a incumbência de conseguir transferir o bem, que não lhe pertence, ao seu credor. Expressamente nesse sentido encontra-se a regra do artigo 1.478 do Código Civil italiano.[38]

Se não conseguir transferi-lo (pois ninguém pode transferir mais direitos de que tem), o devedor terá que indenizar o credor em decorrência do seu inadimplemento. A questão, pois, se resolve em perdas e danos.

Há, contudo, valiosas opiniões em contrário,[39] que não consideram possível vender bem de terceiro. Segundo Rizzardo, "Considera-se inexistente a venda de coisa alheia".[40] Para Caio Mario, esse contrato é anulável.[41] Evidentemente, será nulo o contrato no qual a pessoa vende um bem público – como as Cataratas do Iguaçu ou

---

37 "Art. 484. Se a venda se realizar à vista de amostras, protótipos ou modelos, entender-se-á que o vendedor assegura ter a coisa as qualidades que a elas correspondem.
Parágrafo único. Prevalece a amostra, o protótipo ou o modelo, se houver contradição ou diferença com a maneira pela qual se descreveu a coisa no contrato."

38 Eis o texto da Lei italiana:
"Art. 1478 Vendita di cosa altrui
Se al momento del contratto (1326) la cosa venduta non era di proprietà del venditore, questi è obbligato a procurarne l'acquisto al compratore.
Il compratore diventa proprietario nel momento in cui il venditore acquista la proprietà dal titolare di essa (att. 171)."

39 Sobre o tema, Luiz Roldão de Freitas Gomes, *Contrato*, 2ª ed., Rio de Janeiro, Renovar, 2002, p. 199/200.

40 *Contratos*, 8ª ed., São Paulo, Forense, 2008, p. 305.

41 *Instituições de Direito Civil*, vol. III, 12ª ed., Rio de Janeiro, Forense, 2007, p. 179.

o Estádio do Maracanã –, pois estes bens estão fora do comércio. Entretanto, o fato de um vendedor se comprometer a transferir um bem do qual não é senhor não chega a ser uma nulidade. O vendedor pode vir a adquirir o bem, ou mesmo fazer com que o terceiro, dono da coisa, transfira aquele bem ao comprador. Dessa forma, a obrigação do vendedor estará perfeita se, no dia do cumprimento, ele conseguir entregar a coisa móvel ao comprador ou promover o registro do bem imóvel ao comprador. Se o vendedor não conseguir realizar essa transferência, ele responderá pelas perdas e danos que seu inadimplemento acarretar ao comprador.

Os Códigos Civis italiano e francês tacham de nula a venda de coisa alheia. Entretanto, isso ocorre porque, como antes mencionado, na Itália e na França, o contrato serve como forma de transferência de propriedade. Diante disso, naqueles sistemas, apenas pode efetuar a transferência quem tem a disposição do bem. No caso do Direito brasileiro, pode-se ajustar a venda de um bem do qual não se tenha o domínio, porque o momento do cumprimento da obrigação – com a transferência do bem – é distinto.

Outro tema que suscita discussão se relaciona à situação do terceiro que recebe o bem, objeto da venda a *non domino*. Há, aqui, um possível conflito de valores: de um lado, o princípio de que ninguém pode transferir mais direitos do que tem e, do outro, o princípio que protege terceiros de boa-fé. Há acórdãos em ambos os sentidos, ora prestigiando-se a boa-fé,[42] ora a ideia de que não se concebe a transferência de propriedade por quem não seja seu senhor.[43] O Ministro

---

42 "Cível. Ação de anulação de registro público sobre imóvel com pedido sucessivo de indenização. Alegação de alienação a non domino pela municipalidade a invalidar o negócio jurídico de transferência de propriedade inter vivos. Sentença que julgou improcedente o pedido, considerando válida a alienação, sob o fundamento de que o município agiu amparado por cláusula constante do termo de aforamento originário que confere ao senhorio direto o direito de retomada da área por utilidade pública. Presença de demandas anteriores acerca da disputa sobre a área, cujas decisões deixam claro a desídia da edilidade que permitiu o loteamento, parcelamento e alienação de lotes de terreno em área de domínio útil dos apelantes. Caracterização da venda a non domino. Lote adquirido por terceiros de boa-fé. Princípios da função social da propriedade e segurança jurídica que não aconselham a anulação do negócio jurídico. Pedido indenizatório sucessivo que deve ser acolhido. Reforma da r. sentença. Recurso conhecido para lhe dar parcial provimento, condenando o município apelado ao pagamento de indenização aos apelantes correspondente à área esbulhada nua, desconsiderando as benfeitorias realizadas." (TJ/RJ, 12ª CC, AC 2007.001.54978, Rel. Des. Siro Darlan de Oliveira, j. 12.02.2008)

43 "Nulidade de Registro. Venda non domino. Apreciação Sociológica. Descabimento. Direito Positivo. I- Lastima-se que o juiz a quo dê ênfase as suas ponderações de natureza sociológicas em detrimento da lei. E necessário que o julgador separe as suas convicções de natureza política daquilo que decorre como império da lei, fruto do direito positivo. Interpretar a lei, encontrar o melhor caminho para se fazer Justiça, é bem diferente da utilização do puro arbítrio para se negar o direito, a pretexto de idéias e ideais que não se sustentam diante do ordenamento jurídico vigente.

Luiz Fux, em fundamentado voto, defende a impossibilidade de alguém transferir mais do que detém, valendo-se da boa-fé (no caso, a subjetiva) apenas como vetor para cálculo da indenização. Eis os trechos da caprichada decisão:

> "3. A alienação de bem de terceiro é ato jurídico ineficaz ou inexistente, porquanto ninguém pode transferir o que não tem, tampouco a entidade pública pode desapropriar bem próprio (nemo plus iuris transfere ad alium potest quam ipse habet).
> (...)
> c) A boa-fé é inoperante na hipótese de venda a non domino para efeito de consolidação de propriedade, repercutindo, tão-somente, no tocante a imputação de perdas e danos;"[44]

alienação de coisa litigiosa

Antes já se ressaltou a possibilidade de alienação de coisa litigiosa, como referido no artigo 109 do Código de Processo Civil. Segundo o referido dispositivo, as partes do processo não se alteram, mesmo que sobrevenha a alienação da coisa litigiosa. Isso ocorre caso, no curso de uma ação judicial no qual se discute exatamente o direito sobre a coisa, se venda exatamente esse bem. Portanto, é lícita a venda de coisa cuja propriedade se encontrar discutida judicialmente, porém o destino da coisa fica vinculado à futura decisão judicial.

venda de imóvel hipotecado

Nada impede, todavia, que se aliene um imóvel hipotecado. A hipoteca é uma garantia de uma obrigação que recai sobre um bem imóvel. Para que ela se aperfeiçoe, deve estar registrada na matrícula do bem. Caso a dívida não seja paga, o credor poderá exigir a venda do imóvel, a fim de que, com o valor apurado, seu crédito seja satisfeito. Como se disse, o dono desse imóvel hipotecado pode vender sua propriedade. A garantia seguirá gravando o imóvel, pois adere à coisa "como a lepra à pela", como diziam os antigos. O novo proprie-

---

2- Os Apelados se tornaram proprietários de um imóvel por aquisição daquele que não detinha o domínio. A venda a non domino é nula, porque assentada numa declaração de vontade do vendedor absolutamente deficiente e da qual não decorre poder algum de disposição. 3- A prescrição aquisitiva não ocorreu, a uma porque não poderia correr o prazo durante o período que pendia o processo de desapropriação e, a duas, porque nunca houve posse mansa e pacífica da área, por prazo que autorizasse a aquisição do domínio. 4- Os Apelados argumentam que o valor do imóvel é bem maior do que a fração do terreno. Sem dúvida o é, contudo, o Judiciário está adstrito ao pedido. 5 - Inegavelmente, os Apelados adquiriram o bem de boa-fé, razão pela qual, embora não haja na acepção jurídica uma benfeitoria, deverão os Apelantes ressarci-los pelo valor do imóvel, pois caso contrário, haveria verdadeiro enriquecimento sem causa. Recurso provido." (TJRJ, 15ª CC, AC 2006.001.01625, Rel. Des. Ricardo Rodrigues Cardozo, j. 04.10.2006)

44 STJ, REsp 798143/RJ, j. 25.03.2008.

tário terá que respeitar a hipoteca, tal como o proprietário original. A rigor, o novo dono, poderá, até, pagar o crédito garantido com seu bem, na forma do artigo 303 do Código Civil.[45]

venda *ad corpus* e *ad mensuram*

Por último, ao tratar do objeto da compra e venda, cumpre mencionar a venda *ad corpus* e a venda *ad mensuram*, comum nas alienações de terrenos. Distingue-se, nesses negócios, a venda de um bem certo, conhecido pelo seu "corpo" (como, por exemplo, uma determinada fazenda ou um sítio específico), no que se chama de venda *ad corpus*, da hipótese de a alienação incidir sobre um terreno com base na sua metragem, isso é, por sua medida, na venda *ad mensuram* (artigo 500).[46]

Entende-se que, ao vender certa fazenda, o vendedor faz as referências à sua área apenas exemplificativamente. O comprador não realiza o negócio pela área, mas visando a adquirir certo bem. Nesses negócios, a referência à área é normalmente apenas enunciativa (como, inclusive, reconhece o § 3º do artigo 500). Se há nele, alguns metros a mais ou a menos, isso não é fundamental. Daí dizer-se que o comprador fez uma compra do "corpo" e não da área.

Nas vendas *ad corpus*, não há que se falar em pedido de abatimento ou de devolução do preço, se houver uma diferença na metragem indicada no contrato, garante o artigo 500, § 3º.

Se, entretanto, a compra foi feita com base na metragem, evidentemente a averiguação da escassez da área dá ao adquirente o poder de reclamar o seu complemento; e, se isso não for possível, de reclamar a resolução do contrato ou um abatimento do preço, como se vê do *caput* do artigo 500 do Código.

Nas vendas *ad mensuram* (pela medida), considera-se meramente enunciativa a diferença de menos de 1/20 (5% do imóvel), ou seja, em regra essa diferença é irrelevante (§ 1º do artigo 500). En-

---

45 "Art. 303. O adquirente de imóvel hipotecado pode tomar a seu cargo o pagamento do crédito garantido; se o credor, notificado, não impugnar em trinta dias a transferência do débito, entender-se-á dado o assentimento."

46 "Art. 500. Se, na venda de um imóvel, se estipular o preço por medida de extensão, ou se determinar a respectiva área, e esta não corresponder, em qualquer dos casos, às dimensões dadas, o comprador terá o direito de exigir o complemento da área, e, não sendo isso possível, o de reclamar a resolução do contrato ou abatimento proporcional ao preço.
§ 1o Presume-se que a referência às dimensões foi simplesmente enunciativa, quando a diferença encontrada não exceder de um vigésimo da área total enunciada, ressalvado ao comprador o direito de provar que, em tais circunstâncias, não teria realizado o negócio.
§ 2o Se em vez de falta houver excesso, e o vendedor provar que tinha motivos para ignorar a medida exata da área vendida, caberá ao comprador, à sua escolha, completar o valor correspondente ao preço ou devolver o excesso.
§ 3o Não haverá complemento de área, nem devolução de excesso, se o imóvel for vendido como coisa certa e discriminada, tendo sido apenas enunciativa a referência às suas dimensões, ainda que não conste, de modo expresso, ter sido a venda ad corpus."

tretanto, o mesmo artigo 500, § 1º, do Código Civil, na sua segunda parte, permite ao comprador provar que se, para ele, essa diferença de 5% era fundamental e sem ela sequer teria realizado o negócio, será possível suscitar a mesma defesa conferida no final do artigo 500, ou seja: o complemento da área e, se isso não for possível, o fim do negócio ou o abatimento do preço.

A referência a que a área seja "mais ou menos" ou "aproximadamente" de tantos metros não retira o dever de completar, se for o caso, o tamanho ajustado.

Se a área transferida for maior do que a constante do contrato, o comprador pode pagar a diferença ou devolver o excesso (artigo 500, § 2º). Entretanto, resguarda o dispositivo, o vendedor deve comprovar que tinha motivos para desconhecer a situação. Em outras palavras, para reclamar esse aumento da prestação, cumpre ao vendedor demonstrar que não sabia nem era razoável que soubesse o fato de a área transferida ser superior a que havia contratado.

Dessa forma, há as seguintes hipóteses:

(a) O contrato de compra e venda fala de certo "corpo" (a Fazenda OK Curral, por exemplo), sendo a menção à metragem apenas enunciativa – a venda será *ad corpus* (irrelevante será a distinção entre a metragem referida e a real área);
(b) O contrato de compra e venda menciona a área (sendo fundamental a indicação da metragem no instrumento de transferência de propriedade, venda *ad mensuram*), mas a diferença entre a área referida e a real é de menos de 1/20, e, logo, entende-se que a referência é enunciativa e o negócio segue perfeito, sem direito a quaisquer das partes reclamar algo, salvo se o adquirente demonstrar que a diferença era relevante à celebração do negócio; e
(c) O documento celebrado entre comprador e vendedor fala da área (venda *ad mensuram*) e a distinção entre a metragem referida e a área real é maior do que 1/20. Neste caso, para um lado ou para o outro, a parte prejudicada pode reclamar; se for o adquirente, o acréscimo da área ou a restituição do preço pago a mais; ou, se for o vendedor o prejudicado, um aumento do preço pago ou a restituição da área em excesso. Entretanto, se for o caso de excesso, o vendedor deve demonstrar que tinha motivos para desconhecer o real tamanho da área alienada.

Na prática, a hipótese (b) cuida da venda *ad mensuram*, porém com os efeitos da venda *ad corpus* (exceto se o adquirente demonstrar que, se assim fosse, não teria realizado o negócio, consoante a segunda parte do artigo 500, § 1º).

O prazo de decadência para o ajuizamento destas ações, na qual se reclama a complementação, o abatimento ou o fim do negócio, é de um ano, segundo o artigo 501 do Código Civil,[47] contado a partir do registro do título. Eventualmente, se houver atraso na imissão na posse, o prazo de um ano apenas será contado da imissão (artigo 500, parágrafo único).

o preço

Depois da coisa, o segundo elemento essencial da compra e venda é o preço. *Sine pretio nulla venditio est*, apontava Ulpiano.[48]

Duas escolas romanas discutiam se a contraprestação da compra e venda poderia ou não ser apenas dinheiro. Os proculeanos advogavam que a contraprestação da compra e venda somente poderia ser dinheiro, ao passo que os sabinianos admitiam outra coisa como contraprestação. Acabou prevalecendo a tese dos proculeanos. O artigo 481 do Código Civil[49] expressamente fala que o contrato de compra e venda se distingue por haver, de um lado, uma prestação em coisa e, de outro, a contraprestação em dinheiro: *rem pro pretio*.

Admite-se, contudo, que o preço seja fornecido por um título que expresse dinheiro, como um cheque ou uma nota promissória. Nesses casos, para alguns, equipara-se a situação ao pagamento em dinheiro, embora não haja a entrega da moeda. Mas a situação não é simples: em alguns casos, a entrega do título *pro soluto* – isto é, para quitar imediatamente a dívida – pode gerar uma novação,[50] se houver, aí, não o desejo de pagar, porém o interesse de criar uma nova obrigação (o *animus novandi*). Se, diferentemente, a entrega do título para quitar a coisa for *pro solvendo*, poderá haver apenas uma garantia ao pagamento. Se o título for apenas uma representação de valor pecuniário, tratar-se-á de compra e venda.

Para os romanos, o preço deveria ser *certum*, *justum* e *verum*. Certo, justo e verdadeiro. Não se admitia o preço irrisório e ele deveria espelhar, efetivamente, o valor do negócio.

Com relação ao adjetivo "certo", o preço deveria ser determinado, ou determinável. Com efeito, o preço pode ser fixado por um fator externo (como a cotação obtida na Bolsa de Valores, consoante

---

47 "Art. 501. Decai do direito de propor as ações previstas no artigo antecedente o vendedor ou o comprador que não o fizer no prazo de um ano, a contar do registro do título.
Parágrafo único. Se houver atraso na imissão de posse no imóvel, atribuível ao alienante, a partir dela fluirá o prazo de decadência."

48 Digesto, Livro XVIII, título 1, 2, § 1, *Du Digeste*, Paris, Chez Behmer et Lamort, 1804, p. 536.

49 "Art. 481. Pelo contrato de compra e venda, um dos contratantes se obriga a transferir o domínio de certa coisa, e o outro, a pagar-lhe certo preço em dinheiro."

50 Sobre o tema, José Osório de Azevedo Júnior, *Compra e Venda Imobiliária*, in Direito dos Contratos II, São Paulo, Quartier Latin, 2008, p. 241.

permite o artigo 486,[51] ou o preço ser apontado por um terceiro – o *arbitrium* de terceiro, previsto no Direito Romano e, hoje, no artigo 485).[52] Isso ocorre, para citar um exemplo, quando se fixa o valor da venda de bois pelo preço aplicado por "tal frigorífico". Não se pode perder de vista, nesse passo, a proibição, constante do artigo 318 do Código,[53] da adoção de moeda estrangeira como forma de fixar o preço.

Caso as partes tenham indicado um árbitro para fixar o preço e este não aceitar o encargo, o contrato ficará sem efeito[54] – exatamente pela falta de preço –, salvo se as partes tiverem ajustado um substituto.

Idealmente, deve haver um equilíbrio econômico entre as prestações, daí dizer-se que o preço deve ser justo. Em algumas situações especiais, permite-se que esse equilíbrio seja temperado com alguma subjetividade, pois pode haver um fator que justifique a quebra do perfeito sinalagma das prestações. Imagine-se a pessoa que aceita pagar uma fortuna por um disco autografado pelo John Lennon. Analisando a questão por um prisma subjetivo explica-se a precificação díspare.

O Código Civil de 2002 trouxe, nos artigos 487[55] e 488,[56] duas regras novas acerca da fixação do preço. O artigo 487 permitiu às partes estabelecer o preço por critérios objetivos, como índices.

Já o artigo 488 criou uma regra mais complexa, aplicável se as partes houverem ajustado a venda, porém não fixado o preço ou os critérios para a sua determinação. Ausentes esses conceitos objetivos de fixação, diz o citado artigo que se deve atentar a um tabelamento oficial. Inexistindo o tabelamento, adota-se o valor normalmente praticado pelo vendedor.

determinação do preço

---

51 "Art. 486. Também se poderá deixar a fixação do preço à taxa de mercado ou de bolsa, em certo e determinado dia e lugar."

52 "Art. 485. A fixação do preço pode ser deixada ao arbítrio de terceiro, que os contratantes logo designarem ou prometerem designar. Se o terceiro não aceitar a incumbência, ficará sem efeito o contrato, salvo quando acordarem os contratantes designar outra pessoa."

53 "Art. 318. São nulas as convenções de pagamento em ouro ou em moeda estrangeira, bem como para compensar a diferença entre o valor desta e o da moeda nacional, excetuados os casos previstos na legislação especial."

54 Ver, Pablo Stolze Gagliano e Rodolfo Pamplona Filho, *Novo Curso de Direito Civil*, vol. IV, Tomo 2, São Paulo, Saraiva, 2008, p. 15.

55 "Art. 487. É lícito às partes fixar o preço em função de índices ou parâmetros, desde que suscetíveis de objetiva determinação."

56 "Art. 488. Convencionada a venda sem fixação de preço ou de critérios para a sua determinação, se não houver tabelamento oficial, entende-se que as partes se sujeitaram ao preço corrente nas vendas habituais do vendedor.
Parágrafo único. Na falta de acordo, por ter havido diversidade de preço, prevalecerá o termo médio."

A regra do artigo 488 do Código Civil prestigia o princípio da conservação dos negócios jurídicos. Segundo o dispositivo, se faltar o preço – elemento essencial do negócio –, pode-se suprir a ausência adotando-se o valor que tome por base o *quantum* aplicado nas vendas habituais do vendedor. O artigo, portanto, trata dos casos nos quais há uma relação habitual entre o comprador e o vendedor. Não seria aplicável o artigo, nem o seu parágrafo único, como forma de suprir a falta de preço num negócio no qual não exista essa regularidade da relação, pois, nesse caso, seria o mesmo que admitir a compra e venda sem fixação de preço, o que não se concebe.

O legislador imaginou a situação na qual há uma relação corrente de diversos negócios entre as partes e, por esquecimento ou descuido, não se estabelece o preço de um negócio (embora nos outros, similares, o preço estivesse sempre previsto). A falha, nesses casos, não deve importar a extinção do negócio. Cumpre, claro, provar a habitualidade da relação e do preço.

O artigo também se aplica caso a transferência da propriedade já tenha ocorrido e não subsista mais interesse, ou talvez sequer seja possível, que se dê a devolução da coisa, objeto da venda, embora as partes não tenham fixado o preço. Imagine-se a situação da pessoa que adquiriu um chapéu numa loja, retirando a mercadoria sem sequer indagar qual seria o seu preço. Usa o chapéu e até o perde. Depois, vai à chapelaria e quer ajustar o preço. Pergunta-se: houve a venda? O artigo 488 quer exatamente dizer que sim. Ocorreu a venda mesmo sem fixação de preço. Entretanto, não pode o vendedor estipular unilateralmente o preço. Este será fixado pelo valor normalmente adotado pelo alienante.

Veja-se que, de forma alguma, pode haver fixação do preço pelo juiz. Este não pode substituir a parte. O juiz tem, apenas, depois de apreciada a prova e verificado qual o preço habitual praticado pelo vendedor em um negócio idêntico, indicar o preço.

Não se admite, ainda, que a fixação do preço fique a cargo de um dos contratantes (artigo 489 do Código Civil),[57] sob pena de tornar nulo o negócio. Como ensina San Tiago Dantas, "é nula e inaceitável qualquer venda em que se diga que uma das partes fixará o preço no futuro."[58] Seria admitir uma cláusula puramente potestativa, o que o nosso ordenamento repudia (artigo 122).[59]

---

57 "Art. 489. Nulo é o contrato de compra e venda, quando se deixa ao arbítrio exclusivo de uma das partes a fixação do preço."

58 *Programa de Direito Civil II*, Rio de Janeiro, Editora Rio, 1978, p. 230.

59 "Art. 122. São lícitas, em geral, todas as condições não contrárias à lei, à ordem pública ou aos bons costumes; entre as condições defesas se incluem as que privarem de todo efeito o negócio jurídico, ou o sujeitarem ao puro arbítrio de uma das partes."

Fixado o preço, as partes devem respeitá-lo. Diz-se: "o combinado não sai caro". Uma alteração apenas é possível se houver lesão (artigo 157),[60] algum vício no objeto vendido (que torne aquele valor excessivo), ou se for o caso de aplicar da teoria da imprevisão (artigo 317).[61]

preço vil

Uma boa questão: se o preço é absolutamente vil, seria o caso de entender que não há preço (e, logo, o negócio não se aperfeiçoou) ou de se reconhecer a lesão?

"Se fictício [o preço] não vale a venda" diz Orlando Gomes.[62] Caio Mario afirma o mesmo: "Se [o preço] for fictício, não há venda".[63] Evidentemente, se houver simulação, o negócio é nulo. Se o preço é ínfimo, nem sequer considerável, razoável reconhecer que não existe preço e, logo, o negócio carece de um elemento essencial, de sorte que não chegou a se constituir. Se o preço for apenas vil, isto é, consideravelmente menor do que o aplicado do mercado, haverá lesão. No caso do preço irrisório – como o de adquirir uma enorme casa pelo preço insignificante de um Real (e admitindo-se que não houve doação) –, o negócio é inexistente, pela ausência de um elemento essencial: o preço. Caso haja simulação em relação ao preço, o negócio é nulo, por força do artigo 167 do Código Civil.[64] Por fim, se o preço for apenas vil, o adquirente tem como suscitar a lesão, para reclamar a rescisão do negócio (ou o retorno ao equilíbrio econômico das prestações, como permite o § 2º do artigo 157 do Código).

---

60 "Art. 157. Ocorre a lesão quando uma pessoa, sob premente necessidade, ou por inexperiência, se obriga a prestação manifestamente desproporcional ao valor da prestação oposta.
§ 1o Aprecia-se a desproporção das prestações segundo os valores vigentes ao tempo em que foi celebrado o negócio jurídico.
§ 2o Não se decretará a anulação do negócio, se for oferecido suplemento suficiente, ou se a parte favorecida concordar com a redução do proveito."

61 "Art. 317. Quando, por motivos imprevisíveis, sobrevier desproporção manifesta entre o valor da prestação devida e o do momento de sua execução, poderá o juiz corrigi-lo, a pedido da parte, de modo que assegure, quanto possível, o valor real da prestação."

62 *Contratos*, 26ª ed., Rio de Janeiro, Forense, 2008, p. 275.

63 *Instituições de Direito Civil*, vol. III, 12ª ed., Rio de Janeiro, Forense, 2007, p. 182.

64 "Art. 167. É nulo o negócio jurídico simulado, mas subsistirá o que se dissimulou, se válido for na substância e na forma.
§ 1o Haverá simulação nos negócios jurídicos quando:
I - aparentarem conferir ou transmitir direitos a pessoas diversas daquelas às quais realmente se conferem, ou transmitem;
II - contiverem declaração, confissão, condição ou cláusula não verdadeira;
III - os instrumentos particulares forem antedatados, ou pós-datados.
§ 2o Ressalvam-se os direitos de terceiros de boa-fé em face dos contraentes do negócio jurídico simulado."

curso forçado da moeda

Sendo o pagamento em dinheiro, a moeda, como antes já se alertou, deve ser a corrente no país, como determina o artigo 318.[65] Atualmente, não se admite sequer atrelar o pagamento em Real a outra moeda para atualizar o valor, salvo nas hipóteses do Decreto nº 857, de 11.9.1969, cujo artigo 2º arrola as exceções à regra.[66]

consenso

Por derradeiro, o terceiro elemento essencial da compra e venda – ao lado da coisa e do preço – é o consenso. Ao menos duas pessoas acordam entre si em transferir a propriedade de certo bem contra o recebimento de certa quantia em dinheiro. Trata-se de uma declaração de vontade não de uma só pessoa, mas de pelo menos duas, unidas num único propósito.

Evidentemente, não haverá compra e venda se o vendedor entender que vende certo bem enquanto o comprador pensa que adquire outro. Tampouco existirá consenso se uma parte entende que o preço é um e a contraparte crê que o preço seja outro. O consentimento reside na plena convergência dos interesses, que devem unir-se na exatidão dos contornos dos seus elementos preço e coisa.

As partes, em suma, devem estar de acordo em relação ao negócio. O consenso, excepcionalmente, pode não haver no leilão, onde o Estado substitui a vontade do vendedor. Salvo este caso, necessário o consentimento.

capacidade das partes

Como em todo negócio jurídico, faz-se necessária a capacidade do sujeito para que este compre ou venda um bem. Se incapaz o alienante, deve haver autorização do juiz, informam os artigos 1.691,[67]

---

[65] "Art. 318. São nulas as convenções de pagamento em ouro ou em moeda estrangeira, bem como para compensar a diferença entre o valor desta e o da moeda nacional, excetuados os casos previstos na legislação especial."

[66] Sobre o tema, José Roberto de Castro Neves, *Direito das Obrigações*, 2ª Ed., Rio de Janeiro, GZ Editora, 2009, p. 217.

[67] "Art. 1.691. Não podem os pais alienar, ou gravar de ônus real os imóveis dos filhos, nem contrair, em nome deles, obrigações que ultrapassem os limites da simples administração, salvo por necessidade ou evidente interesse da prole, mediante prévia autorização do juiz.
Parágrafo único. Podem pleitear a declaração de nulidade dos atos previstos neste artigo:
I - os filhos;
II - os herdeiros;
III - o representante legal."

1.747[68] e 1.750[69] do Código Civil. Portanto, para que um incapaz aliene um bem, necessária a chancela do Judiciário. O menor, mesmo representado (se for absolutamente incapaz) ou assistido (se for apenas relativamente incapaz), apenas poderá alienar um bem com a autorização do Judiciário.

menor em negócios de pequena monta

O Código brasileiro não previu a situação de o menor incapaz realizar compra e venda de bens de pequena monta, em negócios corriqueiros. Imagine-se, por exemplo, a situação do menor que adquire um doce na padaria. Haveria, nesse caso, um ato nulo pela incapacidade. Seguida cegamente a letra da lei, não se poderia chegar à solução distinta, senão a de condenar esse negócio pela ausência de agente capaz (artigo 166, I).[70] O Código Civil português, no artigo 127, 1, b, resolve esse impasse com a seguinte regra: "São excepcionalmente válidos, além de outros previstos na lei: (...) os negócios próprios da vida corrente do menor que, estando ao alcance de sua capacidade natural, só impliquem despesas, ou disposições de bens, de pequena importância."[71]

outorga do cônjuge

Segundo o artigo 1.647, I, do Código Civil,[72] o cônjuge casado – salvo pelo regime da separação total de bens – deve colher a outorga do outro para alienar algum bem imóvel. O consentimento deve ser expresso. O artigo 1.648[73] registra que, se a negativa do cônjuge não guardar um motivo justo, o juiz pode supri-la e, com isso, evitar o abuso de direito. Imagine-se a situação de um cônjuge que deseja vender um imóvel, mas o outro, por pura emulação, recusa-se a assi-

---

68 "Art. 1.747. Compete mais ao tutor:
I - representar o menor, até os dezesseis anos, nos atos da vida civil, e assisti-lo, após essa idade, nos atos em que for parte;
II - receber as rendas e pensões do menor, e as quantias a ele devidas;
III - fazer-lhe as despesas de subsistência e educação, bem como as de administração, conservação e melhoramentos de seus bens;
IV - alienar os bens do menor destinados a venda;
V - promover-lhe, mediante preço conveniente, o arrendamento de bens de raiz."

69 "Art. 1.750. Os imóveis pertencentes aos menores sob tutela somente podem ser vendidos quando houver manifesta vantagem, mediante prévia avaliação judicial e aprovação do juiz."

70 "Art. 166. É nulo o negócio jurídico quando:
I - celebrado por pessoa absolutamente incapaz"

71 José Roberto de Castro Neves, *Uma Introdução ao Direito Civil*, 3ª Ed., Rio de Janeiro, GZ Editora, 2011, p. 156.

72 "Art. 1.647. Ressalvado o disposto no art. 1.648, nenhum dos cônjuges pode, sem autorização do outro, exceto no regime da separação absoluta:
I - alienar ou gravar de ônus real os bens imóveis"

73 "Art. 1.648. Cabe ao juiz, nos casos do artigo antecedente, suprir a outorga, quando um dos cônjuges a denegue sem motivo justo, ou lhe seja impossível concedê-la."

nar a outorga. Para proteger-se do abuso, o cônjuge prejudicado pode reclamar ao Judiciário que conceda a outorga, substituindo, por uma ordem do Estado, a vontade do cônjuge insensato, que agia em abuso do seu direito.

venda entre ascendente e descendente

Na venda do ascendente para um descendente, deve haver a autorização expressa dos demais (artigo 496),[74] sob pena de anulação. O Digesto já registrava: *Inter pater et filium contrahi emptio non potest*,[75] ou seja, não pode haver compra e venda entre pai e filho. O Código Civil exige, também, a autorização, nessas vendas do ascendente ao descendente, do cônjuge do vendedor (salvo se o regime de bens for o da separação obrigatória, artigo 496, parágrafo único). Sem o consentimento, presume-se a fraude e o prejuízo para os demais descendentes.[76] Embora a lei não fale, deve, também, haver a autorização da companheira. Ausente a autorização, o ato pode ser anulado pelo interessado.

Explique-se: no nosso ordenamento, há regra segundo a qual as pessoas devem, necessariamente, deixar metade de seus bens em divisão igualitária para os herdeiros necessários (cônjuge e filhos). Assim, se, por exemplo, uma pessoa tem mulher e dois filhos, necessariamente metade dos seus bens terá que ser dividido igualmente entre estes últimos três – essa parte é chamada de "legítima". Com relação à outra metade dos bens, o titular pode deliberar o seu destino como quiser, daí porque ela é denominada "disponível". Preocupa-se em evitar que alguém fraude a parte da legítima, favorecendo indevidamente um dos herdeiros em detrimento dos demais. Uma forma um tanto óbvia de se levar adiante essa fraude é a de a mãe vender um bem a um dos filhos por valor vil (na verdade, ela faz uma doação mascarada). Para evitar isso, a lei requer que, na venda de uma pessoa a seu herdeiro, os demais devem consentir. Com isso, evita-se a fraude, pois o interessado, ao tomar conhecimento do negócio ardiloso, não dará o consentimento e, se a compra e venda for feita mesmo assim, terá condição de pleitear a sua invalidade.

Registre-se o entendimento, tanto da doutrina como da jurisprudência, da desnecessidade de consentimento do cônjuge do descendente. A aceitação ao negócio deve ser feita apenas pelo descendente, vendo-se esse ato como personalíssimo.

---

74 "Art. 496. É anulável a venda de ascendente a descendente, salvo se os outros descendentes e o cônjuge do alienante expressamente houverem consentido.
Parágrafo único. Em ambos os casos, dispensa-se o consentimento do cônjuge se o regime de bens for o da separação obrigatória."

75 Digesto, Livro XVIII, titulo 1, 2, *Du Digeste*, Paris, Chez Behmer et Lamort, 1804, p. 536.

76 Washington de Barros Monteiro, *Curso de Direito Civil 5*, 36ª ed., São Paulo, Saraiva, 2009, p. 110.

Na doação de ascendente para descendente não há necessidade de consentimento dos demais herdeiros. Todavia, os bens doados devem, depois do falecimento do doador, ser apresentados para colação no inventário, para, assim, garantir a equiparação das doações feitas pelo falecido ascendente com os quinhões do seu cônjuge e dos demais descendentes. Na compra e venda, esta necessidade de colação não existe, ou seja, falecido o pai, não deve o filho e herdeiro apresentar o bem adquirido de seu progenitor no inventário. Portanto, deve haver um cuidado maior na compra e venda, pois é no momento desse ato que os demais herdeiros poderão verificar se a compra e venda, na realidade, não mascara uma doação, num ato dissimulado.

Exatamente porque, com o Código de 2002, o cônjuge foi alçado à categoria de herdeiro necessário, houve inclusão, na redação do artigo 496, do cônjuge entre aqueles cuja autorização é necessária na venda.

<small>compra e venda entre cônjuges</small>

A compra e venda entre cônjuges é apenas lícita se o bem, objeto do negócio, não for incluído na comunhão, como se vê do artigo 499.[77] Assim, não se admitirá a venda feita de bem já pertencente ao casal. Se marido e mulher viviam sob o regime de comunhão total, sem que exista qualquer bem de propriedade isolada de um deles, não será possível a venda entre eles, pois não se pode alienar o bem para quem já é seu proprietário, como acima se explicitou. Distintamente, será lícita a venda se o negócio recair sobre bem da propriedade isolada de um dos cônjuges, que, então, poderá alienar a coisa ao consorte.

Não existe regra explícita acerca da necessidade de consentimento dos demais herdeiros – os descendentes – na venda para o cônjuge. Aplicando-se a *ratio* do artigo 496, deve-se entender que a mesma regra se aplica, isto é, para vender um bem ao cônjuge, os filhos devem consentir. De toda sorte, se a venda for a preço vil, os descendentes, ao tomar ciência do negócio, poderão reclamar a sua nulidade, com base na simulação.

Se não houver consentimento do cônjuge ou de um dos descendentes por abuso – como, por exemplo, se a venda for feita por valor correto –, pode o vendedor obter a autorização judicial para realizar o ato. Assim, o poder de o cônjuge ou de algum descendente autorizar ou negar a venda é relativo. Ele deve ser exercido com razoabilidade. Para haver a anulação, cabe à parte que se insurge contra a compra e venda demonstrar o prejuízo, isto é, apontar a natureza nociva da venda. Em outras palavras, não há uma nulidade *per se*. Caso o negócio de compra e venda apresente bases justas e razoáveis, expressando um ato verdadeiro e real, não há motivo para declarar a sua nulidade.

---

77 "Art. 499. É lícita a compra e venda entre cônjuges, com relação a bens excluídos da comunhão."

O prazo para requerer essa invalidação é de dois anos, segundo o artigo 179,[78] porquanto não há prazo específico tratando dessa nulidade.[79]

Discute-se o termo *a quo* da propositura desta ação, isto é, quando inicia o prazo de prescrição para reclamar a declaração da nulidade da venda: se da ciência do fato ou da morte do vendedor (ascendente ou cônjuge). Há uma orientação no sentido de que esta ação apenas poderia ser proposta após a morte do ascendente ou cônjuge vendedor, porque, de outra forma, estar-se-ia discutindo a herança de pessoa viva, conduta inadmissível.

Outra corrente admite que o termo inicial para a propositura da ação ocorre assim que o interessado tiver ciência do fato, isto é, da venda.

A orientação mais correta, entretanto, parece ser a que reconhece a possibilidade de o ajuizamento ocorrer desde logo, mas que se conta o prazo prescricional apenas a partir da morte. Essa orientação apresenta uma aparente inconsistência. Afinal, como se sabe, a prescrição nasce com a pretensão. No caso, admite-se que a parte interessada possa proteger seu direito a partir da venda, mas a prescrição somente passa a fluir com o falecimento do vendedor. Isso porque, só com a morte do vendedor há uma pretensão plenamente reconhecida pelo direito, pois esta não agride o conceito de que não se deva discutir a herança de pessoa viva.

O que acontece se, bem depois dessa venda feita a um descendente, descobre-se a existência de um filho, que, porque não ser conhecido, deixou de se manifestar sobre o negócio (e, logo, não o autorizou)? A melhor orientação é a de entender que o negócio já se aperfeiçoou, pois, caso contrário, haveria uma eterna incerteza acerca da segurança do ato.

aquisição pelo ascendente de bens de filho menor

Atente-se que, embora Clovis Bevilaqua tenha tentado inserir o conceito no Código de 1916, não existe, entre nós, o impedimento legal de os pais adquirirem bens de filhos menores incapazes. De toda forma, será necessária a outorga judicial para que esse negócio se aperfeiçoe.

casos de nulidade pela função do comprador

Enramando verdadeiro rol de incapacidades relativas, o artigo 497 do Código Civil[80] taxa de nula a venda para pessoas que ocupem

---

78 "Art. 179. Quando a lei dispuser que determinado ato é anulável, sem estabelecer prazo para pleitear-se a anulação, será este de dois anos, a contar da data da conclusão do ato."

79 Antes, havia a Súmula nº 494, segundo a qual o prazo para propositura dessa ação era de 20 anos, a contar da conclusão do ato.

80 "Art. 497. Sob pena de nulidade, não podem ser comprados, ainda que em hasta pública:
I - pelos tutores, curadores, testamenteiros e administradores, os bens confiados à sua guarda ou administração;
II - pelos servidores públicos, em geral, os bens ou direitos da pessoa jurídica a que servirem, ou que estejam sob sua administração direta ou indireta;

posição, cargo ou função exercida pelo comprador, na qual exista a mera possibilidade de prejudicar o alienante. Isso ocorre com os tutores, curadores, testamenteiros, entre outros arrolados no referido artigo 497, mesmo que a venda seja levada adiante em leilão público.

Segundo o parágrafo único do artigo 497, essa proibição alcança também a cessão de crédito.

Em suma, não podem comprar – a lei impõe a sanção de nulidade: (a) os tutores, curadores, testamenteiros, administradores, juízes, leiloeiros e empregados públicos os bens confiados à sua administração (artigo 497); e (b) os mandatários, que não podem celebrar contratos consigo mesmo nos quais exista conflito de interesse.

Diferentemente, se há outorga de procuração expressa para venda, poderá o mandante celebrar contrato consigo mesmo. Isso não ocorrerá se o mandato for para administrar o bem. De toda sorte, os negócios entre representante e representado – os negócios consigo mesmo – estarão sempre sob suspeita.

São, por sua vez, ilegítimos para figurar num contrato de compra e venda como vendedores: (a) o ascendente, caso o comprador seja descendente, que, neste caso, apenas poderá alienar ao descendente se os demais descendentes e o cônjuge consentirem (artigo 496).[81] Se o cônjuge for casado pelo regime da separação obrigatória de bens, esse consentimento do cônjuge é dispensável; (b) o falido e o insolvente; e (c) o cônjuge sem outorga do outro, salvo se o regime de bens adotado pelo casal for o da separação total.

Por fim, é imprópria a venda de: (a) o imóvel locado, pois se deve dar preferência ao locatário, por força do artigo 27 da Lei nº

III - pelos juízes, secretários de tribunais, arbitradores, peritos e outros serventuários ou auxiliares da justiça, os bens ou direitos sobre que se litigar em tribunal, juízo ou conselho, no lugar onde servirem, ou a que se estender a sua autoridade;
IV - pelos leiloeiros e seus prepostos, os bens de cuja venda estejam encarregados.
Parágrafo único. As proibições deste artigo estendem-se à cessão de crédito."

81 "Art. 496. É anulável a venda de ascendente a descendente, salvo se os outros descendentes e o cônjuge do alienante expressamente houverem consentido.
Parágrafo único. Em ambos os casos, dispensa-se o consentimento do cônjuge se o regime de bens for o da separação obrigatória."

8.245, de 18.10.91.[82] O dispositivo do artigo 34[83] da mesma Lei de Locação ressalva, entretanto, que a preferência do condômino, de quem se falará logo adiante, prevalece;[84] e (b) coisa indivisível, pois a alienação da fração a terceiro, neste caso, apenas pode ocorrer se o outro condômino permitir, como se vê da regra do artigo 504 do Código Civil.[85]

condômino

Em resumo, havendo condômino em qualquer bem ou inquilino em bem imóvel, o vendedor, antes de alienar para terceiro, deve oferecer a coisa ao co-proprietário, nas mesmas condições que pretende transferir a terceiro. A venda apenas será perfeita caso nem o condômino nem o inquilino exerçam a sua preferência.

Vale registrar a escolha inteligente feita pela Lei do Inquilinato, que, como acima se anotou, pôs o condômino na frente do inquilino na ordem de exercício da preferência de aquisição. Andou muito bem a lei – especificamente no sei artigo 34. Afinal, não seria correto impor ao condômino que aceitasse o inquilino como coproprietário de um bem seu. Oferecendo ao condômino a preferência, pode haver a unificação da propriedade numa só pessoa. Se houver pluralidade de condôminos, o direito de preferência deve ser oferecido a todos eles. Caso todos ou alguns queiram exercer a preferência, poderão adquirir a fração do bem. Evidentemente, caso apenas um queira valer-se da preferência, este adquirirá a fração da coisa.

O condômino que não for informado da alienação pode exercer sua preferência, mesmo que *a posteriori*. Assim, a venda feita a terceiro, sem que se ofereça a preferência, não é necessariamente nula. Entretanto, sua validade fica subordinada a uma condição resolutiva: a

---

82 "Art. 27. No caso de venda, promessa de venda, cessão ou promessa de cessão de direitos ou dação em pagamento, o locatário tem preferência para adquirir o imóvel locado, em igualdade de condições com terceiros, devendo o locador dar-lhe conhecimento do negócio mediante notificação judicial, extrajudicial ou outro meio de ciência inequívoca.
Parágrafo único. A comunicação deverá conter todas as condições do negócio e, em especial, o preço, a forma de pagamento, a existência de ônus reais, bem como o local e horário em que pode ser examinada a documentação pertinente."

83 "Art. 34. Havendo condomínio no imóvel, a preferência do condômino terá prioridade sobre a do locatário."

84 Sobre o tema, Sylvio Capanema de Souza, *A Lei do Inquilinato Comentada*, 5ª ed., Rio de Janeiro, GZ Editora, 2009, p. 152/153.

85 "Art. 504. Não pode um condômino em coisa indivisível vender a sua parte a estranhos, se outro consorte a quiser, tanto por tanto. O condômino, a quem não se der conhecimento da venda, poderá, depositando o preço, haver para si a parte vendida a estranhos, se o requerer no prazo de cento e oitenta dias, sob pena de decadência.
Parágrafo único. Sendo muitos os condôminos, preferirá o que tiver benfeitorias de maior valor e, na falta de benfeitorias, o de quinhão maior. Se as partes forem iguais, haverão a parte vendida os comproprietários, que a quiserem, depositando previamente o preço."

de o condômino não exercer a sua preferência, no prazo decadencial de seis meses. Para isso, ele deve depositar o valor e reclamar a transferência do bem para si.

Esse prazo, com relação aos bens imóveis, passa a fluir a partir da averbação do negócio no Registro Geral de Imóveis, ou da inequívoca ciência do condômino, o que ocorrer primeiro, informa o artigo 33 da Lei de Locações.[86]

O direito de preferência ocorre também na dação (por força do artigo 357),[87] porém não na doação.

Imagine-se a situação de uma propriedade com vários condôminos e um deles promove a venda de sua fração ideal a terceiro, sem nada informar aos demais. Evidentemente, todos os condôminos poderão exercer sua preferência. E se todos a quiserem? Qual dos condôminos terá prevalência? Se houver diversos condôminos e todos eles desejarem exercer a preferência sobre a venda feita por um outro condômino a terceiro, diz a lei que prefere aquele que tiver feito mais benfeitorias no bem comum (atente-se, as benfeitorias de maior valor). Em caso de empate, terá primazia aquele detentor do maior quinhão, resguarda o artigo 504 e seu parágrafo único.

Indaga-se: pode um condômino vender a outro condômino a sua fração sem o consentimento dos demais condôminos? O condômino que ficou alijado do negócio teria direito de reclamar? A questão é interessante. Afinal, a *ratio* da lei, ao impedir que um condômino venda a estranho sua cota-parte da propriedade em conjunto, é a de evitar o ingresso de terceiro.[88] Essa mesma *ratio* não haveria no caso da venda de cotas de um condômino para outro.[89]

---

86 "Art. 33. O locatário preterido no seu direito de preferência poderá reclamar do alienante as perdas e danos ou, depositando o preço e demais despesas do ato de transferência, haver para si o imóvel locado, se o requerer no prazo de seis meses, a contar do registro do ato no cartório de imóveis, desde que o contrato de locação esteja averbado pelo menos trinta dias antes da alienação junto à matrícula do imóvel.
Parágrafo único. A averbação far-se-á à vista de qualquer das vias do contrato de locação desde que subscrito também por duas testemunhas."

87 "Art. 357. Determinado o preço da coisa dada em pagamento, as relações entre as partes regular-se-ão pelas normas do contrato de compra e venda."

88 "Em linha de princípio a orientação legal é no sentido de evitar o ingresso de estranho no condomínio, preservando-o de futuros litígios e inconvenientes." (Nelson Nery Junior, *Código Civil Comentado*, 4ª ed., São Paulo, Ed. Revista dos Tribunais, 2006, p. 461).

89 Assim, a opinião de Pontes de Miranda e Carvalho Santos:
"É ele *ius dispositivum*, e não *ius cogens*, pois que o seu fundamento é o interêsse dos condôminos em que não entre na comunhão quem não lhes agrade, ou o de unidade e consolidação da propriedade. A venda a outro condômino exclui a incidência do art. 1.139; as benfeitorias de maior valor e o quinhão maior pesam a favor dos condôminos, entre si." (*Tratado de Direito Privado*, 2ª edição, Tomo XII, Rio de Janeiro, Ed. Borsoi, p. 48)

O Superior Tribunal de Justiça possui entendimento no sentido de que, caso o interessado na compra da fração, ou totalidade, do terreno seja um dos condôminos, e não um estranho, não assiste aos demais condôminos o direito de preferência:

"DIREITO CIVIL. CONDOMÍNIO. PREFERÊNCIA. Na alienação de condômino para condômino desassiste aos demais direito de preferência do todo ou de parte do objeto da transferência.
(...)
Na verdade, o dispositivo apontado como infringido trata da venda de parte de coisa indivisível a estranhos e a preferência estabelecida no parágrafo único conferida ao condômino que tiver benfeitoria, de maior valor, não autoriza a interpretação de que a regra incide no caso de venda entre condôminos, como na situação concreta."[90]

Em relação ao condomínio, as partes têm como ajustar contratualmente algumas cláusulas especiais, de enorme proveito, e uso prático, como o "tag along" e o "drag along". Estas duas estipulações, oriundas do direito societário, podem ser utilizados num acordo estabelecido entre os condôminos de coisa indivisível.

tag along

No "tag along", pactua-se que caso um dos condôminos aliene a sua cota-parte a terceiro, o outro ou os outros condôminos poderão, se assim desejarem, alienar as suas cotas-parte para esse comprador pelo mesmo preço. Assim, o comprador deve ficar ciente de que a compra de um dos condôminos pode acarretar o dever de adquirir as demais cotas da coisa dos demais condôminos, se estes assim optarem.

drag along

Diferentemente, a cláusula de "drag along" prevê que se um dos condôminos desejar vender a totalidade da coisa, os demais são obrigados a aderir – são dragados àquela alienação –, fixando-se apenas um preço mínimo para essa operação. Diferentemente da preferência, estes deveres não decorrem da lei e, como se disse, existem apenas quando houver acordo específico entre os condôminos.

forma

Em regra, na compra e venda não há forma. Entretanto, na compra e venda de imóveis, há necessidade de se observar uma forma específica; para que o negócio ganhe eficácia é necessária a escri-

---

"Justifica-se o dispositivo pela intenção de evitar inconvenientes que decerto resultariam para o condomínio, com a intrusão de condômino novo, hostil a algum dos consortes, ou dêstes não desejado, por qualquer outro justo motivo." (*Código Civil Brasileiro Interpretado*, vol. XVI, 13ª edição, Rio de Janeiro, Livraria Freitas Bastos, 1991, p.168).

[90] REsp 19538/SP, 3ª Turma, Rel. Min. Cláudio Santos, j. 20.4.93, DJ 17.5.93.

tura pública. Essa forma especial é também requisito para transferir automóveis, embarcações, aviões, entre outros bens.

prova do ato

O artigo 227 do Código Civil previa que nos negócios de valor acima de certa quantia – décuplo do valor do salário mínimo vigente – deveria haver prova por documento. Empregou-se o verbo no passado porque o mencionado dispositivo legal foi expressamente revogado pelo artigo 1.072, II, do Código de Processo Civil de 2015.[91] A nova regra do artigo 444 do CPC[92] admite nos negócios não solenes uma maior amplitude na comprovação dos atos. Na verdade, a prova testemunhal pode ser utilizada desde que acompanhada por um "começo de prova por escrito". Aqui não se trata de requisito de validade, porém apenas o meio de provar a existência e a amplitude de um negócio.

Os deveres das partes

Uma importante questão na compra e venda consiste em apontar os deveres de cada parte.

pagar o preço

Com relação ao comprador, seu principal dever consiste em pagar o valor do bem adquirido em dinheiro, o preço. Salvo estipulação em sentido distinto, antes de recebido o preço, o devedor não está obrigado a entregar a coisa (assim registra o artigo 491,[93] num corolário do conceito da exceção do contrato não cumprido, registrado pelo artigo 476).[94] Admite-se, entretanto, a convenção diversa, na qual o vendedor não possa alegar o não recebimento do preço para negar-se a dar a coisa.

O devedor, por sua vez, pode cobrar o preço – *actio venditi*. Enquanto não receber o preço, é lícito ao vendedor reter a coisa.

---

91 Embora o *caput* do art. 227 tenha sido revogado, o parágrafo único do dispositivo ("Qualquer que seja o valor do negócio jurídico, a prova testemunhal é admissível como subsidiária ou complementar da prova por escrito") não foi, pois se encontra em harmonia com o sistema probatório estabelecido com Código de Processo atual.

92 "Art. 444. Nos casos em que a lei exigir prova escrita da obrigação, é admissível a prova testemunhal quando houver começo de prova por escrito, emanado da parte contra a qual se pretende produzir a prova."

93 "Art. 491. Não sendo a venda a crédito, o vendedor não é obrigado a entregar a coisa antes de receber o preço."

94 "Art. 476. Nos contratos bilaterais, nenhum dos contratantes, antes de cumprida a sua obrigação, pode exigir o implemento da do outro."

Na linha do artigo 477,[95] o artigo 495[96] prevê que, se o comprador cair em insolvência antes da data da entrega, o vendedor pode sobrestar a entrega da coisa, até que o comprador ofereça garantia de que irá pagar. Com isso, o vendedor se protege do risco de não receber a sua prestação.

receber a coisa

A outra obrigação do comprador é a de receber a coisa, quando for o momento de o devedor entregá-la. Se deixar de receber o bem, o comprador fica inadimplente. Nestes casos, o remédio do devedor muitas vezes consiste em consignar o objeto da compra e venda e, com isso, livrar-se dos riscos, como a mora, o perecimento do bem, um caso fortuito.

transferência do bem

Do ponto de vista do devedor, o mais importante dever consiste em efetuar a transferência do bem ou do direito ao comprador: a obrigação de dar, acima referida, núcleo do contrato de compra e venda. Trata-se do ápice da relação advinda da compra e venda. Fica o vendedor obrigado a praticar o ato translativo, de forma a transferir o domínio da coisa, a sua situação jurídica, ao comprador, tal como ajustado no contrato. A falha desse dever gera, na vida deste contrato, o mais agudo dos inadimplementos.

Os ônus da entrega, salvo estipulação em contrário, recaem sobre o vendedor. Isso se relaciona ao custo da entrega e ao dever de oferecer a coisa no local e no tempo convencionados. Caso, contudo, por equívoco do comprador, a coisa é enviada para local diverso do seu efetivo destino, será o adquirente quem passará a responder pelos custos dessa entrega e até pela integridade da coisa.

De acordo com o artigo 493 do Código,[97] numa inovação da lei, a coisa deve ser entregue, salvo estipulação em contrário, no local onde ela estava no momento em que o negócio foi celebrado.

O vendedor, como se disse, deve transferir a coisa. Trata-se de uma clássica obrigação de dar. O bem deve estar livre e desimpedido. Nada impede, todavia, que se venda uma coisa onerada, desde que o fato seja do conhecimento do comprador. Esse gravame, entretanto, deve ser do conhecimento do comprador. Não há, portanto, qualquer irregularidade em alienar um imóvel hipotecado, porém o comprador deve ter ciência da referida garantia real.

---

95 "Art. 477. Se, depois de concluído o contrato, sobrevier a uma das partes contratantes diminuição em seu patrimônio capaz de comprometer ou tornar duvidosa a prestação pela qual se obrigou, pode a outra recusar-se à prestação que lhe incumbe, até que aquela satisfaça a que lhe compete ou dê garantia bastante de satisfazê-la."

96 "Art. 495. Não obstante o prazo ajustado para o pagamento, se antes da tradição o comprador cair em insolvência, poderá o vendedor sobrestar na entrega da coisa, até que o comprador lhe dê caução de pagar no tempo ajustado."

97 "Art. 493. A tradição da coisa vendida, na falta de estipulação expressa, dar-se-á no lugar onde ela se encontrava, ao tempo da venda."

Hoje já não se discute: as obrigações do devedor não se limitam a entregar a coisa ou a transferir o direito cedido. É mais do que isso. O cumprimento da obrigação, por parte do devedor, não se subsume à entrega da coisa, embora esse dever seja o núcleo da prestação. A aferição da inteireza de seu adimplemento se prolonga no tempo, tudo para garantir a plena satisfação do adquirente com o negócio.

O devedor, depois de celebrado o contrato, assume uma série de deveres, que podem ser divididos, inclusive temporalmente, entre aqueles do momento que antecede a transferência da propriedade, os existentes no momento da transferência e, por fim, aqueles deveres que subsistem mesmo depois da tradição.

riscos

Entre os deveres do vendedor que precedem a transferência do bem se encontra a assunção dos riscos da coisa até a tradição (artigo 492).[98] Segundo a regra geral, os riscos da coisa são suportados pelo proprietário – *res perit domino* –, e, como o contrato não opera a transferência da propriedade, correm por conta do devedor os riscos da coisa até a sua tradição.

Caso, contudo, a coisa altere de valor depois de ajustado o negócio, quem suportará esse risco é o comprador, informa a segunda parte do *caput* do artigo 492. Imagine-se que alguém fechou negócio, adquirindo certo número de ações de uma sociedade negociadas em bolsa, que deveriam ser entregues em algum momento no futuro. Caso, entre o prazo da celebração do negócio e o da entrega das ações, haja uma diminuição do valor das ações, não se poderá discutir o preço, na medida em que esse risco é suportado pelo comprador. Caso contrário, haveria uma eterna discussão acerca do preço.

Entretanto, segundo o § 1º desse dispositivo, o caso fortuito, ocorrido no momento de contar, medir, pesar, empacotar, etc., a coisa, objeto da venda, correrá por conta do adquirente. Da mesma forma, define o § 2º que ficarão por conta do adquirente os riscos da coisa se o bem se encontrava à sua disposição já há tempos e ele não a buscou. A *mora accipiendi* inverte os riscos.

Para evitar o perecimento ou a deterioração da coisa, o vendedor deve zelar pelo bem, não apenas como se dele fosse (inclusive porque, até a tradição, efetivamente é), porém como se a propriedade fosse permanecer com ele.

---

98 "Art. 492. Até o momento da tradição, os riscos da coisa correm por conta do vendedor, e os do preço por conta do comprador.
§ 1o Todavia, os casos fortuitos, ocorrentes no ato de contar, marcar ou assinalar coisas, que comumente se recebem, contando, pesando, medindo ou assinalando, e que já tiverem sido postas à disposição do comprador, correrão por conta deste.
§ 2o Correrão também por conta do comprador os riscos das referidas coisas, se estiver em mora de as receber, quando postas à sua disposição no tempo, lugar e pelo modo ajustados."

responsabi-
lidade pelos
débitos da
coisa

Outro dever do vendedor, cuja origem se busca num momento anterior à transferência, consiste no dever de arcar com os débitos que onerarem a coisa até o momento da tradição. Essa obrigação, como antes mencionado, tem fundamento no artigo 502 do Código Civil.[99] De acordo com este dispositivo, o devedor responde por todos os débitos que incidirem sobre a coisa até a tradição. Assim, salvo acordo em contrário, quaisquer débitos do bem vendido, cuja origem preceda a transferência da propriedade, serão suportados pelo vendedor. Isso se justifica porque, como se sabe, o contrato de compra e venda, por si só, não opera a transferência de domínio. Dessa forma, mesmo depois de celebrado o contrato, porém antes da transferência, o vendedor segue respondendo pelas dívidas da coisa.

Há, no caso, um aparente conflito com o artigo 1.345 do Código,[100] referente à obrigação *propter rem* de quem adquire uma unidade de condomínio. Segundo o dispositivo, compete ao novo proprietário do bem pagar as dívidas da unidade. Essas duas normas devem ser interpretadas em conjunto: o proprietário atual (aquele que adquiriu o bem) paga a dívida da unidade – respondendo perante o condomínio – e depois cobra regressivamente do vendedor o que despendeu, se a origem do débito se deu quando o adquirente ainda não era o proprietário.

garantias
da evicção
e dos vícios
redibitórios

No que se refere aos deveres do vendedor posteriores à transferência da coisa ou do direito, avultam os de responder pela evicção e pelos vícios redibitórios. Esta responsabilidade é comum nos contratos onerosos. Como já reconhecia o civilista clássico Roberto de Ruggiero, "Não basta entregar a cousa para fazer desaparecer todas as obrigações do vendedor".[101]

Pode ocorrer de, depois de efetuada a transferência da coisa, o comprador vir a perdê-la por conta de decisão judicial que determine a entrega do bem a terceiro, que seria o seu verdadeiro dono. Em outras palavras, por força de um fato anterior à compra e venda, verifica-se que o bem, objeto do negócio, não pertencia ao vendedor, mas a outrem. Diz-se, nesses casos, que há evicção. O alienante deve suportar, perante o comprador, os riscos da evicção, informa o artigo 447 do Código Civil.[102] Quem vendeu o que não poderia arca com as

---

99 "Art. 502. O vendedor, salvo convenção em contrário, responde por todos os débitos que gravem a coisa até o momento da tradição."

100 "Art. 1.345. O adquirente de unidade responde pelos débitos do alienante, em relação ao condomínio, inclusive multas e juros moratórios."

101 Roberto de Ruggiero, *Instituições de Direito Civil*, Volume III, São Paulo, Saraiva, p. 273.

102 "Art. 447. Nos contratos onerosos, o alienante responde pela evicção. Subsiste esta garantia ainda que a aquisição se tenha realizado em hasta pública."

perdas e danos daquele que recebeu a coisa de boa-fé e, depois, ficou privado do bem.

Evidentemente, reclamada a evicção, cabe ao comprador informar prontamente ao vendedor, para que ele tome todas as medidas, inclusive a de, se for o caso, defender-se da reclamação daquele que se diz o verdadeiro dono.

Outra situação que reclama a responsabilização do alienante reside na verificação de um vício oculto no bem vendido, que o torne impróprio ao uso pretendido ou que diminua seu valor. A existência desses vícios redibitórios acarreta, segundo o artigo 441,[103] o poder de o adquirente rejeitar a coisa, redibindo o contrato – daí falar-se em vícios redibitórios –, tornando-o sem efeito, ou, como permite o artigo 442,[104] reclamar um abatimento do preço, compatível com a depreciação econômica decorrente do defeito, a fim de restabelecer o equilíbrio econômico do negócio.

dever de informação

O vendedor responde pelas qualidades expressamente prometidas do bem alienado (*dicta et promissa*). Também ficará responsável se deixar de informar um defeito relevante do bem objeto da compra e venda.

Nos casos de haver defeito oculto em coisas vendidas em conjunto, o comprador tem como recusá-las, ou requerer um abatimento no preço. Contudo, se apenas uma, entre muitas, for defeituosa, não se poderá rejeitar a totalidade, garante o artigo 503.[105]

alienação de estabelecimento comercial

O artigo 1.147 do Código Civil[106] apresenta outro dever do vendedor, no caso de alienação de estabelecimento comercial. Segundo a lei, numa inovação em relação ao Código de 1916, o alienante não poderá concorrer com o adquirente do estabelecimento, pelo prazo de cinco anos, ressalvado, claro, se as partes tiverem estipulado de forma contrária. Dessa forma, quem vende, por exemplo, a sua loja de doces em determinado lugar, não poderá, no prazo de cinco anos contados da venda, abrir o mesmo negócio para concorrer com o primeiro. Assim, garante-se que o estabelecimento vendido terá condições de prosperar, sem uma concorrência desleal.

---

103 "Art. 441. A coisa recebida em virtude de contrato comutativo pode ser enjeitada por vícios ou defeitos ocultos, que a tornem imprópria ao uso a que é destinada, ou lhe diminuam o valor. Parágrafo único. É aplicável a disposição deste artigo às doações onerosas."

104 "Art. 442. Em vez de rejeitar a coisa, redibindo o contrato (art. 441), pode o adquirente reclamar abatimento no preço."

105 "Art. 503. Nas coisas vendidas conjuntamente, o defeito oculto de uma não autoriza a rejeição de todas."

106 "Art. 1.147. Não havendo autorização expressa, o alienante do estabelecimento não pode fazer concorrência ao adquirente, nos cinco anos subseqüentes à transferência.
Parágrafo único. No caso de arrendamento ou usufruto do estabelecimento, a proibição prevista neste artigo persistirá durante o prazo do contrato."

Nos idos tempos, dizia-se: *caveat emptor*, ou seja, "cuide-se comprador". Cabia ao adquirente tomar as precauções para não fazer uma má compra, seja por qual motivo for. Hoje, diferentemente, alterou-se esse foco; protege-se mais o comprador, tutelando-o de alguma deslealdade do vendedor. Isso não quer dizer que o comprador esteja liberado para adotar uma atitude negligente e irresponsável. Cabe ao comprador adotar as cautelas normais. Entretanto, ele não se encontra desprotegido de uma "esperteza" do vendedor.

<small>deveres decorrentes da boa-fé</small>

Com efeito, independentemente do momento no negócio – que vai desde as primeiras tratativas até bem depois da entrega –, todas as partes encontram-se sempre obrigadas a respeitar os deveres decorrentes da boa-fé objetiva, isto é, cabe às partes agir de forma leal e honesta, honrando a confiança despertada. Cumpre a elas cooperar mutuamente, oferecendo, de lado a lado, todas as informações pertinentes. Os deveres decorrentes da boa-fé, normas ativas de conduta, se espraiam e temperam todo o andamento da compra e venda, inclusive após a realização do negócio.

Destaque-se, entre esses deveres, o de informação. Recai, principalmente, no vendedor, a obrigação de prestar ao comprador todas as informações pertinentes acerca do objeto da compra e venda. De forma especial, cumpre ao vendedor expor os fatores que podem ser considerados negativos. Não se trata apenas de distinguir o *dolus malus* do *dolus bonus*, porém de condenar a omissão de algum dado relevante, independentemente de haver alguma intenção escusa. O vendedor deve contar tudo. Se falhar nesse dever, estará afrontando o artigo 422 do Código Civil,[107] respondendo pelos danos que o comprador sofrer.

Nos deveres que se perpetuam, há, para dar alguns exemplos, o de garantir a oferta de peças de reposição e o de informar descobertas acerca das peculiaridades do produto vendido (como se ele tem algum outro uso, ou gera um perigo qualquer).

Não custa lembrar que grande parte dos negócios de compra e venda encontra-se inserida em relações de consumo, nas quais a garantia de informação encontra-se arrolada entre os direitos básicos do consumidor (artigo 6º, III, da Lei nº 8.078, de 11.9.1990).[108]

---

107 "Art. 422. Os contratantes são obrigados a guardar, assim na conclusão do contrato, como em sua execução, os princípios de probidade e boa-fé."

108 "Art. 6º São direitos básicos do consumidor:
(...)
III - a informação adequada e clara sobre os diferentes produtos e serviços, com especificação correta de quantidade, características, composição, qualidade, tributos incidentes e preço, bem como sobre os riscos que apresentem"

lealdade e confiança

Esses deveres de lealdade e confiança não podem ser afastados pelas partes, nem mesmo por acordo. Admite-se, apenas, que o vendedor informe ao comprador não ter ciência da situação do bem, objeto da venda (o que, seguramente, causará um impacto no valor do negócio). Contudo, se o vendedor tiver ciência de algum fator negativo, não pode omiti-lo.

Promessa de compra e venda

Admite-se que as partes ajustem a promessa de vender. Trata-se, a rigor, de um contrato preliminar, no qual se prevê uma obrigação de contratar. Esse tipo de negócio se explica com mais facilidade no Direito francês, bem como naqueles ordenamentos jurídicos nos quais o contrato de compra e venda tem efeitos reais, pois neles o mero contrato em si opera a transferência de propriedade. Assim, nesses sistemas, a promessa de compra e venda teria efeito semelhante ao contrato de compra e venda no Brasil, pois faria nascer simplesmente uma obrigação, despida, entretanto, dos efeitos reais.

No nosso sistema, a promessa "pura" não faz, portanto, maior sentido, pois guarda efeitos similares ao contrato de compra e venda. Muito diferente, entretanto, se as partes celebram uma promessa irretratável de compra e venda de um imóvel, num contrato sem cláusula de arrependimento registrado no cartório de registro de imóveis. Aqui há outras repercussões jurídicas.

Essa situação – da promessa irretratável de compra e venda, sem cláusula de arrependimento e devidamente registrada –, antes do Código de 2002, era prevista para os terrenos loteados, por força do Decreto-lei nº 58, de 10.12.1937. O legislador queria dar uma proteção aos adquirentes de lotes maior do que simplesmente o direito de reclamar uma indenização. Buscava-se garantir a esses compradores de terrenos um efetivo direito real, a fim de que eles pudessem receber a coisa que haviam adquirido.

Com o mesmo propósito, a Lei nº 4.591, de 16.12.1964, ampliou esse efeito real do contrato de promessa de compra e venda registrada, e sem cláusula de arrependimento, para os imóveis em construção ou incorporação. Depois de registrado no RGI, impede-se a alienação do bem. Há, pois, uma anotação preventiva.

Não ocorre, com o referido contrato de promessa de compra e venda, a transferência do domínio, porém apenas o registro do negócio. As partes podem optar por transferir o bem apenas num momento futuro, quando celebram o contrato definitivo de compra e venda. Todavia, com o registro da promessa, garante-se a publicidade do ato e já não é mais possível transferir o bem para terceiro, sem o consentimento do promitente comprador, salvo se se anular o registro da promessa.

Inovando em relação à Lei de 1916, o Código Civil de 2002 tratou do tema nos artigos 1.417[109] e 1.418[110] do Código Civil. O artigo 1.418 expressamente menciona que o adquirente, em tais condições, possui um direito real, oponível *erga omnes*.

O promitente comprador, que tiver quitado a integralidade do preço, pode requerer a adjudicação compulsória, caso o promitente vendedor se recuse a celebrar o ato de transferência definitiva da propriedade. Com isso, o Judiciário supre a vontade da parte e garante-se a transmissão do domínio.

Evidentemente, se as partes estipularam cláusula de arrependimento, não se poderá falar em ultimação do direito real, evitando-se a transferência da propriedade.

O negócio pode ser resolvido – sempre via intervenção judicial – na hipótese, por exemplo, de o adquirente deixar de pagar o preço do negócio, o que é comum nas vendas a prestação. Verificada a inadimplência do adquirente, o juiz manda cancelar o registro.

Situação distinta ocorre na promessa unilateral de compra ou venda. Aqui, uma parte se compromete a vender ou a comprar certo bem de outra, por um preço determinado. A parte, a quem a promessa é dirigida, decidirá se cobrará a atividade. As condições do negócio devem estar bem claras e definidas. Caso, por exemplo, o preço não esteja plenamente delimitado, o negócio não poderá ser exigido.

opção

Parente muito próximo da promessa unilateral é a opção. Neste caso se está diante do poder de uma parte em relação à outra, consistente em adquirir ou vender certo bem. Trata-se de um direito potestativo. A parte que oferece a opção fica vinculada à sua declaração. As bases do possível negócio devem estar claríssimas: valor, objeto, prazo de cumprimento. Na opção, as partes não terão que estabelecer nenhum aspecto do negócio, que se encontra já previamente fixado. O negócio principal, assim, fica congelado. Tudo fica dependendo apenas da vontade do optante.

Imagine-se que uma pessoa acorda com outra que terá a opção de adquirir certa quantidade de ações de uma companhia, por um preço previamente determinado, num certo momento no futuro. Quando se chega na data fixada pelas partes, o titular do direito de opção a exerce ou não. Em caso positivo, paga o valor previamente

---

109 "Art. 1.417. Mediante promessa de compra e venda, em que se não pactuou arrependimento, celebrada por instrumento público ou particular, e registrada no Cartório de Registro de Imóveis, adquire o promitente comprador direito real à aquisição do imóvel."

110 "Art. 1.418. O promitente comprador, titular de direito real, pode exigir do promitente vendedor, ou de terceiros, a quem os direitos deste forem cedidos, a outorga da escritura definitiva de compra e venda, conforme o disposto no instrumento preliminar; e, se houver recusa, requerer ao juiz a adjudicação do imóvel."

estabelecido para ficar com o objeto da compra e venda – no exemplo, as tais ações. Se, de outro lado, preferir não exercer a opção, simplesmente deixa de implementar seu direito.

Em regra, a opção – como se viu, um direito de impor a alguém a realização de um negócio – tem um valor. A parte interessada, para obter essa opção, paga um preço à contraparte em contraprestação ao poder. Do ponto de vista econômico, a opção pode representar uma grande vantagem para o seu titular, daí porque ela tem valor.

Para que o negócio sujeito à opção se concretize, a parte que tem direito de reclamar a atividade deve manifestar-se positivamente. Normalmente, ajusta-se um prazo para que a opção seja reclamada. Ultrapassado o prazo, a opção perde sua eficácia.

Pactos adjetos à compra e venda

Em regra, o contrato de compra e venda é puro: uma parte se compromete a vender e a outra a comprar. Depois de celebrado o negócio, o vendedor transfere a propriedade da coisa alienada e – alás – pronto: fim da operação.

Comumente, contudo, o contrato de compra e venda é acrescido de cláusulas que alteram esse caminho natural do negócio. São os chamados pactos adjetos à compra e venda, que o Código Civil chama de "cláusulas especiais à compra e venda", por meio dos quais se desfigura substancialmente o negócio ordinário, seguindo o eventual interesse das partes.

retrovenda

O primeiro pacto referido no Código é a retrovenda, prevista nos artigos 505 a 508 do Código. A situação é pouco frequente. Pela retrovenda, as partes ajustam cláusula pela qual o vendedor passa a ter a faculdade de reaver o imóvel vendido – num ato denominado resgate ou recobro –, devolvendo ao comprador o preço e todos os demais gastos incorridos com a aquisição do bem, além das benfeitorias necessárias.[111] A definição se encontra no artigo 505.[112]

Conceitualmente, esse pacto visa a dar ao vendedor uma prerrogativa de reaver seu bem, caso se arrependa da alienação num certo prazo. O artigo 505 do Código Civil indica o prazo máximo e decadencial de três anos para que o vendedor exerça essa prerrogativa.

Imagine-se a pessoa que vende sua casa, mas tem receio de lamentar aquele negócio, ficando mais seguro se ajustar o poder de recuar, restituindo ao comprador tudo o que este gastou, para ter de volta seu bem.

---

111 Sobre o tema, José Carlos Moreira Alves, *A Retrovenda*, Rio de Janeiro, Borsoi, 1967.

112 "Art. 505. O vendedor de coisa imóvel pode reservar-se o direito de recobrá-la no prazo máximo de decadência de três anos, restituindo o preço recebido e reembolsando as despesas do comprador, inclusive as que, durante o período de resgate, se efetuaram com a sua autorização escrita, ou para a realização de benfeitorias necessárias."

De acordo com o artigo 506,[113] caso o devedor se recuse a devolver a coisa, o credor (o antigo vendedor) poderá consignar a quantia devida para reclamar o resgate, requerendo, até mesmo, uma providência judicial para reaver seu imóvel (sim, porque, como se disse, a retrovenda apenas se aceita para bens imóveis).

Se o depósito não for suficiente, não poderá o vendedor reclamar a devolução da coisa. Com efeito, de acordo com o parágrafo único do artigo 506, apenas quando o pagamento for integral o devedor deverá restituir o bem.

A retrovenda, infelizmente, foi utilizada para esconder – e garantir – outro negócio: o mútuo com juros acima do limite legal. O imóvel oferecido servia como garantia de uma dívida. Havia, nesse expediente, uma fraude à lei e uma simulação, porque o pacto comissório é ilícito e o negócio da retrovenda adotado para encobrir a usura. Eis como ocorria o golpe: uma pessoa empresta à outra certa quantia em dinheiro, com juros acima dos permitidos em lei. Para garantir o pagamento, simula-se uma compra e venda com retrovenda da seguinte forma: quem recebia o dinheiro vendia um imóvel de valor mais alto do que o da dívida, com a cláusula de resgate pelo valor total do crédito acertado. Para reaver o imóvel, o devedor tinha que pagar a dívida majorada de juros fixados em parâmetros ilegais. Se, diferentemente, o devedor não conseguisse quitar a dívida, o credor usurário ficava com o imóvel (atente-se, adquiria o imóvel que valia mais do que o montante do empréstimo). Assim, a retrovenda pode ser utilizada para disfarçar um negócio ilícito, razão pela qual esse pacto adjeto recebe tanto preconceito.[114]

Não há, a rigor, ilegalidade em o imóvel servir de garantia de uma dívida, fazendo-se uso da retrovenda. Contudo, há dois relevantes óbices: esse negócio não pode encobrir um empréstimo usurário, com a fixação de juros acima daqueles permitidos em lei, e o credor, na hipótese de inadimplemento, não pode ficar com o bem, pois, caso contrário, haveria o pacto comissório, proibido pelo artigo 1.428 do Código Civil.[115]

---

113 "Art. 506. Se o comprador se recusar a receber as quantias a que faz jus, o vendedor, para exercer o direito de resgate, as depositará judicialmente.
Parágrafo único. Verificada a insuficiência do depósito judicial, não será o vendedor restituído no domínio da coisa, até e enquanto não for integralmente pago o comprador."

114 Tanto Arnold Wald (*Direito Civil - Contratos em Espécie*, 18ª ed., São Paulo, Saraiva, 2009, p. 11), como Caio Mario (*Instituições de Direito Civil*, vol. III, 12ª edição, Rio de Janeiro, Forense, 2007, p. 208) salientam esse uso irregular da retrovenda.

115 "Art. 1.428. É nula a cláusula que autoriza o credor pignoratício, anticrético ou hipotecário a ficar com o objeto da garantia, se a dívida não for paga no vencimento.
Parágrafo único. Após o vencimento, poderá o devedor dar a coisa em pagamento da dívida."

Como se ressalvou, só há retrovenda de imóveis, embora, no passado, alguns juristas buscaram a admissão também para os móveis, o que não vingou.

O prazo máximo para o seu exercício, já se disse, é de três anos, contados da venda, resguarda o artigo 505. As partes podem diminuí-lo, jamais aumentá-lo. Este prazo é decadencial (a própria lei assim o qualifica) e vale também contra o incapaz. Passado o período, o negócio se aperfeiçoa definitivamente.

Se terceiro adquiriu imóvel sujeito à retrovenda, o vendedor, ao exercer a faculdade, poderá reclamar o bem desse terceiro, diz o artigo 507.[116] Esse poder, entretanto, apenas vinga se o pacto tiver constado do registro, de sorte que, pela publicidade, presume-se que o adquirente tinha conhecimento da cláusula. Sem o registro, não se poderá reclamar esse efeito *erga omnes* do pacto.

Para Rizzardo, a retrovenda é direito personalíssimo.[117] Porém, o artigo 507 admite a transferência (cessão) aos herdeiros e legatários.

Segundo Orlando Gomes, a retrovenda pura distingue-se do resgate (ou retrato), porque naquela há a necessidade de consentimento do vendedor. No resgate clássico, há um direito potestativo do titular em reclamar a revenda da coisa. O Código, portanto, trataria, na opinião do civilista baiano, por retrovenda o que, na verdade, seria o resgate.[118] Haveria, pois, uma falha de nomenclatura do nosso legislador.

De toda sorte, a retrovenda não é negócio muito comum até mesmo pelos custos tributários que ela gera. Afinal, ao adquirir o bem imóvel, o comprador arca com o pesado imposto de transmissão, que será novamente pago, dessa vez pelo vendedor, se exercido o direito de resgate.

venda a contento

Outro pacto previsto no Código Civil é a venda a contento, como se vê nos artigos 509 a 512. Também chamada de venda *ad gustum* ou *pactum displicentiae*, nesses casos a alienação fica na dependência da aprovação do comprador. Essa cláusula se justifica principalmente naquelas vendas nas quais é razoável que o adquirente tenha algum tempo para melhor examinar a coisa, antes de decidir por efetivamente adquiri-la.

O adquirente, ao receber a coisa, emite uma manifestação de vontade, pela qual aceita ou não o bem. Em caso positivo, o negócio se aperfeiçoa; em caso negativo, não haverá negócio, mas a resti-

---

116 "Art. 507. O direito de retrato, que é cessível e transmissível a herdeiros e legatários, poderá ser exercido contra o terceiro adquirente."

117 *Contratos*, 8ª ed., São Paulo, Forense, 2008, p. 329.

118 *Contratos*, 26ª ed., Rio de Janeiro, Forense, 2008, p. 309.

tuição da posse. Há, pela expressa redação do artigo 509 da Lei,[119] uma venda sujeita à condição suspensiva. Entretanto, melhor examinando a situação, não se trata de condição, pois não pode haver uma condição subordinada à vontade exclusiva de apenas uma das partes, como inequivocamente ocorre no caso, pois haveria, aí, uma condição puramente potestativa (e, logo, vedada).

Caio Mario sustenta que não se trata de uma condição puramente potestativa,[120] porém simplesmente potestativa. Segundo o referido mestre, haveria um "fato" de o adquirente não gostar da coisa. Essa explicação, com todas as vênias, não convence. Orlando Gomes reconhece que se trata de uma condição *si volam*, ou seja, puramente potestativa. Cuida-se, na verdade, de um requisito suspensivo em relação ao negócio, pois este não se aperfeiçoa até a aceitação por parte do adquirente.

A aceitação é puramente subjetiva. Pactuada esta cláusula, o comprador não precisa explicar os motivos pelos quais aceita ou não a coisa, objeto do contrato.

Evidentemente, essa aceitação não pode ficar para todo o sempre em aberto, ou seja, não é razoável que, depois de entregue o bem, o vendedor permaneça eternamente sujeito a uma manifestação do adquirente no sentido de que o bem não está a contento e que, logo, deseja desfazer-se do negócio. Normalmente, há um prazo para exercício da faculdade, ainda que esse prazo decorra do bom senso. Imagine-se alguém que adquiriu, por exemplo, um carro, mas pactuara a cláusula de venda a contento. Se havia um prazo para o exercício da cláusula e este fluiu, sem qualquer manifestação do comprador, não há que se falar na devolução - o negócio se aperfeiçoa. O silêncio do adquirente será interpretado como aceitação. Caso, todavia, as partes não tenham estabelecido um prazo, apela-se ao bom senso. Se esse adquirente do automóvel ficou com o bem por meses, não parece razoável que ele possa reclamar o exercício da cláusula. Afinal, se a coisa não agradou, o comprador teve tempo para, muito antes, manifestar seu descontentamento e resolver o negócio.

De toda forma, para evitar uma discussão acerca do que seja o prazo razoável, o artigo 512 do Código[121] diz que, se não houver prazo ajustado, a parte interessada deve notificar a outra para exercer ou não a aceitação.

---

119 "Art. 509. A venda feita a contento do comprador entende-se realizada sob condição suspensiva, ainda que a coisa lhe tenha sido entregue; e não se reputará perfeita, enquanto o adquirente não manifestar seu agrado."

120 *Instituições de Direito Civil*, vol. III, 12ª edição, Rio de Janeiro, Forense, 2007, p.213.

121 "Art. 512. Não havendo prazo estipulado para a declaração do comprador, o vendedor terá direito de intimá-lo, judicial ou extrajudicialmente, para que o faça em prazo improrrogável."

Normalmente, o prazo é maior nas vendas nas quais o bem deva ser experimentado e menor naquelas nos quais há apenas uma questão de gosto.

De toda forma, até a aceitação, o comprador se equipara ao comodatário, prevê o artigo 511.[122]

O artigo 49 da Lei do Consumidor[123] traz uma regra geral de venda a contento, nos casos de aquisição de produtos (e também de serviços) se a compra se der fora do estabelecimento comercial. A hipótese é muito comum nas vendas por telefone ou pela internet. O adquirente tem o poder de desistir da compra no prazo de sete dias, a partir de quando recebeu o produto.

No Código de 1916, a venda a contento era personalíssima, como dispunha o artigo 1.148.[124] Assim entendem Orlando Gomes[125] e San Tiago Dantas.[126] O Código de 2002 não renova essa determinação, podendo-se sustentar que não existe mais essa qualidade (essa, aliás, a opinião de Caio Mario).[127] Entretanto, para apontar se há a presença dessa natureza personalíssima no adquirente, melhor será apreciar o caso concreto. Muitas vezes, o vendedor admite a cláusula de venda a contento precisamente porque conhece o possível comprador, sabendo de seu gosto e as chances de consumação do negócio.

venda sujeita à prova

Na venda sujeita à prova (uma inovação do Código de 2002, referida no artigo 510),[128] a situação é um pouco distinta. Aqui, a venda se perfaz se a coisa for igual à amostra. Neste caso, há menos espaço para subjetivismo.

preferência

Mencione-se, agora, a preferência (também conhecida como preempção ou prelação), tratada pelos artigos 513 a 520 do Código

---

122 "Art. 511. Em ambos os casos, as obrigações do comprador, que recebeu, sob condição suspensiva, a coisa comprada, são as de mero comodatário, enquanto não manifeste aceitá-la."

123 "Art. 49. O consumidor pode desistir do contrato, no prazo de 7 dias a contar de sua assinatura ou do ato de recebimento do produto ou serviço, sempre que a contratação de fornecimento de produtos e serviços ocorrer fora do estabelecimento comercial, especialmente por telefone ou a domicílio.
Parágrafo único. Se o consumidor exercitar o direito de arrependimento previsto neste artigo, os valores eventualmente pagos, a qualquer título, durante o prazo de reflexão, serão devolvidos, de imediato, monetariamente atualizados."

124 "Art. 1.148. O direito resultante da venda a contento é simplesmente pessoal."

125 *Contratos*, 26ª ed., Rio de Janeiro, Forense, 2008, p. 311.

126 *Programa de Direito Civil II*, Rio de Janeiro, Editora Rio, 1978, p. 240.

127 *Instituições de Direito Civil*, vol. III, 12ª edição, Rio de Janeiro, Forense, 2007, p.214.

128 "Art. 510. Também a venda sujeita a prova presume-se feita sob a condição suspensiva de que a coisa tenha as qualidades asseguradas pelo vendedor e seja idônea para o fim a que se destina."

Civil. O termo preempção vem direto do latim, pois *praemptor* significa primeiro comprador. Em Roma, esse pacto – então chamado *pactum protimiseos* – já era usado. Antes já se falou dela, ao examinar o dever do condômino ou do locador de imóvel, situações nas quais se aplica a preferência. Contudo, nesses casos, a preferência decorre da lei. Podem as partes, também, estipular a preferência. Neste caso, estabelecer-se-á a faculdade de o vendedor readquirir a coisa que vendeu, em igualdade de condições com terceiros, se e quando a pessoa para quem ele alienou o bem colocá-lo à venda.

Isso apenas ocorre se (a) o comprador quiser alienar a coisa e (b) o vendedor desejar recomprá-la. Trocando em miúdos, o vendedor primitivo não está forçado a exercer a preferência, porém tem a faculdade. O adquirente primitivo, por sua vez, não pode ser compelido a vender o bem (e, nesse ponto, revela-se a grande distinção da retrovenda).

Se a preferência foi ajustada como pacto adjeto ao contrato de compra e venda, o Código estabeleceu o prazo máximo para sua prática. Será de 180 dias se a coisa for móvel e dois anos se imóvel (artigo 513, parágrafo único).[129] O direito caduca se não for exercido no prazo.

Se o adquirente primitivo quiser vender a coisa, deve notificar o antigo proprietário que lhe alienou o bem, para que este, se assim desejar, exerça a prelação, pagando nas mesmas condições da oferta feita por terceiro (artigo 515).[130]

O prazo para manifestação da preferência pode ser ajustado pelas partes, ressalvada a restrição do limite de prazo, consoante o artigo 513, acima mencionado. Caso contrário, ou seja, no silêncio das partes, aplicam-se os prazos referidos no artigo 516:[131] três dias para as coisas móveis e sessenta para os imóveis. O prazo é decadencial.

efeitos da preferência

Discutem-se os efeitos da preferência: seriam reais ou pessoais? Para parte da doutrina, a preferência gera apenas um direito obrigacional, como Orlando Gomes,[132] e não real. Outros juristas defen-

---

[129] "Art. 513. A preempção, ou preferência, impõe ao comprador a obrigação de oferecer ao vendedor a coisa que aquele vai vender, ou dar em pagamento, para que este use de seu direito de prelação na compra, tanto por tanto.
Parágrafo único. O prazo para exercer o direito de preferência não poderá exceder a cento e oitenta dias, se a coisa for móvel, ou a dois anos, se imóvel."

[130] "Art. 515. Aquele que exerce a preferência está, sob pena de a perder, obrigado a pagar, em condições iguais, o preço encontrado, ou o ajustado."

[131] "Art. 516. Inexistindo prazo estipulado, o direito de preempção caducará, se a coisa for móvel, não se exercendo nos três dias, e, se for imóvel, não se exercendo nos sessenta dias subseqüentes à data em que o comprador tiver notificado o vendedor."

[132] *Contratos*, 26ª ed., Rio de Janeiro, Forense, 2008, p. 313.

dem o contrário, como Rizzardo, que acredita haver, na preferência, um direito real, de sorte que o interessado poderia ajuizar uma ação reivindicatória e anulatória do ato.[133]

A identificação da preferência como capaz de gerar direitos pessoais ou reais tem enorme repercussão. Caso se entenda que ela gera apenas direitos obrigacionais, se o titular desse direito for lesado, poderá reclamar perdas e danos (aliás, segundo o artigo 518,[134] o terceiro adquirente, se estiver de má-fé, também responderá solidariamente pelos danos). De outra forma, acreditando que esse pacto cria direito real, pode o seu titular, se lesado, reivindicar o bem.

De toda sorte, o Direito, hoje, caminha para garantir, a cada dia com mais ênfase, a tutela específica das obrigações. Assim, o efeito prático será semelhante, pois se permite ao titular do direito de preferência, mesmo se vista como um direito obrigacional, reclamar a coisa.

O direito de preferência deve ser exercido com relação à totalidade da coisa, não se admitindo a preferência parcial.

Consoante registra o artigo 520,[135] trata-se de direito intransferível e personalíssimo.[136]

A preferência pode nascer de um acordo adjeto à compra e venda, ou originar de situações estipuladas pela lei. Os casos originados da lei são os mais comuns, como se verifica no poder de preferência dado ao locatário – no já citado artigo 27 da Lei nº 8.245, de 18.10.91[137] –, que pode exercer o direito de prelação se o proprietário decidir alienar a coisa a ele alugada.

Também tem esse direito o condômino de coisa indivisível, consoante registra o artigo 504[138]. Como antes se viu, na venda em

---

133 *Contratos*, 8ª ed., São Paulo, Forense, 2008, p. 334.

134 "Art. 518. Responderá por perdas e danos o comprador, se alienar a coisa sem ter dado ao vendedor ciência do preço e das vantagens que por ela lhe oferecem. Responderá solidariamente o adquirente, se tiver procedido de má-fé."

135 "Art. 520. O direito de preferência não se pode ceder nem passa aos herdeiros."

136 Assim, Arnaldo Rizzardo (*Contratos*, 8ª ed., São Paulo, Forense, 2008, p. 333) e Orlando Gomes, (*Contratos*, 26ª ed., Rio de Janeiro, Forense, 2008, p. 312).

137 "Art. 27. No caso de venda, promessa de venda, cessão ou promessa de cessão de direitos ou dação em pagamento, o locatário tem preferência para adquirir o imóvel locado, em igualdade de condições com terceiros, devendo o locador dar - lhe conhecimento do negócio mediante notificação judicial, extrajudicial ou outro meio de ciência inequívoca.
Parágrafo único. A comunicação deverá conter todas as condições do negócio e, em especial, o preço, a forma de pagamento, a existência de ônus reais, bem como o local e horário em que pode ser examinada a documentação pertinente."

138 "Art. 504. Não pode um condômino em coisa indivisível vender a sua parte a estranhos, se outro consorte a quiser, tanto por tanto. O condômino, a quem não se der conhecimento da venda, poderá, depositando o preço, haver para si a parte vendida a estranhos, se o requerer no prazo de cento e oitenta dias, sob pena de decadência.

condomínio, um condômino não pode vender sua parte a terceiros, sem oferecê-la aos demais condôminos. O condômino que não souber da venda pode depositar o valor do negócio e exigir a parte vendida para si. Deve fazer isso no prazo decadencial de 180 dias.

<small>retrocessão</small>

Uma forma de preferência prevista no Código Civil é a retrocessão. Ela ocorre, segundo o artigo 519,[139] nos casos de bens desapropriados que não forem utilizados para o fim alegado (embora exista jurisprudência segundo a qual o bem não será restituído se seguir atendendo a um destino de interesse social).[140] Nestes casos, o bem, que antes fora desapropriado, será devolvido ao expropriado, preferencialmente, pelo preço de mercado.

Tenha-se presente que a retrocessão, referida no artigo 519, não se trata de um pacto adjeto, porém de uma imposição de lei. A administração deve dar à coisa desapropriada o destino que motivou o seu ato. Caso contrário, devolverá a coisa, tendo o antigo proprietário prioridade para a recompra.

<small>pacto de melhor comprador</small>

Imagine-se, agora, a situação de uma pessoa que pretende vender rapidamente seu bem para certa pessoa, porém receia receber, em breve, uma oferta melhor de terceiro pela coisa. Para solucionar uma situação como essa, as partes podem estipular, em anexo ao contrato de compra e venda, o pacto de melhor comprador. Ele era tratado no Código de 1916, mas foi desprezado pela Lei de 2002. Em Roma, era denominado pacto *in diem addictio*.

Trata-se da faculdade dada ao vendedor de rescindir o negócio de compra e venda se, dentro de certo prazo, aparecer terceiro com melhor oferta de compra. O adquirente, então, é notificado de que o vendedor encontrou melhor oferta. Nestes casos, pode ocorrer de se oferecer preferência ao primeiro comprador, para que este cubra a nova proposta.

Estabelecida a cláusula, o vendedor transfere a coisa. Porém, durante certo tempo, se lhe aparecer uma melhor oferta, o vendedor pode requerer a devolução da coisa pelo primeiro comprador, a fim de que o bem seja entregue a uma outra pessoa, que fez melhor oferta de aquisição.

Apenas se aplica aos bens imóveis, indica a doutrina, embora não haja motivo para isso. Uma vez que a lei não apresenta esta limitação, não há porque insistir nessa restrição.

Parágrafo único. Sendo muitos os condôminos, preferirá o que tiver benfeitorias de maior valor e, na falta de benfeitorias, o de quinhão maior. Se as partes forem iguais, haverão a parte vendida os comproprietários, que a quiserem, depositando previamente o preço."

139 "Art. 519. Se a coisa expropriada para fins de necessidade ou utilidade pública, ou por interesse social, não tiver o destino para que se desapropriou, ou não for utilizada em obras ou serviços públicos, caberá ao expropriado direito de preferência, pelo preço atual da coisa."

140 Sobre o tema, Ebert Chamoun, *Da Retrocessão nas Desapropriações*, Rio de Janeiro, Forense, 1959.

Com o pacto de melhor comprador, há, na prática, uma condição resolutiva. O vendedor reserva a possibilidade de desistir do negócio se, em certo prazo, aparecer um terceiro com melhor oferta para ficar com o domínio do bem.

O Código Civil deixou de examinar esse pacto. Alegou-se o seu desuso. Isso, entretanto, não significa que ele deixou de existir, ou que se tornou ilegal. O silêncio da lei, contudo, criou um problema para fixar o prazo máximo em que se poderia estabelecer esse pacto, ou seja, qual o maior período para manter esse negócio de compra e venda suscetívelao desfazimento, ao aguardo de um terceiro que faça uma melhor oferta para adquirir o bem? Até por um motivo de segurança e estabilidade jurídica, não pode haver uma estipulação perene e eterna nesse sentido. A melhor orientação parece ser a de se adotar o mesmo prazo estipulado na lei para o exercício da preferência, isto é, o prazo, previsto no artigo 513, parágrafo único,[141] de 180 dias.

Bem vistas as coisas, o grande problema do pacto de melhor comprador se relaciona aos seus custos. Afinal, ao se realizar o negócio, as partes têm uma série de gastos com a contratação de advogados, escritura, registro, imposto, entre outros. Se o negócio é desfeito, todos esses custos são perdidos.

cláusula resolutiva expressa

Outro acordo adjeto que o Código de 2002 deixou de mencionar, entre esses possíveis aditivos da compra e venda, é o pacto comissório, também conhecido como cláusula resolutiva expressa. Fez bem a Lei. Em primeiro lugar, havia um problema terminológico, porque pacto comissório é também um conceito jurídico relacionado aos direitos reais. Trata-se de um negócio proibido no qual o credor munido de garantia real fica com a coisa, objeto da garantia (artigo 1.428 do Código Civil).[142] Já no pacto comissório antes previsto como cláusula adjeta da compra e venda, estipulava-se, de forma expressa, quais os fatores que acarretam a rescisão do negócio. Pode-se estabelecer qualquer fato arrolado pelas partes, como a falta de pagamento até certa data ou o não oferecimento de garantia, por exemplo.

Na verdade, existe uma cláusula, implícita em todos os negócios, segundo a qual o inadimplemento dá à parte lesada o poder de reclamar pelo dano que sofreu e, se o descumprimento foi sério, requerer

---

141 "Art. 513. A preempção, ou preferência, impõe ao comprador a obrigação de oferecer ao vendedor a coisa que aquele vai vender, ou dar em pagamento, para que este use de seu direito de prelação na compra, tanto por tanto.
Parágrafo único. O prazo para exercer o direito de preferência não poderá exceder a cento e oitenta dias, se a coisa for móvel, ou a dois anos, se imóvel."

142 "Art. 1.428. É nula a cláusula que autoriza o credor pignoratício, anticrético ou hipotecário a ficar com o objeto da garantia, se a dívida não for paga no vencimento.
Parágrafo único. Após o vencimento, poderá o devedor dar a coisa em pagamento da dívida."

a rescisão do contrato. Entretanto, para demonstrar que esse descumprimento foi suficientemente forte para acarretar o fim do negócio, a parte lesada deve propor uma ação judicial. Com a cláusula expressa, todavia, facilita-se a rescisão, pois há uma referência clara ao fato de que, ocorrido certo descumprimento, o negócio está encerrado (cf. artigo 474 do Código Civil).[143] Evita-se, dessa forma, maior discussão.

<small>venda com reserva de domínio</small>

Refira-se, ainda, entre os pactos adjetos, à venda com reserva de domínio. O nome apresenta uma aparente contradição. Afinal, a venda pressupõe a transferência de domínio; como, então, pode haver a venda com a reserva de domínio? Como se verá, a reserva é apenas transitória e cumpre uma finalidade muito clara.

Este pacto foi contemplado pelo Código de 2002, nos artigos 521 a 528, sendo a sua definição encontrada no artigo 521.[144] Trata-se de compra e venda de coisa móvel identificável (artigo 523),[145] na qual a posse da coisa é dada ao comprador, porém a propriedade apenas se transfere com o pagamento integral do preço.

Esse pacto é muito comum nas tão corriqueiras vendas a prestação, nas quais se entrega a coisa antes mesmo da quitação do preço. Uma vez paga a totalidade do preço, a propriedade da coisa se transfere independentemente de outro ato. Como deve haver razoável confiança no comprador – pois ele fica com a posse do bem, mesmo antes de pagar integralmente por ele –, esse adquirente é qualificado como fiduciário, pois detém a *fides*, ou seja, ele é digno de fé.

Washington de Barros define com precisão os elementos que qualificam a venda com reserva de domínio: (a) compra e venda a crédito; (b) um bem móvel definido (identificável); (c) transferência da posse do vendedor ao comprador; (d) pagamento em prestações; e (e) o vendedor se compromete a transferir a propriedade assim que receber a totalidade do preço.[146]

Na venda com reserva de domínio, os riscos se transferem ao comprador (que recebe a posse, mas não a propriedade), de sorte que, no particular e excepcionalmente, não se aplica a regra *res perit domino*, diz a segunda parte do artigo 524 do Código Civil.[147]

---

143 "Art. 474. A cláusula resolutiva expressa opera de pleno direito; a tácita depende de interpelação judicial."

144 "Art. 521. Na venda de coisa móvel, pode o vendedor reservar para si a propriedade, até que o preço esteja integralmente pago."

145 "Art. 523. Não pode ser objeto de venda com reserva de domínio a coisa insuscetível de caracterização perfeita, para estremá-la de outras congêneres. Na dúvida, decide-se a favor do terceiro adquirente de boa-fé."

146 *Curso de Direito Civil 5*, 36ª ed., São Paulo, Saraiva, 2009, p. 130.

147 "Art. 524. A transferência de propriedade ao comprador dá-se no momento em que o preço esteja integralmente pago. Todavia, pelos riscos da coisa responde o comprador, a partir de quando lhe foi entregue."

Se o adquirente fiduciário deixar de pagar pela coisa, o vendedor fiduciário deve intimá-lo para constituí-lo em mora (artigo 525).[148] Caso o comprador fiduciário siga sem pagar pelo bem, o vendedor fiduciário pode executá-lo, para reclamar o valor da coisa ou requerer a restituição da posse (artigo 526).[149] Na hipótese de o comprador ter pago parte considerável do preço da coisa, poderá reclamar o prazo de 30 dias para quitar o restante. Pago o preço, o comprador mantém a coisa.

Nesses casos, cumpre analisar o conceito de adimplemento substancial,[150] isto é, o reconhecimento de que, embora não tenha havido o cumprimento perfeito da prestação, seu cumprimento foi considerável, próximo do resultado final desejado, a ponto de se reconhecerem alguns efeitos do adimplemento total. No caso da venda com reserva de domínio, ao se apontar o adimplemento substancial, admite-se que o adquirente fique com a coisa, permanecendo, contudo, o dever de pagar ao proprietário e vendedor o valor remanescente.

Se o proprietário reouver a coisa, deve restituir as parcelas que recebeu do comprador fiduciário, abatidas as despesas que incorrer, resguarda o artigo 527 do Código.[151] A estipulação de uma cláusula penal que prevê a perda das parcelas pagas pelo comprador tem recebido a pecha de abusiva.[152] Evidentemente, a cláusula penal não tem o propósito de criar uma distorção.

---

148 "Art. 525. O vendedor somente poderá executar a cláusula de reserva de domínio após constituir o comprador em mora, mediante protesto do título ou interpelação judicial."

149 "Art. 526. Verificada a mora do comprador, poderá o vendedor mover contra ele a competente ação de cobrança das prestações vencidas e vincendas e o mais que lhe for devido; ou poderá recuperar a posse da coisa vendida."

150 Sobre o tema, José Roberto de Castro Neves, *Direito das Obrigações*, 5ª ed., Rio de Janeiro, GZ Editora, 2015, p. 311.

151 "Art. 527. Na segunda hipótese do artigo antecedente, é facultado ao vendedor reter as prestações pagas até o necessário para cobrir a depreciação da coisa, as despesas feitas e o mais que de direito lhe for devido. O excedente será devolvido ao comprador; e o que faltar lhe será cobrado, tudo na forma da lei processual."

152 "COMPRA E VENDA. RESERVA DE DOMÍNIO. VONTADE. AUTONOMIA. LIMITE. CÓDIGO DO CONSUMIDOR. NORMA DO ART. 53. MORA. POTENCIAL OFENSIVO. 1- A concepção moderna do princípio da autonomia da vontade, que se harmoniza com o princípio da obrigatoriedade dos contratos, afastou-se do seu caráter absoluto anterior e, diante de determinadas circunstâncias, admite a imposição de limites ao poder de contratar. 2- Apenas quando as vontades são emitidas dentro dos limites outorgados pelo ordenamento jurídico ao poder de contratar, o ato torna-se válido, eficaz e obrigatório para as partes. 3- E um dos limites impostos pelo ordenamento positivo ao poder de contratar configura-se na proibição de estabelecer cláusula penal que imponha a perda das prestações pagas pelo comprador quando, extinto o contrato, o bem retorne ao patrimônio do vendedor. 4- Essa norma é dirigida à proteção da parte presumivelmente mais fraca da relação contratual, tem caráter de ordem pública, e não afasta a estipulação

O artigo 1.071 do Código de Processo Civil de 1973[153] cuidava dos aspectos processuais da reclamação do proprietário, para receber de volta seu bem, que se pretendeu alienar numa venda com reserva de domínio. O Código de Processo Civil de 2015 não repetiu a regra. Uma pena, pois a regra da lei revogada era bastante inteligente. Permitia-se, até mesmo, a busca e apreensão da coisa, requerida liminarmente, antes mesmo da audiência do comprador, que se encontra na posse do bem. Deferida a liminar, o alienante (e proprietário) recupera imediatamente o objeto do negócio.

De acordo com o § 2º do artigo 1.071 do revogado Código de Processo Civil, caso o comprador já tivesse pago mais de 40% do preço, ele poderia requerer ao juiz 30 dias para liquidar a dívida pendente – aí incluído todos os seus encargos –, para, então, reaver a coisa. Caso não honrasse o pagamento, ou mesmo na hipótese de o comprador não requerer o benefício, a posse seria reintegrada ao proprietário, que devolveria ao (quase) comprador o valor até então recebido, diminuída das despesas e eventuais multas, na forma do artigo 527 antes referido.

---

de cláusula penal que traduza uma real estimativa das perdas com a mora ou inadimplemento do comprador. 5- A sua finalidade é a de preservar um equilíbrio razoável entre a multa penal e a potencialidade ofensiva da mora ou inadimplemento e de evitar, observadas as particularidades do caso concreto, um enriquecimento injusto do credor que recebe o bem de volta ao seu patrimônio e ainda fica com grande parcela do preço pago pelo devedor. 6 - Nesse aspecto e na medida em que não se estabelece expressamente a retenção das prestações e que o credor admite a devolução do valor dos bens reincorporados ao seu patrimônio, os negócios jurídicos de compra e venda com reserva de domínio obedecem aos limites outorgados pelo ordenamento jurídico ao poder de contratar e afiguram-se válidos e eficazes. 7- Nesse âmbito, atende-se à finalidade da norma que limita o poder de contratar porque se preserva o equilíbrio entre a multa e a potencialidade ofensiva da mora do devedor e evita um enriquecimento injusto do credor." (5ª CCTJRJ, Rel. Des. Milton Fernandes de Souza, j. 25.05.2004).

[153] "Art. 1.071. Ocorrendo mora do comprador, provada com o protesto do título, o vendedor poderá requerer, liminarmente e sem audiência do comprador, a apreensão e depósito da coisa vendida.
§ 1o Ao deferir o pedido, nomeará o juiz perito, que procederá à vistoria da coisa e arbitramento do seu valor, descrevendo-lhe o estado e individuando-a com todos os característicos.
§ 2o Feito o depósito, será citado o comprador para, dentro em 5 (cinco) dias, contestar a ação. Neste prazo poderá o comprador, que houver pago mais de 40% (quarenta por cento) do preço, requerer ao juiz que lhe conceda 30 (trinta) dias para reaver a coisa, liquidando as prestações vencidas, juros, honorários e custas.
§ 3o Se o réu não contestar, deixar de pedir a concessão do prazo ou não efetuar o pagamento referido no parágrafo anterior, poderá o autor, mediante a apresentação dos títulos vencidos e vincendos, requerer a reintegração imediata na posse da coisa depositada; caso em que, descontada do valor arbitrado a importância da dívida acrescida das despesas judiciais e extrajudiciais, o autor restituirá ao réu o saldo, depositando-o em pagamento.
§ 4o Se a ação for contestada, observar-se-á o procedimento ordinário, sem prejuízo da reintegração liminar."

Hoje, sem uma regra específica na lei processual, o proprietário que tiver direito a reaver o seu bem terá que se valer, a fim de proteger seu patrimônio, das regras gerais de tutela de urgência. Evidentemente, a solução de um conflito dessa natureza deve sempre levar em conta o conceito do adimplemento substancial.

alienação fiduciária em garantia Registre-se, na oportunidade, outro "parente" da venda com reserva de domínio: a alienação fiduciária em garantia, de enorme uso prático. Na verdade, não se trata de uma venda, porém de uma forma de garantia das obrigações. Embora exista a transferência da propriedade, a vontade das partes não é a de comprar ou vender. Era a *fiducia cum creditore* dos romanos. A palavra fidúcia se justifica porque, assim como na venda com reserva de domínio, deve haver uma confiança entre as partes. O Código Civil trata delas nos artigos 1.361[154] (que a define) ao 1.368.

Na alienação fiduciária em garantia, o devedor de uma obrigação transfere a propriedade de uma coisa ao seu credor, que a devolverá quando receber seu crédito. A posse direta do bem, entretanto, fica sempre com o devedor. A alienação ocorre com o propósito de garantir e proteger outro negócio. Se o devedor ficar inadimplente, o credor pode vender a coisa – não necessariamente em leilão – e ficar com o saldo da venda no limite de sua dívida (devolvendo o excedente ao devedor), diz o artigo 1.364.[155]

Segundo o artigo 66, § 6º, do Decreto-lei nº 911, de 1.10.1969,[156] é nula a cláusula que autoriza o proprietário fiduciário a ficar com a coisa (o referido Decreto-lei nº 911/69 oferece regras processuais relativos à cobrança da alienação fiduciária).

---

154 "Art. 1.361. Considera-se fiduciária a propriedade resolúvel de coisa móvel infungível que o devedor, com escopo de garantia, transfere ao credor.
§ 1o Constitui-se a propriedade fiduciária com o registro do contrato, celebrado por instrumento público ou particular, que lhe serve de título, no Registro de Títulos e Documentos do domicílio do devedor, ou, em se tratando de veículos, na repartição competente para o licenciamento, fazendo-se a anotação no certificado de registro.
§ 2o Com a constituição da propriedade fiduciária, dá-se o desdobramento da posse, tornando-se o devedor possuidor direto da coisa.
§ 3o A propriedade superveniente, adquirida pelo devedor, torna eficaz, desde o arquivamento, a transferência da propriedade fiduciária."

155 "Art. 1.364. Vencida a dívida, e não paga, fica o credor obrigado a vender, judicial ou extrajudicialmente, a coisa a terceiros, a aplicar o preço no pagamento de seu crédito e das despesas de cobrança, e a entregar o saldo, se houver, ao devedor."

156 "Art. 66. A alienação fiduciária em garantia transfere ao credor o domínio resolúvel e a posse indireta da coisa móvel alienada, independentemente da tradição efetiva do bem, tornando-se o alienante ou devedor em possuidor direto e depositário com tôdas as responsabilidades e encargos que lhe incumbem de acordo com a lei civil e penal.
(...)
§ 6º É nula a cláusula que autoriza o proprietário fiduciário a ficar com a coisa alienada em garantia, se a dívida não fôr paga no seu vencimento."

A posse da coisa, em regra, segue com o devedor, fiduciário mantém, entretanto, a posse indireta.

A propriedade do credor é resolúvel. Ela se encer[ra com o pa]gamento da dívida. A coisa, então, que jamais saiu da poss[e do] devedor, tem a sua propriedade restituída ao dono original.

Se não há pagamento, o credor – proprietário fiduciári[o – deve] intimar o devedor para constituí-lo em mora (a Súmula 72 d[o STJ] registra ser necessária, na alienação fiduciária, a prova da constitu[ição] em mora para obter a busca e apreensão). Depois disso, o credor po[de] reclamar a busca e apreensão da coisa alienada fiduciariamente.

Para alguns autores, apenas financeiras podem dar crédito nas alienações fiduciárias.

venda sobre documentos

Mencione-se, por fim, a venda sobre documentos. Ela é referida pelos artigos 529 a 532 do Código. Cuida-se de novidade da Lei de 2002.

A definição se encontra no artigo 529:[157] a tradição da coisa se substitui pela entrega de documentos e títulos representativos. Assim, ao invés de haver a transferência da propriedade com a entrega física da coisa, todo o negócio de compra e venda (inclusive a transferência da propriedade) se aperfeiçoa com a entrega dos documentos, diz o artigo 530.[158] Nessa ocasião, normalmente, o pagamento é feito.

Por vezes, o pagamento da compra e venda por documentos é feito por intermédio de estabelecimentos bancários. Nesses casos, registra o artigo 532,[159] cabe ao credor (o vendedor dos documentos) exigir o pagamento diretamente da instituição financeira, sendo que esta não responde pela coisa vendida (ou seja, pela integridade do bem representado pelo documento). De acordo com o parágrafo único desse dispositivo, o credor (o vendedor) apenas pode reclamar diretamente do seu devedor (o comprador dos documentos) se o banco falhar.

O conceito é bastante comum no comércio internacional.

---

[157] "Art. 529. Na venda sobre documentos, a tradição da coisa é substituída pela entrega do seu título representativo e dos outros documentos exigidos pelo contrato ou, no silêncio deste, pelos usos. Parágrafo único. Achando-se a documentação em ordem, não pode o comprador recusar o pagamento, a pretexto de defeito de qualidade ou do estado da coisa vendida, salvo se o defeito já houver sido comprovado."

[158] "Art. 530. Não havendo estipulação em contrário, o pagamento deve ser efetuado na data e no lugar da entrega dos documentos."

[159] "Art. 532. Estipulado o pagamento por intermédio de estabelecimento bancário, caberá a este efetuá-lo contra a entrega dos documentos, sem obrigação de verificar a coisa vendida, pela qual não responde.
Parágrafo único. Nesse caso, somente após a recusa do estabelecimento bancário a efetuar o pagamento, poderá o vendedor pretendê-lo, diretamente do comprador."

TROCA

Antes de encerrar esses comentários acerca do contrato de compra e venda, vale cuidar do contrato de troca ou permuta. Se o Darwinismo fosse aplicado aos contratos, a compra e venda olharia para o contrato de troca, assim como nós olhamos para os chipanzés.

A troca também é chamada de escambo. Em Roma, era a *permutatio*. Aqui, há a transferência recíproca de coisas. *Rem pro re*. Coisa por coisa (e não coisa por dinheiro, como na compra e venda). A prestação de cada uma das partes é constituída por coisas. As partes se obrigam a transferir coisas entre si (qualquer coisa diferente de dinheiro). Há, portanto, no mínimo dois bens envolvidos, um como prestação de cada lado. Se houver de um lado uma prestação de fazer, ou de não fazer, não haverá troca.

Era o contrato que existia antes da criação do dinheiro (e, logo, é anterior historicamente, à compra e venda). Semelhantemente à compra e venda, trata-se de contrato bilateral, comutativo e oneroso.

Aplicam-se à troca as mesmas disposições da compra e venda, registra o artigo 533,[1] com apenas duas ressalvas: as despesas são repartidas pelas partes e é anulável a troca entre ascendente e descendente de coisas de valores desiguais (nas quais não houver o consentimento dos demais descendentes e do cônjuge, diz o art. 496).[2]

---

[1] "Art. 533. Aplicam-se à troca as disposições referentes à compra e venda, com as seguintes modificações:
I - salvo disposição em contrário, cada um dos contratantes pagará por metade as despesas com o instrumento da troca;
II - é anulável a troca de valores desiguais entre ascendentes e descendentes, sem consentimento dos outros descendentes e do cônjuge do alienante."

[2] "Art. 496. É anulável a venda de ascendente a descendente, salvo se os outros descendentes e o cônjuge do alienante expressamente houverem consentido.

A finalidade da lei em permitir a anulação das trocas desiguais entre ascendentes e descendentes é óbvia: busca-se evitar que um ascendente beneficie um dos seus descendentes, prejudicando os demais e fraudando a legítima. Na compra e venda entre pais e filhos há o cuidado de exigir, no artigo 496,[3] que os demais descendentes e o cônjuge consintam expressamente com o negócio, exatamente para evitar uma venda sem um equilíbrio econômico entre as prestações. Na troca, a lei determina que se apure a questão objetiva: a falta de proporcionalidade entre as prestações. Se houver, o ato pode ser anulado, salvo se os descendentes consentirem com ele.

Aqui, o legislador se preocupa com a disparidade econômica que beneficie o descendente, porque isso poderia romper com o equilíbrio da futura partilha de bens do progenitor. Caso, contudo, a troca beneficie o pai ou a mãe (num ato de clara generosidade do filho), não haverá, em regra, fundamento para anular o ato.

A lei, ao tratar dessa anulação no artigo 533, II, do Código Civil,[4] fala apenas entre ascendente e descendente. A rigor, caberia incluir nesse dispositivo os cônjuges, nos casos em que poderia haver troca entre eles: como ocorre se eles forem casados pelo regime da separação total de bens, ou se tiverem adotado o regime da comunhão parcial e tiverem bens próprios, objetos da troca. Aqui também, se houvesse troca, entre os cônjuges, de bens de valores econômicos muito díspares, os descendentes deveriam ser consultados, a fim de manifestarem seu consentimento.

Não raro, há negócios nos quais parte da prestação é dada em dinheiro e outra em coisa. Nesses casos, haverá, ao mesmo tempo, troca e compra e venda. Caberá ao intérprete, apreciando o caso concreto, avaliar qual natureza deve prevalecer, para, então, indicar o regramento aplicável.

Parágrafo único. Em ambos os casos, dispensa-se o consentimento do cônjuge se o regime de bens for o da separação obrigatória."

[3] "Art. 496. É anulável a venda de ascendente a descendente, salvo se os outros descendentes e o cônjuge do alienante expressamente houverem consentido.
Parágrafo único. Em ambos os casos, dispensa-se o consentimento do cônjuge se o regime de bens for o da separação obrigatória."

[4] "Art. 533. Aplicam-se à troca as disposições referentes à compra e venda, com as seguintes modificações:
(...)
II - é anulável a troca de valores desiguais entre ascendentes e descendentes, sem consentimento dos outros descendentes e do cônjuge do alienante."

CONTRATO ESTIMATÓRIO

O contrato estimatório, também chamado de venda em consignação, não era regulado na nossa Lei Civil até o advento do Código de 2002. O Código de 1916 não fazia nenhuma referência a ele. Não há, também, menção a essa espécie de venda no Código Civil Alemão, nem no Código Civil francês, embora os franceses conheçam esse negócio como "depósito-venda". Havia, entretanto, referência a ele no Digesto, como se vê no Livro XIX, Título III, I,[1] o que demonstra a antiguidade do conceito.

A adoção, na nossa lei, desse tipo de contrato, inspirou-se claramente nos artigos 1.556 e 1.557 do Código Civil italiano de 1942, que previu e regulou esse negócio típico.

Apesar da ausência de sua regulação na lei brasileira antes de 2002, a venda por consignação é negócio de enorme uso prático e largamente difundido entre comerciantes e atacadistas. Nela, encontram-se características de depósito, de comissão e de autorização para venda. Não sem razão, portanto, que a doutrina reconhece a dificuldade em definir a natureza jurídica desse contrato.[2]

---

1 DIGESTO - *Les Cinquante Livrés du Digeste ou des Pandectes*, tome troisième, traduit en français par M. Hulot, Metz, Chez Behmer et Lamort, 1804, p. 75.

2 "A natureza jurídica do contrato estimatório é um dos pontos em que mais se aquece a divergência doutrinária, sendo um dos assuntos mais controvertidos, em todo o direito contratual. Ulpiano já se sentia em dúvida, manifestando a angústia que até hoje domina os tratadistas, que discutem se o contrato estimatório era uma locação, ou um mandato, uma prestação de serviço ou uma venda." (Sylvio Capanema de Souza, Comentários ao Código Civil, vol. VIII, Rio de Janeiro, Forense, 2004, p. 59).

conceito

O seu conceito se encontra referido no artigo 534 do Código Civil.[3] Nesses contratos, uma pessoa (consignante) transfere a posse, porém não a propriedade, de coisa móvel a outra (consignatário). Os bens ficam consignados com quem os recebe – deriva daí, veja-se, a designação do contrato. O consignatário tem previamente fixado um prazo para alienar esses bens para terceiros. Se o bem for vendido, o consignatário remunera o consignante pelo bem, pagando o preço ajustado. Se, findo o prazo convencionado, não houver a venda, o consignatário devolve a coisa ao consignante.

A I Jornada de Direito Civil, promovida pelo Centro de Estudos Judiciários do Conselho da Justiça Federal, aprovou o seguinte enunciado sobre o tema:

"Enunciado nº 32 - No contrato estimatório (art. 534), o consignante transfere ao consignatário, temporariamente, o poder de alienação da coisa consignada com opção de pagamento do preço de estima ou sua restituição ao final do preço ajustado".

explicação econômica

Em regra, o objetivo desse negócio consiste em transferir a posse da coisa móvel, para o fim de alienação da mercadoria por pessoa que, ao menos em tese, tenha melhores condições de oferecê-la comercialmente a terceiros.

Tome-se, por exemplo, o dono de uma fábrica de biquínis. Ele pode fazer uma venda em consignação para outros comerciantes, donos de lojas em locais públicos, para que estes, por sua vez, ofereçam e vendam os produtos aos potenciais consumidores. Ao final de certo prazo, esses vendedores, que receberam os biquínis em consignação, devem pagar ao dono da fábrica o valor pactuado pelos bens que receberam e alienaram a terceiros. Se, diferentemente, não for feita a venda, o consignatário devolve a mercadoria.

O ideal do negócio é o de que o consignatário consiga vender tudo. Tanto melhor assim. Afinal, dessa forma, o consignatário entrega o valor, em dinheiro, ao consignante, relativo à venda da mercadoria. Veja-se, ainda, que o consignatário, quando aliena os bens a terceiros, coloca um preço maior do que aquele de aquisição. O seu lucro financeiro na operação reside exatamente nessa diferença entre o preço que ele adquire do consignante para aquele que ele vende ao terceiro. Se vender tudo, seu proveito econômico será maior.

transferência de posse

Do ponto de vista jurídico, o consignante transfere a posse da coisa para o consignatário, mas mantém a propriedade. O consig-

---

3 "Art. 534. Pelo contrato estimatório, o consignante entrega bens móveis ao consignatário, que fica autorizado a vendê-los, pagando àquele o preço ajustado, salvo se preferir, no prazo estabelecido, restituir-lhe a coisa consignada."

natário, embora não possua a propriedade, gozará do poder para transferi-la a terceiro que se interessar por adquirir a coisa, porque se encontra autorizado pelo proprietário a esse fim.

poder de disposição

Há, portanto, a transferência da posse e do poder de transferir o domínio da coisa, pois o consignatário, embora não seja proprietário, tem o direito de alienar a terceiro a mercadoria que lhe for entregue. Aliás, nesse poder de transferência da propriedade, dado pelo consignante ao consignatário, reside a característica mais marcante desse negócio. Afinal, o dono da coisa transfere o poder de disposição (*jus disponendi*). Normalmente, esse poder de disposição é o mais amplo possível, de sorte que, a rigor, o consignatário pode, até mesmo, doar o bem. Entretanto, admitem-se limitações a esse poder, como a regra de que a venda apenas pode ser feita a terceiro por um preço mínimo, ou sob certas condições.

Nessa operação, como se disse, o consignatário se remunera com a diferença entre o valor previamente acertado com o proprietário (o consignante) e aquele que ele conseguir vender a coisa. Assim, vista a situação pelo seu viés econômico, o preço da venda feita pelo consignatário a terceiro deve superar o preço dado pelo consignante pelo bem objeto da consignação. A diferença entre os valores – de um lado o preço da coisa dado pelo proprietário e, de outro, o preço que o consignatário vende ao consumidor final –, é, como se mencionou, a remuneração recebida pelo consignatário. Em regra, se terceiro adquirir o bem do consignatário, este passa ao proprietário o preço inicial dela e fica com a diferença, que seria sua remuneração.

Outro proveito para o consignatário é o de que ele não tem que pagar ao dono imediatamente pela mercadoria que recebe em consignação e coloca à venda. No contrato estimatório, o consignatário recebe os bens, mas não paga imediatamente ao consignante. Como se mencionou, a mercadoria apenas será paga quando ela for vendida a terceiro – e, se não for, a mercadoria é devolvida. Com isso, o consignatário não tem que despender um enorme capital.

Do ponto de vista comercial, há vantagem também para o consignante. Isso porque ele entrega a sua mercadoria em consignação para uma pessoa que, teoricamente, tem mais facilidade em vendê-la. Em regra, o consignatário é comerciante com conhecimento do mercado. Assim, o consignante, dono da mercadoria, terá mais chance de aliená-la (e, além disso, terá transferido, para o consignatário, os riscos da perda da coisa e outros custos com a comercialização dos bens, como se verá).

preço de estima

Normalmente, as partes desse contrato fixam, no momento em que celebram o negócio, o preço de estima, isto é, o valor que o consignatário terá que dar ao consignante (e dono da mercadoria) se esta for vendida. Admite-se, até, que as partes estipulem um valor que varia de acordo com o preço final da venda. Assim, nada há de irregular se as partes convencionarem que o preço de estima será de, por exemplo, 50% a menos do que o preço apurado pelo consignatário com a venda (nessas hipóteses, em regra, o consignante aponta um valor mínimo).

<small>obrigação de meio</small>

Atente-se que o consignatário tem o dever de buscar vender o bem. Afinal, essa atividade reflete a função econômica do negócio. Cabe a ele expor o bem em condições de aliená-lo. Entretanto, o consignatário não fica inadimplente caso não consiga vendê-lo, não encontrando interessado na aquisição que ofereça preço razoável. Trata-se de uma obrigação de meio, não de resultado. Por outro lado, o consignante tem como reclamar da falha contratual do consignatário se este não expôs a mercadoria de forma adequada ou a apresentou a potenciais compradores, o que acabou por prejudicar a venda.

<small>obrigação de restituir</small>

Como antes se mencionou, passado o prazo ajustado, sem que se efetue a venda, caberá ao consignatário devolver o bem ao proprietário. Aqui, há uma obrigação de restituir. Tecnicamente, uma obrigação de restituir coisa certa, regulada pelos artigos 238 a 242 do Código Civil. Verificada a inadimplência do consignatário em restituir o bem, o consignante pode valer-se de todos os meios para reaver o bem.

Tome-se, por exemplo, a livraria que recebe livros de determinada editora para venda (nessa relação entre editoras e livrarias, aliás, há enorme uso da venda por consignação). Se, ao final de certo prazo, os livros forem vendidos, o consignatário guarda sua comissão e entrega o valor da mercadoria ao proprietário. Caso o consignatário não consiga vender os bens até o final do prazo, cabe a ele devolver a mercadoria ao proprietário.

<small>prazo</small>

Nota-se, portanto, que, nesses contratos, haverá sempre um termo, isto é, um prazo para que o consignatário venda o bem ou para que o restitua ao proprietário. Caso não seja estipulado um prazo, deve-se entender que o prazo é aquele normalmente adotado pelas partes, ou o comum naquele ramo de negócios, ou, ainda, aquele tempo razoável para que o consignatário exponha e possa vender a mercadoria recebida. Ultrapassado esse prazo, o consignante pode pedir a restituição de seus bens a qualquer momento.

<small>restituição do bem</small>

Caso não se tenha previsto um prazo e já se transcorreu o período normal para venda do bem pelo consignatário, o consignante poderá reclamar a restituição do bem a qualquer momento. Assim, se não houve determinação do termo de devolução, entende-se que se deu um contrato por prazo indeterminado, aplicando-se as regras pertinentes a essa modalidade, isto é, o contrato pode ser denunciado a qualquer momento por qualquer das partes, consoante o conceito geral do artigo 331 do Código Civil.[4]

---

4 "Art. 331. Salvo disposição legal em contrário, não tendo sido ajustada época para o pagamento, pode o credor exigi-lo imediatamente."

Caso o consignatário queira devolver a coisa ao consignante antes do prazo, poderá, em regra, fazê-lo, salvo se o consignante demonstrar que isso lhe causa algum prejuízo. Essa situação pode ocorrer, por exemplo, se o consignante não tiver onde estocar a mercadoria e essa circunstância tenha sido um dos motivos determinantes pelos quais se entregou o bem em consignação por determinado prazo. Receber o bem consignado antes do prazo representará, a princípio, um prejuízo para o consignante, na medida em que, por exemplo, terá que encontrar um local para guardar a mercadoria.

Contudo, conceitualmente, entende-se que o consignatário pode restituir a coisa quando lhe aprouver, isto é, caso conclua que não poderá vender o bem, ou que o negócio não mais lhe traz proveito. Todavia, na hipótese de o consignante apontar que essa restituição, antes do prazo razoável ou do convencionado, lhe foi danosa, por ato imputável ao consignatário, poderá reclamar uma indenização pelos seus prejuízos.

Também o consignatário não poderá restituir a coisa antes do prazo ajustado, caso as partes tenham estipulado expressamente essa impossibilidade. A contrário senso, na hipótese de não se ter fixado expressamente o impedimento, o consignatário fica autorizado a devolver a coisa antes do prazo, ficando apenas sujeito a reparar o dano do consignante, se houver prejuízo com a restituição prematura.

Imagine-se a situação do consignante que entregou bens ao consignatário para venda. Em seguida, o consignante obteve proposta firme de venda daqueles bens, cuja posse, há pouco, havia transferido ao consignatário. Diante da proposta, o consignante – e proprietário dos bens – notifica o fato ao consignatário, requerendo a devolução dos bens. O consignatário, entretanto, pode negar-se a devolver os bens se o prazo ajustado para a consignação ainda não estiver encerrado. Tampouco o consignatário é obrigado a alienar os bens consignados ao terceiro que apresentou a proposta ao consignante. Como se registrou, entregue o bem no contrato estimatório, o proprietário (consignante) perde, ao menos durante a vigência do negócio, a disposição da coisa. Portanto, se, no futuro, o consignatário desejar apenas devolver a coisa e o consignante tiver perdido o negócio ofertado, ele nada poderá reclamar pelo dano sofrido com a perda do negócio.

contrato real

O contrato estimatório qualifica-se como um contrato real, pois é necessário, para a sua efetivação, que o bem consignado seja efetivamente entregue ao consignante, ou seja, que exista essa transferência física da coisa.[5] Eis porque este é um contrato real, uma

---

5   Pontes de Miranda, todavia, defendia que esse contrato possuía natureza consensual: "O consenso sobre a *aestimatio* e as demais cláusulas do negócio jurídico é que compõe o contrato estimatório. Se o bem estava, em virtude de alguma relação possessória, com o outorgado, é preciso que

vez que a sua efetivação depende da tradição da coisa. Admite-se, excepcionalmente, a tradição ficta ou simbólica.

Na verdade, essa entrega ou consignação do objeto é uma característica fundamental desse negócio. Uma vez recebida a posse da coisa, o consignatário, munido do poder de disposição, pode vendê-la. Se a venda ocorre antes de o consignatário ter a real posse da coisa, ele agirá como distribuidor e não como consignatário.

<small>objeto do contrato estimatório</small>

Nesse passo, vale mencionar a discussão acerca do objeto do contrato estimatório. O artigo 534 do Código Civil[6] expressamente menciona que ele serve apenas para os bens móveis. Assim é também na lei italiana (artigo 1.556 do Código Civil deles), da qual a nossa buscou inspiração. Diz-se que não se poderia admitir o contrato estimatório em bens imóveis porque nestes não haveria uma efetiva entrega da posse.[7]

De toda sorte, nada impede que o contrato estimatório incida sobre bens fungíveis. Basta, claro, que eles sejam identificados.

<small>transferência do risco</small>

Segundo o artigo 535[8], opera-se, no contrato estimatório, a transferência do risco. O consignatário assume o risco da perda da coisa. Eis uma exceção da regra segundo a qual *res perit domino*. No contrato estimatório, o legislador entendeu que o risco deveria ser suportado pelo consignatário, embora este não seja o proprietário do bem. Essa parece ser uma justa decisão: afinal, o consignatário tem a posse e o poder de aliená-lo; idealmente, o bem jamais será restituído ao proprietário inicial, porém transferido a terceiro. Por conta disso, o legislador optou por estabelecer, aqui, uma exceção: se a coisa perece, por qualquer motivo, na posse do consignatário, seja por culpa deste ou não, caberá a ele responder pelo bem.[9]

---

se faça própria a posse que o outorgado tinha. Não é o consenso que a transforma; é o acôrdo de transmissão." (Pontes de Miranda, *Tratado de Direito Privado*, Parte Especial, Tomo XXXIX, Rio de Janeiro: Editor Borsoi, 1962, p. 396)

6   "Art. 534. Pelo contrato estimatório, o consignante entrega bens móveis ao consignatário, que fica autorizado a vendê-los, pagando àquele o preço ajustado, salvo se preferir, no prazo estabelecido, restituir-lhe a coisa consignada."

7   Paulo de Tarso Vieira Sanseverino faz, de forma fundamental, uma crítica a essa posição, considerando que se deveria admitir a possibilidade de esses contratos também alcançarem os bens imóveis (*Contratos Nominados II*, 2ª ed., São Paulo, Ed. Revista dos Tribunais, 2011, p. 33).

8   "Art. 535. O consignatário não se exonera da obrigação de pagar o preço, se a restituição da coisa, em sua integridade, se tornar impossível, ainda que por fato a ele não imputável."

9   "Ação Monitória. Cheques. Garantia em Contrato Estimatório. Embargos. Alegação de furto das Mercadorias e Aplicação da Regra *Res Perit Domino*. Impossibilidade. Risco do consignatário. (...) Em embargos à monitória, alegou a devedora que os títulos foram emitidos em garantia de venda ou restituição de mercadorias produzidas pela embargada e entregues à embargante para venda. Trata-se, portanto, de contrato estimatório, pela qual uma parte consigna a outra uma coisa

forma   O contrato estimatório não exige uma forma especial. Ele pode ser celebrado, até mesmo, oralmente. Evidentemente, nesta última hipótese, poderá haver um problema maior no momento de prová-lo, ou provar as suas peculiaridades.

natureza   Discute-se na doutrina se o contrato estimatório é uma venda. Para alguns, cuida-se de venda sob a condição de o consignatário encontrar um comprador para o bem. Para outros, trata-se de um contrato de depósito com características especiais.

Embora o Código Civil tenha alocado geograficamente o contrato estimatório logo depois da compra e venda, como se este fosse um apêndice, há fundamentais distinções entre esses negócios, o que impede de qualificar a consignação como espécie de compra e venda. Diz-se isso, em primeiro lugar, por uma razão fundamental: o contrato estimatório não prevê a transferência de propriedade entre as suas partes, o que é o elemento essencial da compra e venda. Nele, transfere-se apenas a posse e o poder de alienar a coisa – e não o domínio. Haverá, aí sim, compra e venda entre o consignatário e o terceiro, que vier a adquirir o bem consignado, porém não, nunca, entre o consignante e o consignatário.

Na verdade, a venda, de fato, apenas ocorre no momento em que o consignatário aliena o bem para terceiro. Quando há a transferência da posse para o consignatário, ele recebe o poder de alienar a coisa (poder de disposição), mas não a propriedade do bem.

Tampouco o contrato estimatório se confunde com o mandato – como ocorre nos casos nos quais uma pessoa outorga a outra poderes para alienar um bem seu. Na venda, o mandatário age representando o dono do bem. Isso não ocorre na venda em consignação. O consignatário vende em nome próprio o bem recebido em consignação. Outra diferença marcante é a de que se o bem perecer no mandato, quem suporta o risco da perda é o proprietário, ao contrário do que ocorre no contrato estimatório: aqui, se o bem se perder, quem arca com o prejuízo, como visto, é o consignatário.

Tenha-se presente que esse tipo de contrato reflete uma exceção à regra jurídica segundo a qual apenas quem tem a disposição do bem pode aliená-lo. Pela natureza do negócio, o consignatário pode transferir a propriedade da coisa, mesmo não sendo o seu real dono. Isso ocorre, como antes já se explicou, porque o proprietário (e consignante), ao entregar o bem em consignação para venda, outorga,

---

móvel, a qual o consignatário se obriga a tentar vender em prazo certo, após o qual deverá ou pagar o preço estabelecido pela coisa, ou restituí-la ao consignante. Não se aplica, nesta espécie, a regra *res perit domino*, na medida em que o risco pela existência da coisa é do consignatário, enquanto ele permanecer em sua posse." (0000145-94.2003.8.19.0083 (2007.001.09319), TJRJ, Des. Marcos Alcino Torres, julg: 25.4.07, 20ª Câmara Cível)

ainda que implicitamente, poderes específicos ao consignatário para o fim de transferência da propriedade da coisa. Assim, o consignatário pode vender porque o proprietário assim consentiu. Eis, neste particular, uma característica marcante desse negócio: o consignatário detém o direito de disposição (*jus disponendi*), embora não seja o proprietário da coisa. Em regra, a disposição do bem é um atributo do proprietário, sendo o contrato estimatório uma exceção a esse conceito.

Havendo um terceiro interessado em adquirir a coisa, o consignatário transfere a propriedade da coisa que ele tinha poder de vender.

Não apenas o poder de disposição é transferido ao consignatário, mas o consignante, ao celebrar esse tipo de contrato, perde esse poder. Com efeito, ao firmar um contrato estimatório, o consignante entrega, ao menos momentaneamente, o poder de disposição, que passa ao consignatário, enquanto perdurar o negócio, consoante o artigo 537.[10] Assim, enquanto, sob a égide desse negócio, o bem estiver com o consignatário, o consignante, apesar de proprietário, não terá o poder de transferir a propriedade da coisa e deverá respeitar a posse do consignatário.

Contra o consignante que, de alguma forma, afrontar a posse do consignatário, enquanto perdurar o prazo do negócio, o consignatário terá como ajuizar uma ação possessória e proteger seu direito.

Como antes se disse, a venda por consignação ocorre com muita frequência e guarda enorme uso prático – como na venda de livros, por exemplo. Nas bancas de jornais e revistas, normalmente o jornaleiro recebe a mercadoria em consignação. Nesse caso, o preço dos bens consignados, para venda a terceiros, está, inclusive, tabelado.

garantia do bem dado em consignação

Garante o artigo 536 do Código Civil[11] que a coisa dada em consignação não pode ser penhorada por dívida do consignatário. Isso faz todo sentido, pois, afinal, a propriedade não se transferiu com a entrega da coisa nesse tipo de contrato. Embora possa vendê-la, o consignatário não é dono da coisa. Tanto assim que, caso não consiga alienar a coisa no prazo estipulado, o consignatário devolverá a posse do bem ao consignante.

Eventualmente, entretanto, admite-se como objeto de garantia a comissão que o consignatário vier a receber pela alienação da mercadoria entregue no contrato estimatório. O comerciante que receber mercadoria em contrato estimatório não pode indicar esses bens como garantia, mas admite-se que ele ofereça o proveito econômico que desfrutará com o negócio. Portanto, a eventual comissão do consignatário pode ser objeto de garantia e até mesmo ficar atrelada ao pagamento de uma dívida sua.

---

10 "Art. 537. O consignante não pode dispor da coisa antes de lhe ser restituída ou de lhe ser comunicada a restituição."

11 "Art. 536. A coisa consignada não pode ser objeto de penhora ou seqüestro pelos credores do consignatário, enquanto não pago integralmente o preço."

Doação

Num mundo ideal – que, espera-se, aguarda a raça humana no futuro – não haveria compra e venda, mas apenas doação. Esse negócio expressa o melhor lado da humanidade, pois por meio dele se opera uma transferência de patrimônio sem que nada se reclame em contraprestação. Na doação, predomina um ato de generosidade, o ânimo de dar um bem graciosamente. Aliás, muitas vezes, mais do que só a generosidade, avulta o amor. Sobre o tema, o filósofo contemporâneo André Comte-Sponville reflete:

> "Tomemos o exemplo da virtude moral bem clássica: a generosidade. É a virtude da doação. Ora, quando amamos, damos: o amor é generoso, diz-se. Sim, quando amamos, damos. Mas, quando damos por amor, não é generosidade, é amor. Quando enchemos nossos filhos de presentes no Natal, nenhum de nós diz 'Como sou generoso!' Dizemos "Como eu os amo!"[1]

A própria etimologia da palavra doar já demonstra a sua origem nobre: doar vem do latim *donatio*, ou seja, "dar de presente".

definição
Na doação, uma pessoa se obriga, de forma livre e desinteressada, a transferir, em vida e graciosamente, a propriedade de bens, direitos ou vantagens para outra, de sorte que o patrimônio de quem dá (o doador) diminui, enquanto cresce o de quem recebe (donatário). O conceito desse contrato encontra-se expresso no artigo 538 do Código Civil.[2]

---

1 André Comte-Sponville. *O amor*, São Paulo, Martins Fontes, 2011, p. 17.

2 "**Art. 538.** Considera-se doação o contrato em que uma pessoa, por liberalidade, transfere do seu patrimônio bens ou vantagens para o de outra."

partes	As partes desse contrato são o doador e o donatário: quem se compromete a transferir o bem é o doador, enquanto o beneficiado é o donatário.
contrato unilateral	Trata-se do paradigma de contrato unilateral (pois só há atividade de uma das partes) e de contrato gratuito (ou benéfico). Não há, evidentemente, comutatividade.
doação *mortis causa*	Esse negócio já se encontrava bem delineado no direito romano clássico, embora fosse tratado como uma forma de aquisição de propriedade. Havia a possibilidade de doação *inter vivos* e *mortis causa*. A doação *mortis causa*, isto é, aquela que apenas se opera com a morte do instituidor, é hoje examinada no direito das sucessões e se origina, em regra, por meio do testamento, no qual as pessoas indicam o que ocorrerá com seus bens após a sua morte. A doação *inter vivos* é o contrato ora examinado, no qual uma pessoa, por liberalidade, se compromete, ainda em vida, a transferir graciosamente um bem ou vantagens a outra.
doação como contrato	No direito francês não é contrato, porém uma forma de transferência de propriedade, tanto assim que, geograficamente no Código Civil francês, encontra-se ao lado do testamento. De fato, a doação sequer foi incluída, no Código Civil francês, entre os contratos, mas no artigo 894, como uma forma de transferência de propriedade. Entre nós, a doação, na esteira dos Códigos Alemão, Português e do Suíço (das Obrigações), foi regulada como um contrato.
direito obrigacional	No Brasil, a doação é apenas o título: a causa da transferência, ajustada contratualmente. Pelo simples contrato, já se viu, não há a transferência da propriedade, mas apenas se estabelecem obrigações. No contrato de doação se ajusta o dever de o doador transferir o bem ou a vantagem ao donatário. Para que se opere a transmissão da propriedade, necessário, ainda, o modo: deve haver a tradição da coisa móvel e a transcrição do imóvel, no competente registro de imóveis do local onde o bem estiver situado. Portanto, não há a transferência do bem com o contrato. Os efeitos reais, tal como na compra e venda, se dão, como dito, com o modo (normalmente, a tradição ou a transcrição, como se vê dos artigos 1.267[3] e 1.245, § 1º,[4] do Código Civil).

---

[3] "Art. 1.267. A propriedade das coisas não se transfere pelos negócios jurídicos antes da tradição. Parágrafo único. Subentende-se a tradição quando o transmitente continua a possuir pelo constituto possessório; quando cede ao adquirente o direito à restituição da coisa, que se encontra em poder de terceiro; ou quando o adquirente já está na posse da coisa, por ocasião do negócio jurídico."

[4] "Art. 1.245. Transfere-se entre vivos a propriedade mediante o registro do título translativo no Registro de Imóveis.
§ 1o Enquanto não se registrar o título translativo, o alienante continua a ser havido como dono do imóvel."

animus donandi Na doação, já se disse, uma das partes transfere algum bem ou vantagens para a outra sem qualquer contraprestação. O que ressalta é o desejo de realizar uma atividade benéfica. Como um ato de generosidade, deve ficar caracterizado o *animus donandi*, isto é, a intenção de realizar um ato de generosidade, o interesse de doar. Esse o elemento subjetivo do ato. A rigor, esse *animus donandi* acaba por ser um elemento característico da doação.

alteração do patrimônio Na acepção clássica, a doação se caracteriza necessariamente por essa diminuição intencional no patrimônio de uma pessoa, o doador, a fim de que outra, o donatário, tenha um enriquecimento. Não será doação, como assinalou Bevilaqua, "a renúncia da garantia hipotecária ou fidejussória" ou a "prestação gratuita de um serviço".[5] Isso porque deve haver o decréscimo no patrimônio de um e o aumento no de outro.

Antes se falou em "diminuição intencional" porque, por vezes, pode haver a perda de bens em benefício de outrem, mas sem que nesse fenômeno haja algum desejo de quem perdeu o bem em beneficiar quem recebeu. Na doação, deve haver esse *animus donandi*.

motivo Atente-se que o motivo da doação, ou seja, a motivação psicológica do ato, não guarda maior relevância e, em regra, sequer merece ser investigada. O doador pode ter agido por diversos motivos, desde os mais nobres, como o desejo puro de beneficiar pessoas desconhecidas, aos condenáveis, como para alimentar uma vaidade – como a do sujeito que por meio de uma doação cria um orfanato, apenas para colocar seu nome na instituição.

A motivação da doação, contudo, terá importância se ela for declarada expressamente e, depois, verificar-se que o doador estava errado – isto é, movido por vontade viciada – acerca do fato motivador. Neste caso, a doação poderá ser anulada, aplicando-se o artigo 140 do Código Civil.[6] Imagine-se a situação de uma pessoa informar que está fazendo a doação para outra porque acredita que esta sofre de uma determinada doença penosíssima. Depois, entretanto, descobre-se que o donatário não sofre de mal algum. Houve um erro, ou seja, o conhecimento equivocado de uma realidade. Admite-se, nesse caso, a anulação do ato de generosidade.

transferência patrimonial Também é característica da doação a transferência patrimonial. Sente-se o proveito do donatário, com o seu enriquecimento, e, de outro lado, a diminuição do patrimônio do doador, que quedará empobrecido. Se não houver essa transferência, afasta-se a doação. Essa

---

5   Clovis Bevilaqua, *Código Civil dos Estados Unidos do Brasil Comentado*, vol. IV, Rio de Janeiro, Livraria Freitas Bastos, 1958, p. 267.

6   "Art. 140. O falso motivo só vicia a declaração de vontade quando expresso como razão determinante."

transferência ocorre ainda quando o doador entrega uma "vantagem" ao donatário, o que pode dar-se das mais variadas formas.

Vislumbra-se, também, uma liberalidade que não se qualifique como doação. Tome-se, para citar um exemplo conhecido da doutrina, a situação da pessoa que renunciou à herança, antes de ela ingressar em seu patrimônio, a fim de beneficiar outro herdeiro. Com essa abdicação de um herdeiro, engorda-se a cota dos demais, pois será um a menos para dividir a herança, o que beneficia o outro ou os outros herdeiros. Ainda que o herdeiro renunciante tenha tomado essa decisão com o propósito de beneficiar outro herdeiro, não haverá propriamente uma doação porque não houve transferência de nada. Há, aqui, apenas uma liberalidade.

Veja-se, ademais, que o nosso ordenamento jurídico proíbe qualquer forma de negociação sobre herança de pessoa viva. Assim, não é lícito que uma pessoa contrate a obrigação de renunciar a herança de alguém que ainda não morreu, de sorte que essa "doação" seria ilícita de toda forma.

natureza contratual

Embora na doação apenas uma das partes deva adotar certa conduta – o doador, consistente na entrega graciosa ao donatário de um bem ou de vantagem –, o ato não perde a sua característica de contrato. Ambas as partes, doador e donatário, devem estar concordes. Em suma, o doador quer doar e o donatário aceita receber o objeto da generosidade.

Com efeito, para que o negócio se aperfeiçoe, o donatário deve aceitar a doação. Afinal, trata-se de um contrato, que apenas se concretiza com o consentimento das partes. O donatário pode ter razões, de diversas naturezas, para não aceitar receber o bem do doador. Imagine-se que o doador é um conhecido malfeitor: razoável que o donatário não queira receber dele qualquer benesse. Pode ser que o donatário seja o desafeto ou o rival político do doador – nesses casos, o donatário vai preferir ficar sem receber a doação. Sem o consentimento, o negócio não se conclui.

aceitação do donatário

Na definição de doação contida no Código Civil de 1916, o artigo 1.165[7] expressamente mencionava a necessidade de aceitação por parte do donatário. O artigo 538 do Código atual,[8] que apresenta o conceito de doação, não repetiu tal menção. Isso, contudo, não faz com que a aceitação deixe de ser um elemento desse negócio, até porque o acordo de vontades é elemento ordinário dos contratos (e sua dispensa é excepcional). A rigor, a doação apenas se torna,

---

7   "Art. 1.165. Considera-se doação o contracto em que uma pessoa, por liberalidade, transfere do seu patrimônio bens ou vantagens para o de outra, que os aceita."

8   "Art. 538. Considera-se doação o contrato em que uma pessoa, por liberalidade, transfere do seu patrimônio bens ou vantagens para o de outra."

de verdade, um contrato, no momento em que o donatário aceita o benefício. Somente quanto há esse acordo de vontades, nasce a doação.

<small>concordância tácita</small>

Aliás, para reforçar esse entendimento, veja-se que o artigo 539[9] registra que o doador pode fixar prazo para que o donatário indique se aceita receber a doação. Se o prazo transcorrer, entende-se o silêncio como uma forma de aquiescência, pois o ato é benéfico e proveitoso ao donatário (salvo se a obrigação for sujeita a encargo, resguarda a última frase do dispositivo legal suscitado). Haverá, nesse caso, uma concordância tácita.

<small>concordância expressa</small>

Entretanto, a forma mais comum de aceitação é a expressa, com a manifestação positiva do donatário de que concorda em ser o beneficiário do ato de liberalidade do doador.

Não há uma exigência da forma como essa aceitação deva ocorrer: pode ser oral, escrita ou mesmo gestual (como se vai dar quando, por exemplo, o doador entrega um pacote de dinheiro ao donatário que, em silêncio, o recebe com um sorriso estampado no rosto). Muitas vezes, o donatário, mesmo sem nada manifestar acerca do aceite da doação, adota atos incompatíveis com a recusa, dando a compreender que concordou com o ato.

<small>doação ao nascituro</small>

Nesse passo, vale referir à doação feita ao nascituro. De acordo com o artigo 542,[10] a doação pode ser feita ao nascituro, sendo que, nessa hipótese, a aceitação deve ser concedida pelo seu representante legal. Se houver silêncio desse representante, aplica-se a presunção de consentimento prevista no artigo 539.[11]

Aqui, vale a ressalva de que o nosso ordenamento jurídico reconhece alguns direitos ao nascituro. Embora ainda não seja pessoa – esta qualidade apenas inicia quando a pessoa nasce, com a inicial respiração, ou, mais precisamente, realiza a primeira troca óxico--carbônica com o meio –, o nascituro pode receber doações.

Evidentemente, essa doação ao nascituro é condicional. Ela fica subordinada a um fato futuro e incerto: que o nascituro nasça. Se o nascituro não chegar a viver, a doação perderá completamente a eficácia (e não poderá ser aproveitada para outra gravidez da mesma mulher que perdeu o bebê contemplado na doação. Se esta ficar grávida novamente, outra doação deverá ser feita). De outro lado,

---

9   "Art. 539. O doador pode fixar prazo ao donatário, para declarar se aceita ou não a liberalidade. Desde que o donatário, ciente do prazo, não faça, dentro dele, a declaração, entender-se-á que aceitou, se a doação não for sujeita a encargo."

10 "Art. 542. A doação feita ao nascituro valerá, sendo aceita pelo seu representante legal."

11 "Art. 539. O doador pode fixar prazo ao donatário, para declarar se aceita ou não a liberalidade. Desde que o donatário, ciente do prazo, não faça, dentro dele, a declaração, entender-se-á que aceitou, se a doação não for sujeita a encargo."

caso o nascituro viva, a doação se aperfeiçoa, ainda que o nascituro venha a falecer pouco depois de nascer. Trata-se, portanto, de uma condição suspensiva.

Na doação pura (isto é, sem qualquer encargo) feita ao absolutamente incapaz dispensa-se a aceitação. A lei, corretamente, presume que o incapaz aceitaria receber a vantagem (artigo 543).[12] Trata-se de uma aceitação ficta, que repete um conceito admitido desde os romanos (como se vê no Digesto, Livro XLI, Título I, 11).[13]

momento de conclusão do contrato de doação

De toda sorte, o contrato de doação apenas se completa e se aperfeiçoa no momento em que se dá a aceitação – seja lá de que forma – pelo donatário. Aliás, tanto é assim que, caso o doador venha a falecer antes de receber a resposta positiva de aceitação do donatário, o contrato de doação não chega a se concluir. Embora a lei brasileira não tenha dispositivo tratando especificamente dessa situação, não se pode admitir outra resposta do ordenamento jurídico a essa situação, da qual se excepciona, entretanto, a doação ao absolutamente incapaz (pois neste caso o artigo 543 expressamente dispensou a aceitação). Veja-se, aliás, que o Código Civil português, no seu artigo 945, informa que "A proposta de doação caduca se não for aceita em vida do doador." A nossa orientação não pode ser outra.

bens e vantagens

A definição do contrato, já se disse, consta do artigo 538 do Código Civil.[14] A norma diz que a transferência admitida na doação se refere a bens ou a vantagens.

Bens, como se sabe, são as coisas móveis e imóveis das quais se possa ter apreciação econômica. Há coisas que não apreciação econômica, como, por exemplo, o sol e a lua.[15] Evidentemente, não se pode doar – salvo poeticamente – essas coisas que não sejam bens.

Não há uma definição clássica no direito sobre o que seriam vantagens. Neste ponto, a lei quis ser bem ampla, para dizer que qualquer proveito que uma pessoa transfira graciosamente a outra poderá ser qualificado como doação. Será uma vantagem, por exemplo, que uma pessoa arque com todas as despesas de uma viagem de outra ou que preste um serviço graciosamente. No momento em que uma pessoa ofereça vantagens dessa natureza a outra, estaremos diante de uma doação.

---

12 "Art. 543. Se o donatário for absolutamente incapaz, dispensa-se a aceitação, desde que se trate de doação pura."

13 DIGESTO - *Les Cinquante Livrés du Digeste ou des Pandectes*, tome sixième, traduit en français par M. Hulot, Metz, Chez Behmer et Lamort, 1804, p. 268.

14 "Art. 538. Considera-se doação o contrato em que uma pessoa, por liberalidade, transfere do seu patrimônio bens ou vantagens para o de outra."

15 Sobre essa definição, ver José Roberto de Castro Neves, *Uma Introdução ao Direito Civil*, 3ª ed., Rio de Janeiro, GZ, 2011, p. 83.

doação de bens futuros

Embora muitos ordenamentos, como o português e o francês, vedem a doação de bens futuros, o nosso Código Civil não faz essa restrição. Diante disso, pode haver doação de bem que, no momento da celebração do contrato, ainda não exista. Isso ocorre, por exemplo, se o doador se comprometer a dar apartamento num prédio ainda em construção. Basta que, no momento fixado para o adimplemento da doação, o referido imóvel já se tenha incorporado ao patrimônio do doador, a fim de que este possa efetuar a transferência de sua propriedade ao donatário.

doação de bens alheios

Evidentemente, apenas se pode doar os bens próprios ou aqueles que se tenha disposição – *res aliena donari non potest* –; em outras palavras: não se admite a doação de bens alheios. Salvo, claro, na hipótese do artigo 1.268, § 1º,[16] isto é, da ulterior aquisição da coisa doada pelo doador. Assim, não há ilicitude se o doador se compromete a entregar bem que ainda não lhe pertence. No momento ajustado da entrega do bem, objeto do contrato de doação, vai-se verificar se o doador tem poder para adimplir a obrigação assumida, garantindo a concretização da doação.

obrigação de dar

É elemento da doação que exista essa transferência graciosa de um bem ou de vantagens de uma pessoa para outra. Se, por exemplo, uma pessoa presta um serviço gratuitamente para outrem, haverá uma espécie doação, pois se reconhece, nessa hipótese também, o objetivo generoso e a temperância. Na prestação de serviço, mesmo que sem contraprestação, há uma obrigação de fazer. A doação, na maior parte das vezes, se caracteriza por uma obrigação de dar por parte do doador. Assim, a doação com obrigação de fazer é excepcional.

contrato unilateral

A doação é um contrato unilateral. Apenas uma das partes, o doador, tem um dever, consistente em transferir o bem ou a vantagem para o donatário. O donatário nada tem a fazer, senão aguardar que o ato de liberalidade, ajustado na doação, se concretize.

A redação do artigo 538[17] pode dar a ideia de que a doação seja um contrato real, na medida em que o dispositivo diz que o contrato se opera quando alguém "transfere" bens ou vantagens. Veja-se que, no anteprojeto do Código, Agostinho Alvim havia preferido a redação "se obriga a transferir", que, entretanto, não foi a adotada ao final. Contudo, como bem ressalva Paulo de Tarso Vieira Sanseverino,

---

16 "Art. 1.268. Feita por quem não seja proprietário, a tradição não aliena a propriedade, exceto se a coisa, oferecida ao público, em leilão ou estabelecimento comercial, for transferida em circunstâncias tais que, ao adquirente de boa-fé, como a qualquer pessoa, o alienante se afigurar dono. § 1o Se o adquirente estiver de boa-fé e o alienante adquirir depois a propriedade, considera-se realizada a transferência desde o momento em que ocorreu a tradição."

17 "Art. 538. Considera-se doação o contrato em que uma pessoa, por liberalidade, transfere do seu patrimônio bens ou vantagens para o de outra."

"a tentação de uma interpretação literal da norma não resiste a uma análise sistemática".[18] De fato, não pode haver dúvida que, no nosso ordenamento, a doação tem natureza consensual, bastando o acordo das partes para que o negócio se aperfeiçoe.

Pode-se, contudo, defender que as doações verbais de bens de pequeno valor, cuja transferência se der imediatamente, na forma como referido no parágrafo único do artigo 541 do Código Civil,[19] têm natureza real. Este caso, contudo, é excepcional.

Além da capacidade para realizar o ato, requisito básico de validade dos negócios, o doador, se casado por qualquer regime diferente da separação absoluta de bens, deverá obter o consentimento de seu consorte para doar.

consentimento do cônjuge

Com efeito, segundo o artigo 1.647, IV,[20] do Código Civil, o cônjuge precisará da autorização do outro para doar bens que possam fazer parte do patrimônio comum. Aplica-se, ainda, o inciso I do artigo 1.647, que exige o consentimento do cônjuge para alienar bens imóveis. Alienar significa, como se sabe, tornar alheio. Doação é uma forma de tornar alheio e, logo, se insere no dispositivo.

Como a lei apenas veda a transferência, sem consentimento, de bem comum do casal, não haverá necessidade de consentimento do cônjuge nos casos nos quais o doador seja casado pelo regime da separação total de bens, ou se a doação for de bem móvel que não integrar os bens comuns do casal (porém seja apenas do doador). Também não será necessária a vênia do cônjuge se a doação for de bem móvel e tiver natureza remuneratória (em seguida, vamos falar desse tipo de doação).

Ausente essa vênia, o cônjuge que deixou de autorizar a doação poderá suscitar a anulação do ato de generosidade, se fizer esse requerimento no prazo de dois anos contados do ato, assegura o artigo 1.649.[21]

---

18   Paulo de Tarso Vieira Sanseverino, *Contratos Nominados II*, 2ª ed., São Paulo, Ed. Revista dos Tribunais, 2011, p. 79.

19   "Art. 541. A doação far-se-á por escritura pública ou instrumento particular.
Parágrafo único. A doação verbal será válida, se, versando sobre bens móveis e de pequeno valor, se lhe seguir incontinenti a tradição."

20   "Art. 1.647. Ressalvado o disposto no art. 1.648, nenhum dos cônjuges pode, sem autorização do outro, exceto no regime da separação absoluta:
I - alienar ou gravar de ônus real os bens imóveis;
II - pleitear, como autor ou réu, acerca desses bens ou direitos;
III - prestar fiança ou aval;
IV - fazer doação, não sendo remuneratória, de bens comuns, ou dos que possam integrar futura meação.
Parágrafo único. São válidas as doações nupciais feitas aos filhos quando casarem ou estabelecerem economia separada."

21   "Art. 1.649. A falta de autorização, não suprida pelo juiz, quando necessária (art. 1.647), tornará anulável o ato praticado, podendo o outro cônjuge pleitear-lhe a anulação, até dois anos depois de terminada a sociedade conjugal.

> dever de
> gratidão

Vale registrar, desde já, que o donatário, ao ser agraciado com o ato de generosidade, passa a ter um dever moral de gratidão com o doador. Disso, decorrem duas consequências: em primeiro lugar, o donatário tem como recusar a doação, pois ele pode desejar não manter qualquer relação de gratidão com o doador. De fato, se o doador for uma pessoa malquista, natural que o donatário não queira receber dele qualquer benefício. Assim, a doação é, de fato e de direito, um contrato, pois revela-se necessário o consentimento do donatário, como já tratamos.

Além disso, outra consequência da doação consiste em que, como também veremos adiante, pode o doador, se o donatário se revelar indigno, revogar a doação.

O dever de gratidão é vitalício? Deve o donatário, até o final de sua vida, ser grato ao doador? Sim, mas a gratidão não significa que o donatário deva rastejar aos pés do doador, curvando-se a cada vez que o encontre. A doação não cria uma vassalagem. Basta ao donatário ser gentil, cortês, educado com o doador. O objetivo da lei é o de dar ao doador o direito de revogar a doação se o donatário revelar-se agressivo com o doador.

A doação será, já se disse, sempre um ato *inter vivos*. No nosso sistema jurídico, não há doação *mortis causa*. A transferência depois da morte do instituidor se opera por força da lei e, se assim se dispor, por meio do testamento.

> capacidade

Para doar, necessário que o doador goze da sua plena capacidade civil, pois irá dispor de seu patrimônio. Para ser donatário, contudo, não é necessária a capacidade civil, bastando a capacidade de fato, admitindo-se, inclusive, que um nascituro ou uma sociedade ainda por se formar sejam destinatários de uma doação.

> interpretação
> restritiva

Como negócio gracioso, a doação é interpretada de forma especial. Se houver dúvida em relação à extensão do negócio, a interpretação sempre será em favor do doador. Com efeito, como ato de liberalidade, a sua leitura é restritiva. Assim, expressamente, a redação do artigo 114 do Código Civil.[22]

Evidentemente, isso não quer dizer que o doador possa, depois de celebrado o ato, simplesmente desistir de cumprir o dever ajustado. A doação vincula o doador, tanto quanto a compra e venda atrela o vendedor. Trata-se de um contrato e, portanto, aplica-se o conceito da obrigatoriedade do cumprimento do dever assumido pelas partes. Entretanto, a liberalidade não pode ser agravada por uma interpretação extensiva dos deveres pactuados.

Parágrafo único. A aprovação torna válido o ato, desde que feita por instrumento público, ou particular, autenticado."

22 "Art. 114. Os negócios jurídicos benéficos e a renúncia interpretam-se estritamente."

<small>responsabilidade do dolo</small>

Segundo a regra do artigo 392,[23] primeira parte, o contratante responsável pela liberalidade apenas responde pelo inadimplemento em caso de dolo (e não por mera culpa). Portanto, apenas haverá responsabilidade do doador pelo inadimplemento nos casos nos quais ele dolosamente houver atuado para evitar que a doação se concretizasse.

Imagine-se a pessoa que doou a outra um carro. Entretanto, antes da entrega do automóvel, o doador, ainda que por culpa sua, se envolve num acidente e destrói o objeto da doação. O ato não poderá ultimar-se. Por ser uma doação, e como a perda deu-se culposamente, não recairá sob o doador qualquer dever de indenizar. A resposta será diferente se o doador destruir o carro intencionalmente, visando a extinguir o objeto da doação. Nesta hipótese, haverá o dever de reparar.

<small>responsabilidade do doador</small>

O doador não responde por juros moratórios, pela evicção (artigo 447)[24] ou pelos vícios redibitórios (artigo 441),[25] informa o artigo 552.[26] A primeira parte do referido dispositivo afasta expressamente essas responsabilidades porque o legislador entendeu que deveria tratar de forma mais condescendente o autor de um ato de liberalidade. Na linha do ditado popular, "cavalo dado não se olham os dentes". Não se reclama de defeitos do presente, porque, afinal, o bem foi recebido de graça.

Essa exclusão de responsabilidade existe somente se o descumprimento da obrigação se deu por culpa. Caso o doador tenha agido de má-fé, com o propósito deliberado de não honrar a doação prometida, o donatário lesado com o inadimplemento poderá reclamar os encargos.

Caso, por exemplo, uma pessoa tenha, de má-fé, doado a outra um quadro, ciente de que a obra de arte pertencia a terceiro, o donatário, lesado – porque teve que devolver o bem por força da evicção – terá como reclamar uma indenização do doador mal-intencionado.

---

23 "Art. 392. Nos contratos benéficos, responde por simples culpa o contratante, a quem o contrato aproveite, e por dolo aquele a quem não favoreça. Nos contratos onerosos, responde cada uma das partes por culpa, salvo as exceções previstas em lei."

24 "Art. 447. Nos contratos onerosos, o alienante responde pela evicção. Subsiste esta garantia ainda que a aquisição se tenha realizado em hasta pública."

25 "Art. 441. A coisa recebida em virtude de contrato comutativo pode ser enjeitada por vícios ou defeitos ocultos, que a tornem imprópria ao uso a que é destinada, ou lhe diminuam o valor. Parágrafo único. É aplicável a disposição deste artigo às doações onerosas."

26 "Art. 552. O doador não é obrigado a pagar juros moratórios, nem é sujeito às conseqüências da evicção ou do vício redibitório. Nas doações para casamento com certa e determinada pessoa, o doador ficará sujeito à evicção, salvo convenção em contrário."

juros   O dever de arcar com os juros de mora apenas tem lugar se a doação for de dinheiro. De toda forma, somente após a constituição em mora por um meio idôneo, os juros passarão a fluir em relação ao doador. Ou seja, os juros moratórios apenas não incidem enquanto o doador não for justa e adequadamente concitado pelo donatário a pagar a dívida. Isto, claro, apenas pode ocorrer após o vencimento da obrigação.

evicção   De acordo com a regra geral, como antes se ressaltou, o doador não responde pela evicção. Contudo, a segunda parte do artigo 552, que cuida da doação condicionada ao casamento, abre uma exceção. Evicção, como se sabe, é a perda da coisa pelo reconhecimento judicial de que a propriedade pertença a terceiro. A segunda parte do artigo 552 cuida da hipótese de doação condicionada ao casamento com certa pessoa, prevista no artigo 546.[27] Diz a lei que, nessa espécie de doação, poderá o donatário reclamar a evicção, embora seja um negócio gracioso.

     Neste particular, a lei revela certo anacronismo. A ideia de condicionar uma doação ao casamento com certa pessoa traduz um conceito arcaico, de uma época, há muito ultrapassada, na qual se admitia esse tipo de estipulação. O casamento deve ser um ato absolutamente livre. O afeto entre os nubentes deve ser o único fato relevante a determinar a sua consumação. Nada pode afetá-lo, muito menos a ideia de que uma pessoa pode auferir um proveito – tal como receber graciosamente algo – se vier a se casar com determinada pessoa.

     De toda sorte, de acordo com a lei, se uma pessoa receber uma doação porque casou, caso se reconheça, adiante, a evicção do bem doado, o donatário poderá reclamar uma indenização do doador.

     Se a doação tiver um encargo – perdendo a sua qualidade de pura –, o doador passa a responder pela evicção e pelos vícios redibitórios.

     Também se a doação for remuneratória, o doador responderá pela evicção no limite do valor do serviço a que se visou remunerar.

     Como antes mencionado, não se pode esquecer que a doação é um contrato. Logo, se o doador se comprometeu a entregar um bem ao donatário porém deixa de fazê-lo, estará inadimplente. O donatário tem meios de exigir o cumprimento da doação. Entretanto, por ser um negócio gracioso, o ordenamento jurídico dá um tratamento diferenciado ao doador em mora. Eis a *ratio* do mencionado artigo 552.

reserva de usufruto   Nada impede que o doador mantenha para si o usufruto da coisa doada. Neste caso, a propriedade da coisa se transfere ao donatário, mantendo o doador o uso e o gozo dos frutos do bem objeto do negócio.

---

27   "Art. 546. A doação feita em contemplação de casamento futuro com certa e determinada pessoa, quer pelos nubentes entre si, quer por terceiro a um deles, a ambos, ou aos filhos que, de futuro, houverem um do outro, não pode ser impugnada por falta de aceitação, e só ficará sem efeito se o casamento não se realizar."

preservação da divisão da doação

Se a doação for feita a mais de uma pessoa, sem menção a que parte tocaria a cada uma delas, entende-se que os bens ou vantagens são divididos igualmente entre os donatários, registra o artigo 551.[28] Trata-se de uma presunção contida na lei, que segue o conceito geral do direito das obrigações, segundo a qual a obrigação se divide em tantas quantas forem as pessoas envolvidas na relação. Nada impede, entretanto, que o doador, se assim desejar, indique que um dos donatários terá fração superior à dos demais. Deve fazer isso de forma expressa, pois, do contrário, incidirá a presunção prevista no referido artigo 551.

doações conjuntivas

As doações a mais de uma pessoa são chamadas de conjuntivas.

O parágrafo único do artigo 551 prevê uma exceção à regra geral da presunção de que a doação se divide igualmente em tantos quantos forem os donatários. A ressalva vai ocorrer se os donatários forem casados. Nesta hipótese, a presunção será a de que a doação foi feita ao casal, em grupo, espécie de condomínio, de sorte que o falecimento de um dos cônjuges apenas fará que a totalidade da doação seja mantida com o cônjuge sobrevivente.

Aqui também o instituidor da doação tem plena liberdade de estipular de forma diferente, mesmo se a doação for para cônjuges. Nada impede que o doador estabeleça que cada um dos cônjuges, beneficiados da doação, será titular de metade do bem doado, ou em outra proporção que ele estipular.

doação para pessoa jurídica

Admite-se a doação à pessoa jurídica. Pode-se, até mesmo, doar para pessoa jurídica que ainda não se formou. Neste caso, a pessoa jurídica deve constituir-se em até dois anos, sob pena de a doação caducar (artigo 554).[29]

formalidade

Bem vistas as coisas, tanto no caso do nascituro, como na doação para sociedade que ainda está por se constituir, haverá uma doação sujeita a uma condição suspensiva: a de o nascituro nascer, no primeiro caso, e a da criação da pessoa jurídica, no último.

Em regra, a doação é ato formal, como registra expressamente o artigo 541.[30] Deve, portanto, haver um contrato por escrito, que

---

[28] "Art. 551. Salvo declaração em contrário, a doação em comum a mais de uma pessoa entende-se distribuída entre elas por igual.
Parágrafo único. Se os donatários, em tal caso, forem marido e mulher, subsistirá na totalidade a doação para o cônjuge sobrevivo."

[29] "Art. 554. A doação a entidade futura caducará se, em dois anos, esta não estiver constituída regularmente."

[30] "Art. 541. A doação far-se-á por escritura pública ou instrumento particular.
Parágrafo único. A doação verbal será válida, se, versando sobre bens móveis e de pequeno valor, se lhe seguir incontinenti a tradição."

pode ser público ou particular.[31] Caso a doação seja de bem imóvel, a lei já estabelecia a necessidade de contrato escrito como requisito de validade, como se vê no artigo 108 do Código Civil,[32] se o valor do bem exceder a 30 salários mínimos. Na doação, será necessário esse contrato escrito, para bens móveis ou imóveis, independentemente do seu valor.

doação verbal

A exceção à regra acima referida ocorre se o bem, objeto da doação, for móvel, de pequeno valor – isto observado em função do patrimônio do doador –, quando pode haver a doação verbal, se a transferência da coisa se der *incontinenti*, isto é, imediatamente, como ressalta o parágrafo único do artigo 541.

Segundo Protágoras de Abdera, filósofo grego que viveu alguns séculos antes de Cristo, "O homem é a medida de todas as coisas." De fato, para aferição dessa doação de pequeno valor, a que a lei se refere, fundamental apreciar subjetivamente o patrimônio do doador. Para a vida econômica de alguns, um relógio de ouro pode não ter grande significado. Se essa pessoa fizer a doação de um relógio de ouro, não haverá qualquer impacto em suas posses. Para outra pessoa, o relógio de ouro pode constituir o seu bem de mais valor, de sorte que a sua transferência graciosa acarretará no esvaziamento de seu patrimônio. A doação verbal, referida no parágrafo único do artigo 541, apenas se permitiria no caso daquele para quem o relógio de ouro, de uma forma subjetiva, apreciando-se o patrimônio do doador, representasse um bem de valor inexpressivo.

A rigor, essa exigência formal também tem enorme importância para fins de prova. Afinal, presente a formalidade, evita-se a discussão acerca da existência da doação, o que tem enorme proveito prático. Veja-se que, não fosse necessária a formalidade, uma pessoa poderia doar a outra, digamos, um valioso quadro, mas, no dia seguinte, negar o ato de liberalidade e reclamar a devolução da obra. Haveria, nesse caso, que se enfrentar uma difícil e incerta prova, a fim de se determinar se houve, de fato, a doação. Na medida em que a lei exige a formalidade, a prova fica mais fácil. Averigua-se apenas se existe o contrato de doação. Em caso positivo, a doação ocorreu. Do contrário, não há que se falar em doação.

Um caso histórico de importância de prova na doação deu-se com a doação de Constantino. Ocorreu que, no século IX, apareceu

---

31 "Reintegração de Posse - Doação - Prova da Existência - Ônus. A doação é contrato formal. Por isto, é indispensável a forma escrita, como de subsistência do ato, sob pena de invalidação. (TJMG 1.0027.07.138112-6/001(1), Rel.: Selma Marques, J.: 18.11.2009)

32 "Art. 108. Não dispondo a lei em contrário, a escritura pública é essencial à validade dos negócios jurídicos que visem à constituição, transferência, modificação ou renúncia de direitos reais sobre imóveis de valor superior a trinta vezes o maior salário mínimo vigente no País."

na Europa um documento supostamente elaborado pelo imperador Constantino, datado do começo do século IV, no qual este reconhecia sua fé cristã e fazia uma série de doações à Igreja. Nestas doações, havia, principalmente, enorme quantidade de terras, tanto fora como dentro da península itálica. Durante muito tempo, a Igreja valeu-se desse documento para justificar seu domínio sobre enormes feudos no território onde hoje se encontra a Itália. Não obstante a veracidade do documento fosse constantemente questionada, sob os mais diversos fundamentos (o latim empregado não era o da época de Constantino e havia apenas um único testemunho, o que também não era comum na época do imperador romano), apenas séculos depois, reconheceu-se definitivamente a fraude.

Portanto, em suma, a doação deverá, necessariamente, dar-se por instrumento público se o seu objeto for bem imóvel, de valor superior a trinta vezes o salário mínimo em vigor no Brasil (confira-se o mencionado artigo 108 do Código Civil). Poderá formalizar-se por instrumento particular se o bem objeto do negócio for móvel, porém de valor substancial, levando-se em conta o patrimônio do doador. Finalmente, admite-se a doação verbal se o objeto dela for bem de pequena monta (diante do patrimônio do doador) e a transferência ocorrer imediatamente.

despesas com o ato

Diferentemente do que ocorre com a compra e venda, na qual a lei fixou, no artigo 490,[33] como deveriam ser distribuídas as despesas com o ato, em caso de silêncio das partes, o Código Civil nada fala sobre o tema na doação. As partes podem, claro, estabelecer qual delas deva suportar esse ônus. Inexistindo estipulação nesse sentido, razoável entender que o donatário deva arcar com esses custos, embora comumente seja o doador que suporta a despesa.

Espécies de Doação

doação pura

No estudo da doação, fundamental entender e identificar os muitos tipos de doação. O reconhecimento dessas espécies pode acarretar uma resposta distinta do ordenamento jurídico ao caso concreto, sendo, pois, essencial estudá-las.

Inicialmente, estude-se a mais ordinária delas, a doação pura, também conhecida como doação simples. Nesta, o doador se compromete a entregar bem ou vantagem ao donatário sem qualquer contraprestação por parte deste último. Ela representa um ato unilateral do doador, com o decréscimo de seu patrimônio, sem que o donatário fique obrigado a realizar nada. O *animus donandi* revela-se na sua plenitude.

---

33 "Art. 490. Salvo cláusula em contrário, ficarão as despesas de escritura e registro a cargo do comprador, e a cargo do vendedor as da tradição."

cláusula de inalienabilidade

Seguirão puras as doações sobre as quais o doador fizer incidir as cláusulas de inalienabilidade, impenhorabilidade e incomunicabilidade.

A instituição dessas cláusulas, admissíveis apenas em negócios graciosos, são bastante comuns. Por meio delas, idealmente, o instituidor visa a proteger o beneficiado. Pela cláusula de inalienabilidade, o donatário fica impedido de vender o bem que lhe foi doado. A força desta cláusula se extingue com a morte do donatário.

cláusula de impenhorabilidade

Na de impenhorabilidade, o doador institui no ato de doação que o bem, objeto do negócio, não poderá servir para penhora judicial (e funcionar como garantia para uma dívida, pois não será possível vendê-lo para satisfazer o credor). Logo, se há indicação de cláusula de inalienabilidade, o bem é necessariamente impenhorável.

cláusula de incomunicabilidade

Por fim, na cláusula de incomunicabilidade, o bem doado não se comunicará com os bens do cônjuge do donatário, independentemente do regime de bens adotado pelo casal. O bem, gravado com essa cláusula, será sempre exclusivamente do donatário.

Com essas cláusulas, o doador garante que o bem doado permanecerá no patrimônio do donatário. Se o doador teme que o donatário venha a dilapidar o patrimônio doado, a estipulação dessas cláusulas pode ser de grande valia, pois garante vivo o propósito do negócio da doação, de amparar o donatário.

O Código Civil de 1916 previa, no artigo 1.676,[34] a doação com a cláusula de inalienabilidade. O Código atual não faz referência a essa cláusula. Entretanto, o Código de 2002 inovou na medida em que requer, para a inclusão dessas cláusulas por meio de testamento, que o testador explicite os motivos pelos quais deseja estipular o gravame (confira-se o artigo 1.848).[35] Na doação, não há necessidade de se explicitar o motivo.

Por vezes, a cláusula de inalienabilidade pode apresentar um feitio vil. De fato, essa estipulação, não raro, acaba por servir mais como castigo do que propriamente como uma vantagem. Imagine-se a situação de quem recebe, por meio de doação, uma enorme casa gravada com a cláusula de inalienabilidade. Essa casa tem um colos-

---

34 "Art. 1.676. A clausula de inalienabilidade temporária, ou vitalícia, imposta aos bens pelos testadores ou doadores, não poderá, em caso algum, salvo os de expropriação por necessidade ou utilidade publica, e de execução por dividas provenientes de impostos relativos aos respectivos imóveis, ser invalidada ou dispensada por atos judiciais de qualquer espécie, sob pena de nulidade."

35 "Art. 1.848. Salvo se houver justa causa, declarada no testamento, não pode o testador estabelecer cláusula de inalienabilidade, impenhorabilidade, e de incomunicabilidade, sobre os bens da legítima.
§ 1o Não é permitido ao testador estabelecer a conversão dos bens da legítima em outros de espécie diversa.
§ 2o Mediante autorização judicial e havendo justa causa, podem ser alienados os bens gravados, convertendo-se o produto em outros bens, que ficarão sub-rogados nos ônus dos primeiros."

sal custo de manutenção, pesados encargos tributários, sendo que sua manutenção gera um duro ônus ao donatário. Em casos como o que se acabou de narrar, o donatário pode requerer ao juiz que relaxe a cláusula, ou mesmo que a substitua por uma situação mais branda. O caso clássico é o do amigo que recebe de outro uma doação, com a cláusula de inalienabilidade, de uma casa de manutenção muito onerosa. O objetivo da cláusula era o de garantir a moradia do donatário. Nesses casos, razoável que o donatário, altamente onerado, peça ao juiz que autorize a venda da casa, transferindo a inalienabilidade para outro imóvel – este condizente com o estado econômico do donatário – que este venha a adquirir. Com isso, preserva-se o real propósito da doação.

doação mista

Na doação mista há elementos de liberalidade, mas também se cobra um preço pela transferência do bem ou da vantagem. É o que vai ocorrer na compra e venda por um baixíssimo preço. Neste caso, o proprietário do bem o transfere por um valor menor do que a coisa efetivamente vale. Nessa diferença de valor, avulta o interesse de doar.

Importante que o instrumento no qual se ajuste esse negócio especifique essa natureza mista. Imagine-se a situação de um quadro que vale R$ 1 mil. O seu dono decide transferir a obra de arte ao seu amigo, cobrando apenas cem reais. A diferença do preço, que não será cobrada, representa *animus donandi*. Se o instrumento não explicitar que existe esse espírito de doação no negócio, o antigo dono do quadro poderá, se mal-intencionado, requerer, no futuro, a anulação do negócio alegando, por exemplo, a lesão. De fato, apenas se explicando o objetivo de doar o negócio faz sentido, tal como as partes o desejaram no momento em que o ato se realizou.

Aplicam-se ao negócio – *negotium mixtum cum donatione* – tanto as regras de doação como as de compra e venda, devendo-se prevalecer um ou outro caso dependendo daquilo que mais se ressaltar. Se a fração da compra e venda for superior, com apenas uma pequena parte doada, as normas referentes à compra e venda deverão prevalecer. Do contrário, incidirão, com maior ênfase, as regras da doação.

doação com encargo

A doação com encargo – *donatione sub modo* – ocorre sempre que o doador impõe ao donatário a adoção de certa atividade, que pode ter por beneficiário o doador, terceiro, ou ser do interesse geral, como expõe o artigo 553.[36] Nesses casos, há uma obrigação para o donatário imposta em conjunto com o ato de generosidade.

O encargo, como se sabe, é uma modalidade admissível apenas nos negócios jurídicos graciosos, criada pelo seu instituidor. Ha-

---

36 "Art. 553. O donatário é obrigado a cumprir os encargos da doação, caso forem a benefício do doador, de terceiro, ou do interesse geral.
Parágrafo único. Se desta última espécie for o encargo, o Ministério Público poderá exigir sua execução, depois da morte do doador, se este não tiver feito."

verá doação com encargo, por exemplo, se alguém doa uma casa, impondo-se, entretanto, ao donatário que cuide de seu jardim; ou que doe um cavalo, impondo ao donatário que apenas alimente o eqüino com uma determinada ração. Nada impede, atente-se, que o encargo consista em fazer um benefício a terceiro.

Consoante a regra do artigo 137 do Código Civil,[37] considera-se não escrito o encargo ilícito (como, por exemplo, o de uma pessoa que doa a outra uma antiga espada, mas com o encargo de o donatário fazer uso dessa arma, apunhalando quem cruzar pelo caminho), assim como não será reconhecido o encargo impossível (como o de que o donatário receba um bem, mas seja estabelecido um encargo no qual ela deva voar sem a ajuda de qualquer aparelho).

Evidentemente, essa obrigação atrelada a uma liberalidade – o encargo – não pode ter um valor mais alto do que a doação. Caso contrário, não se estará mais no campo da doação, porém no de um negócio comutativo. Não custa lembrar que, no direito, a identificação do ato jurídico depende mais da análise do seu conteúdo do que propriamente do nome que lhe foi atribuído pelas partes no instrumento. Caso, por exemplo, se qualifique expressamente de doação com encargo um ato no qual uma pessoa se compromete a doar a outra um valor ínfimo para que esta, por exemplo, preste um serviço de motorista por sete anos, não se estará diante de uma doação. O negócio terá outro nome. Em resumo, o encargo não pode ser oneroso a ponto de retirar a qualidade essencial da doação, consistente em que o doador incrementa o patrimônio do donatário.

Bevilaqua resume bem a situação: "Naquilo em que a doação exceder ao encargo, haverá liberalidade; enquanto houver equivalência, a doação será contrato oneroso."[38]

Vale, nesse passo, destacar a regra do artigo 540,[39] na qual se explicita que a liberalidade da doação reside na parte excedente do valor do bem transferido ao donatário em relação ao valor do encargo imposto.

descumprimento do encargo

Caberá ao donatário cumprir o encargo, como pontua o artigo 553.[40] Se não o fizer, o doador poderá intimá-lo para tanto. A rigor,

---

37 "Art. 137. Considera-se não escrito o encargo ilícito ou impossível, salvo se constituir o motivo determinante da liberalidade, caso em que se invalida o negócio jurídico."

38 Clovis Bevilaqua, *Código Civil dos Estados Unidos do Brasil Comentado*, vol. IV, Rio de Janeiro, Livraria Freitas Bastos, 1958, p. 268.

39 "Art. 540. A doação feita em contemplação do merecimento do donatário não perde o caráter de liberalidade, como não o perde a doação remuneratória, ou a gravada, no excedente ao valor dos serviços remunerados ou ao encargo imposto."

40 "Art. 553. O donatário é obrigado a cumprir os encargos da doação, caso forem a benefício do doador, de terceiro, ou do interesse geral.
Parágrafo único. Se desta última espécie for o encargo, o Ministério Público poderá exigir sua execução, depois da morte do doador, se este não tiver feito."

se não houver sido estipulado um prazo para cumprimento do encargo – o que seria ideal –, nem era evidente que o seu cumprimento já deveria ter ocorrido, o doador deverá intimar o donatário para que cumpra o encargo em tempo hábil.

Se o encargo for de benefício geral – como, imagine-se, o de uma pessoa que recebe, por doação, uma bela propriedade, mas gravada com o encargo de abri-la ao público todo dia de Natal –, pode o Ministério Público exigir o cumprimento do encargo, se o doador já tiver falecido, consoante resguarda o parágrafo único do artigo 553.

Caso, contudo, o donatário deixe de cumprir o encargo, o doador poderá revogar o negócio. Isso mesmo: se o donatário não cumprir o encargo, o doador fica com o direito de anular a doação, retornando a situação ao seu estado anterior, aponta o artigo 562.[41] Deve, nessa hipótese, o donatário devolver o objeto da doação, inclusive seus frutos. Se o donatário deixou de cumprir o encargo por culpa, passa a ser considerado possuidor de má-fé em relação ao bem objeto da doação.

Portanto, diante do descumprimento de um encargo, o doador tem a opção de revogar a doação ou de exigir o cumprimento desse encargo. No primeiro caso, apenas o doador tem legitimidade para propor a demanda contra o donatário. Já se a ação for para cumprir o encargo, o rol dos legitimados pode aumentar: além do doador, pode também ter legitimidade o terceiro beneficiado do encargo, ou, até mesmo, o Ministério Púbico, se o encargo for benéfico à coletividade.

O prazo tanto para o ingresso da ação de cumprimento de encargo como para a de revogação da doação é de 10 anos, por força do artigo 205 do Código Civil.[42]

Faça-se o registro de que o referido artigo 562[43] comete o deslize de denominar a doação com encargo de "doação onerosa".

Para muitos, nesse tipo de doação, já não há a característica de contrato unilateral.

doação remuneratória

Na doação remuneratória, busca-se compensar o donatário por alguma atitude. Ela vai ocorrer se alguém realiza uma cortesia ou qualquer outro ato, que gera em outra pessoa o desejo de retribuição.

Tome-se a pessoa que vai a um dentista, mas este profissional decide, para fazer uma gentileza cortês, não cobrar a consulta. O

---

41   "Art. 562. A doação onerosa pode ser revogada por inexecução do encargo, se o donatário incorrer em mora. Não havendo prazo para o cumprimento, o doador poderá notificar judicialmente o donatário, assinando-lhe prazo razoável para que cumpra a obrigação assumida."

42   "Art. 205. A prescrição ocorre em dez anos, quando a lei não lhe haja fixado prazo menor."

43   "Art. 562. A doação onerosa pode ser revogada por inexecução do encargo, se o donatário incorrer em mora. Não havendo prazo para o cumprimento, o doador poderá notificar judicialmente o donatário, assinando-lhe prazo razoável para que cumpra a obrigação assumida."

paciente, então, como forma de retribuição, presenteia o tal dentista com um quadro de um renomado pintor, cujo valor supera, com considerável sobra, o montante que seria cobrado pela consulta. Ressalta, portanto, a generosidade do paciente doador, embora exista uma natureza remuneratória no ato.

Veja-se que não haverá, necessariamente, uma diferença econômica dos gestos. Simplesmente não existe uma correlação econômica entre o ato prestado pelo donatário e a doação. O que distingue a doação é o desejo de realizar um ato de generosidade – transferindo sem necessidade e graciosamente bens ou vantagens. Se uma pessoa quer retribuir uma gentileza com uma doação – oferecendo, por exemplo, uma boa garrafa de vinho –, é irrelevante se o serviço oferecido previamente pelo donatário tem valor menor, igual ou superior ao do bem doado. Irrelevante, como se disse, a proporção entre as prestações.

A liberalidade está em dar algo embora não exista uma obrigação de dar. Contudo, a generosidade residirá na diferença entre o valor do serviço prestado pelo donatário e o valor do bem doado pelo doador. A generosidade estará, bem vistas as coisas, nesse excesso: se, para usar outra vez o exemplo acima, o serviço do dentista custa "x" e o quadro dado vale três "x", o núcleo da doação remuneratória estará na diferença, dois "x".

Para que a doação remuneratória se caracterize, deve, portanto, haver esse prévio serviço ou ato do donatário, que justifique uma remuneração não cobrada, como uma forma de recompensa. Portanto, deve haver a anterioridade do ato do donatário e que esse serviço prestado pelo donatário não tenha sido cobrado do doador. O doador não está obrigado a retribuir a gentileza. Se fizer, entregando algum bem ou vantagem a quem lhe prestou o serviço, estará fazendo a doação remuneratória.

A diferença entre o valor das duas prestações – de um lado, o serviço prestado e não cobrado do donatário, e, de outro, a doação em remuneração – não tem maior relevância. Entretanto, é principalmente nessa diferença de valor que transparece a generosidade.

Segundo o artigo 564, I, do Código,[44] as doações puramente remuneratórias não admitem revogação. A melhor leitura desse dispositivo parece ser a de concentrar a impossibilidade da revogação na parte da doação que for remuneratória, mas permite a revogação da doação no que for de generosidade.

doação por merecimento

Haverá doação por merecimento se o fato gerador do ato de generosidade se relacionar ao reconhecimento do doador de certa qualidade ou de um feito do donatário. Tome-se a hipótese de uma

---

44 "Art. 564. Não se revogam por ingratidão:
I - as doações puramente remuneratórias"

pessoa ficar impressionada com a notícia, colhida no jornal, de que certo bombeiro salvou uma criança do fogo. Sensibilizada com a valentia, essa pessoa decidiu fazer uma doação ao tal bombeiro. O mesmo se pode dizer daquele que decidiu doar certo valor ao jogador de seu time de futebol. Avulta, nessa doação, a gratidão e o reconhecimento.

Aqui pode haver a anulação do ato caso se verifique o erro quanto à pessoa do donatário. Isso vai-se dar na hipótese de o doador descobrir, após a doação, que o tal bombeiro – do exemplo que se acabou de dar – não tiver salvo a criança, de sorte que o ato encontra-se inquinado por um vício do conhecimento: o erro.

O artigo 540 reconhece que, apesar de seu propósito, esse tipo de doação não perde a sua característica de liberalidade.

<small>doação reversível</small>

Na doação reversível, o doador estipula que, caso o donatário vier a falecer antes dele, o objeto da doação voltará ao seu patrimônio. Trata-se, bem vistas as coisas, de uma condição resolutiva: a doação será eficaz, mas perderá esta qualidade se o donatário falecer antes do doador. O artigo 547 trata do tema.

Necessário que a cláusula seja expressa, pois ela não se presume.

O parágrafo único do referido artigo 547 proíbe a cláusula de reversão em favor de terceiro – que seria uma espécie de fideicomisso. O fideicomisso é a uma estipulação testamentária por meio da qual o testador indica uma determinada pessoa que deverá receber um bem como testamenteira ou legatária, registrando que, uma vez verificada certa condição, previamente estabelecida, outra pessoa, a fideicomissária, é que deverá receber o legado. Trata-se, portanto, de uma forma peculiar de substituição testamentária, regulada pelos artigos 1.951 e seguintes do Código Civil. Vale dizer que, no nosso ordenamento, o uso do fideicomisso é muito restrito, pois, segundo o artigo 1952, essa substituição fideicomissária apenas se admite "em favor dos não concebidos ao tempo da morte do testador." Portanto, o doador não pode estipular que, depois da morte do donatário, o bem doado seja entregue a terceiro (qualquer pessoa diferente do próprio doador). Se o doador quiser atingir esse mesmo fim, deve socorrer-se de outros remédios jurídicos, como fazer a doação a quem ele deseja que seja o destinatário final do bem doado, mas estabelecer o usufruto vitalício desse mesmo bem a quem o doador quer que desfrute da coisa enquanto viver.

No caso de comoriência – a situação de morte conjunta, referida no artigo 8º do Código Civil[45] –, não haverá reversão, pois o doador não sobrevive o donatário.

Como o donatário recebe a propriedade do bem, objeto da doação, poderá dispor livremente do bem. Contudo, a sua propriedade

---

45 "Art. 8o Se dois ou mais indivíduos falecerem na mesma ocasião, não se podendo averiguar se algum dos comorientes precedeu aos outros, presumir-se-ão simultaneamente mortos."

será resolúvel. Segundo o artigo 1.359,[46] verificada a condição resolutiva, o proprietário (no caso, o doador) terá como reivindicar o bem, objeto da doação, de quem quer que esteja com a coisa.

doação condicional

A doação condicional (normalmente suspensiva) se distingue das demais porque nela a eficácia do negócio fica subordinada a ocorrência de um fato futuro e incerto. O doador, por exemplo, se compromete a cumprir o ato – entregando certo bem ao donatário – se e quando algum brasileiro receber o prêmio Nobel de literatura. Apenas quando tal fato ocorrer, se é que ele vai ocorrer, o doador terá que efetuar a doação.

doação propter nuptias

O artigo 546[47] faz referência a um tipo de doação condicional. O dispositivo se refere à doação condicionada ao casamento com certa e determinada pessoa, a chamada doação *propter nuptias*, ou seja, por causa do casamento. Nela, o doador indica que fará certa doação se o donatário se casar com uma pessoa determinada. Trata-se, portanto, de condição suspensiva: apenas se e quando o casamento ocorrer – *si nuptiae fuerint secutae* – a doação será eficaz. Entende-se que esse negócio deva ser formalizado por escritura pública, a exemplo do que se requer nos pactos antenupciais (artigo 1.653).[48]

Curioso que a lei admita esse tipo de condição. A estipulação não parece estar em sintonia com os valores que animam e orientam o ordenamento jurídico contemporâneo. Afinal, o casamento deve ser um ato absolutamente livre, sob o qual nenhum fato externo deve exercer alguma influência. Não se pode conceber que alguém tenha algum interesse no casamento, senão aquele movido pelo afeto.

A rigor, atrelar alguma vantagem financeira ao casamento chega, até mesmo, a ser imoral. Consegue-se imaginar que, no passado, quando eram mais comuns os casamentos "arranjados" pelas famílias, se pudesse cogitar dessa condição *propter nuptias*. Hoje, porém, nada justifica o reconhecimento da licitude dessa cláusula.

De toda sorte, essa doação não se resolve com a separação do casal, ou com a morte de um dos cônjuges depois de celebrado o casamento.

---

46 "Art. 1.359. Resolvida a propriedade pelo implemento da condição ou pelo advento do termo, entendem-se também resolvidos os direitos reais concedidos na sua pendência, e o proprietário, em cujo favor se opera a resolução, pode reivindicar a coisa do poder de quem a possua ou detenha."

47 "Art. 546. A doação feita em contemplação de casamento futuro com certa e determinada pessoa, quer pelos nubentes entre si, quer por terceiro a um deles, a ambos, ou aos filhos que, de futuro, houverem um do outro, não pode ser impugnada por falta de aceitação, e só ficará sem efeito se o casamento não se realizar."

48 "Art. 1.653. É nulo o pacto antenupcial se não for feito por escritura pública, e ineficaz se não lhe seguir o casamento."

Tampouco, segundo o artigo 564, IV, do Código Civil,[49] é possível revogar por ingratidão a doação que ocorreu para determinado casamento.

Outra forma conhecida, também prevista no artigo 546 do Código Civil, de doação condicional é aquela que sujeita a eficácia do ato à eventual e futura prole de uma pessoa ou de um casal. Cabe ao instituidor estabelecer o donatário: pode ser o genitor, a genitora, o primeiro filho, os filhos, todas essas pessoas em conjunto ou um grupo delas.

E se o filho, nessas circunstâncias, for adotado? Seria isso uma forma de o interessado maliciosamente levar a efeito a condição? Lembre-se que, segundo o artigo 129 do Código,[50] se a parte intencionalmente atua para que o fato, detonador da condição, ocorra, a condição considera-se como não verificada. Assim, tem procedência a discussão acerca do que ocorre com a adoção. A resposta a esta questão passa pelo artigo 227, § 6º, da Constituição Federal,[51] que equipara completamente a situação dos filhos, sejam eles naturais ou adotivos. Diante disso, qualquer distinção representaria uma afronta à Constituição.

subvenção periódica

O Código Civil trata também da doação em forma de subvenção periódica. O artigo 545[52] cuida dessa subvenção pessoal, pela qual o doador se compromete a doar, numa periodicidade estipulada por ele, certo valor ao donatário.

Como ressalta o artigo 545 da lei, essa doação não ultrapassará a vida do donatário (e, logo, não se transfere aos herdeiros deste).

Eventualmente, a doação pode subsistir à vida do doador, caso assim se ajustar, isto é, na hipótese de esta doação fixar um termo final para a subvenção. Os herdeiros do doador assumirão a obrigação, desde que isso possa ser suportado pelo patrimônio deixado pelo falecido doador e não afete a legítima.

---

49 "Art. 564. Não se revogam por ingratidão: (...)
IV - as feitas para determinado casamento."

50 "Art. 129. Reputa-se verificada, quanto aos efeitos jurídicos, a condição cujo implemento for maliciosamente obstado pela parte a quem desfavorecer, considerando-se, ao contrário, não verificada a condição maliciosamente levada a efeito por aquele a quem aproveita o seu implemento."

51 "Art. 227. É dever da família, da sociedade e do Estado assegurar à criança, ao adolescente e ao jovem, com absoluta prioridade, o direito à vida, à saúde, à alimentação, à educação, ao lazer, à profissionalização, à cultura, à dignidade, ao respeito, à liberdade e à convivência familiar e comunitária, além de colocá-los a salvo de toda forma de negligência, discriminação, exploração, violência, crueldade e opressão. (...)
§ 6º Os filhos, havidos ou não da relação do casamento, ou por adoção, terão os mesmos direitos e qualificações, proibidas quaisquer designações discriminatórias relativas à filiação."

52 "Art. 545. A doação em forma de subvenção periódica ao beneficiado extingue-se morrendo o doador, salvo se este outra coisa dispuser, mas não poderá ultrapassar a vida do donatário."

Caso o donatário seja uma pessoa jurídica, essa obrigação não poderá ser perpétua, pois nosso ordenamento não admite essa construção.

Cumpre, nesse passo, mencionar o artigo 548 do Código Civil.[53] Este dispositivo registra a invalidade de uma doação que retire do doador a renda suficiente à sua subsistência. Pode ocorrer de, enquanto o doador encontra-se obrigado a dar a doação periódica, prevista no artigo 545, haja uma modificação de sua fortuna e a prestação passe a colocar em risco a sua própria subsistência. Neste caso, com base no artigo 548, pode-se reclamar a invalidade dessa doação periódica, libertando-se o doador da obrigação.

LIMITES DA DOAÇÃO

<small>doação universal</small>

O artigo 548 registra que não pode haver – seria nula – doação que prive o doador de todos os seus bens (*omnium bonorum*), ou que tire dele o mínimo para subsistência. Essa restrição prevalece mesmo que o doador não tenha herdeiros. O doador pode evitar a incidência da regra se reservar para si o usufruto dos bens doados. O referido dispositivo existe em benefício do doador e possui um propósito humanitário, buscando-se resguardar a sua dignidade.

Embora as pessoas, em regra, tenham disposição sobre o seu patrimônio, a lei quer proteger as pessoas de um ato impensado e garantir um mínimo de patrimônio para que eles possam viver. Verificada essa doação universal, qualquer interessado poderá requerer a nulidade do ato, pois, corretamente, se entende que o tema suscita o interesse público .

O nosso Código, ao contrário do que faz a lei alemã, não previu a situação, como fato que permite ao doador reclamar a anulação da doação, a situação de o doador ficar, tempos depois do ato de liberalidade, desprovido de bens. Diz o § 528 da Lei alemã que, se o doador empobrecer, pode pedir a devolução dos bens doados e, assim, garantir seu sustento.

Se forem feitas várias doações e, em conjunto, elas levarem o doador ao estado de miséria total, apenas a última poderá ser anulada. Se a anulação da última não for suficiente para aliviar o estado de penúria, anula-se a antepenúltima e assim sucessivamente.

<small>doação inoficiosa</small>

Havendo herdeiros necessários – descendentes, ascendentes e cônjuge, como informa o artigo 1.845 do Código Civil[54] –, o doador apenas poderá doar a sua quota disponível, isto é, a metade de seus

---

53 "Art. 548. É nula a doação de todos os bens sem reserva de parte, ou renda suficiente para a subsistência do doador."

54 "Art. 1.845. São herdeiros necessários os descendentes, os ascendentes e o cônjuge."

bens, consoante registra o artigo 549.[55] O que exceder essa legítima constituirá uma doação inoficiosa: nula nesse excesso. No resto da doação, ela será válida.

O nosso ordenamento jurídico poderia ter conferido às pessoas o poder de dispor amplamente de seu patrimônio, doando seus bens de forma livre, a quem elas bem entendessem. Entretanto, assim não foi. O legislador entendeu que as famílias se unem ao redor de um patrimônio, construído em conjunto, de sorte que os titulares desse patrimônio não poderiam entregá-lo sem atentar ao fato de que seus herdeiros necessários têm, ao menos, direito à metade dele. A essa parte ideal, que corresponde à metade do patrimônio das pessoas, afetada aos seus herdeiros, denomina-se legítima. Essa metade do patrimônio deve forçosamente ficar com os herdeiros necessários. De outra ponta, admite-se que uma pessoa possa destinar livremente a outra metade de seu patrimônio, como expressão do seu poder de disposição. A parte do patrimônio de livre disposição é chamada de disponível.

Essa determinação de que as pessoas devam forçosamente deixar a metade de seus patrimônios aos herdeiros necessários seria absolutamente frustrada caso se permitisse que essas mesmas pessoas doassem – isto é, entregassem graciosamente – seus bens a terceiros. Afinal, com essa doação, o seu patrimônio ficaria desfalcado e seria fácil evitar que o objetivo da lei fosse atingido – deixando-se, assim, de garantir a legítima aos herdeiros necessários.

Portanto, a doação será nula na parte em que avançar sobre a legítima.

Especificamente no que se refere às doações feitas aos próprios herdeiros necessários, no que elas excederem a parte disponível, também deverá haver a redução. Segundo o artigo 2.007 do Código Civil,[56] o que for excessivo – e essa conta considera o valor

---

[55] "Art. 549. Nula é também a doação quanto à parte que exceder à de que o doador, no momento da liberalidade, poderia dispor em testamento."

[56] "Art. 2.007. São sujeitas à redução as doações em que se apurar excesso quanto ao que o doador poderia dispor, no momento da liberalidade.
§ 1o O excesso será apurado com base no valor que os bens doados tinham, no momento da liberalidade.
§ 2o A redução da liberalidade far-se-á pela restituição ao monte do excesso assim apurado; a restituição será em espécie, ou, se não mais existir o bem em poder do donatário, em dinheiro, segundo o seu valor ao tempo da abertura da sucessão, observadas, no que forem aplicáveis, as regras deste Código sobre a redução das disposições testamentárias.
§ 3o Sujeita-se a redução, nos termos do parágrafo antecedente, a parte da doação feita a herdeiros necessários que exceder a legítima e mais a quota disponível.
§ 4o Sendo várias as doações a herdeiros necessários, feitas em diferentes datas, serão elas reduzidas a partir da última, até a eliminação do excesso."

da doação no momento da liberalidade – será devolvido ao monte. Assim, aberto o inventário de um pai, os filhos devem informar o que receberam de doação do falecido, a fim de equiparar os recebimentos. Se um dos filhos recebeu mais do que poderia, fica obrigado a devolver.

Eis, pois, uma clara limitação ao poder de disposição do patrimônio.

Essa restrição, todavia, se relaciona à doação, a entrega graciosa dos bens. Não existe esse obstáculo se a transmissão for onerosa. Assim, a pessoa pode vender seus bens, adquirindo uma contraprestação, pois dessa forma seu patrimônio será mantido (se a venda for para algum filho, já se viu que o negócio deve ter o consentimento dos demais herdeiros).

Há pouco se mencionou: proíbe-se que a pessoa transfira graciosamente a integralidade de seu patrimônio. Mais ainda, se essa pessoa possui herdeiros necessários, apenas pode doar metade de seus bens. A outra metade forçosamente deve ficar para os seus herdeiros necessários (aqueles referidos no artigo 1.845) e dividido entre estes no falecimento do dono do patrimônio. Trata-se, como se disse, de um importante limite ao direito de disposição, aplicável às transferências graciosas.

Portanto, a pessoa que tem herdeiros necessários tem como doar a metade de seus bens, enquanto a outra metade deve deixar para esses herdeiros. As doações que ultrapassem essa metade são chamadas inoficiosas e consideradas nulas, como impõe o artigo 549, nessa parte excedente. Veja que a nulidade apenas se relaciona à parte excedente, que invadir a legítima, de sorte que o negócio como um todo não é nulo.

Como se registrou, a doação poderá subsistir no limite da parte disponível. No que exceder, deverá ser devolvida ao patrimônio do doador. Se essa aferição ocorrer quando o doador já tiver falecido, o excesso será reintegrado à massa de seu espólio, para ulterior divisão entre os herdeiros.

Segundo o artigo 2.007, § 3º, do Código Civil, as doações em excesso serão reduzidas ao que for legal. Leva-se em consideração – a valer o § 1º do referido artigo – o valor da doação no momento da liberalidade. Essa disposição, por vezes, pode ser injusta. Imagine-se a situação daquele que recebeu em doação um quadro de um artista então muito respeitado. Ocorre que, com o decurso do tempo, a tal obra perdeu totalmente seu valor. No momento do falecimento, o herdeiro que recebeu o quadro terá que apresentar a doação, pelo preço que ela tinha quando do ato de liberalidade. Neste caso, o donatário sofreria um prejuízo. Atente-se que a situação oposta poderia ter ocorrido: a mesma obra poderia ter-se valorizado extraordinariamente, situação na qual o donatário experimentaria uma vantagem.

Neste ponto, o legislador teve que escolher uma data e pareceu-lhe mais razoável fixar o do momento da doação.

Nesse passo, cumpre mencionar a regra do § 4º do artigo 2.007, segundo a qual, se houver várias doações feitas a herdeiros necessários, em diferentes datas, vão reduzindo-se primeiro às doações mais recentes, até que se elimine o excesso.

Imagine-se que o pai tinha quatro filhos e um patrimônio de R$ 400 mil. Ele pode doar livremente R$ 200 mil, porque doar mais do que isso representaria ingressar na parte da legítima. Pois esse pai do exemplo doou R$ 300 mil aos seus filhos, sendo R$ 100 mil doados ao primeiro filho no dia 1º, R$ 50 mil ao segundo no dia 2, R$ 75 mil ao terceiro no dia 3, e, finalmente, R$ 75 mil ao quarto no dia 4. De acordo com a regra do § 4º do artigo 2.007, primeiro anula-se a doação feita no dia 4. Depois, anula-se a doação do dia 3, feita ao terceiro filho. Entretanto, essa doação é anulada apenas em parte, naquilo que representa o excesso e invade a legítima. Veja-se que o pai poderia doar, sem agredir o limite, R$ 200 mil. As primeiras duas doações suportavam esse limite. Já a terceira, de R$ 75 mil, acabou por extrapolar ao limite em R$ 25 mil (dos R$ 75 mil, apenas R$ 50 mil estavam dentro da fronteira da disponível). Na terceira doação, anula-se apenas nesses R$ 25 mil.

Não se consideram inoficiosas as doações se o doador, ao tempo em que realizou o ato, não tinha herdeiros necessários. Afinal, averigua-se esse avanço no momento do ato de liberalidade.

momento da avaliação da legítima

Segundo a regra do artigo 549, o momento para averiguar se há avanço na legítima é aquele no qual a doação foi feita (e não o da morte do doador). Antes do advento do Código de 2002, o momento de averiguação de afronta à legítima era a data do óbito, como informava o artigo 1.014, parágrafo único, do Código de Processo Civil de 1973.[57] Na verdade, sobre o tema, houve um vai-e-vem legislativo. Isso porque o Código Civil de 1916, no seu artigo 1.176,[58] informava que a data para aferição dessa parte disponível era a do ato de liberalidade. O acima citado parágrafo único do artigo 1.014 do Código de Processo Civil estipulava de forma diferente (abertura da sucessão). Como o Código de Processo era de 1973 – norma posterior ao Código de 1916 –, ele prevalecia. Com a edição do Código de 2002, a lei civil trouxe de volta o seu conceito.

---

57 "Art. 1.014. No prazo estabelecido no art. 1.000, o herdeiro obrigado à colação conferirá por termo nos autos os bens que recebeu ou, se já os não possuir, trar-lhes-á o valor.
Parágrafo único. Os bens que devem ser conferidos na partilha, assim como as acessões e benfeitorias que o donatário fez, calcular-se-ão pelo valor que tiverem ao tempo da abertura da sucessão."

58 "Art. 1.176. Nula é também a doação quanto á parte, que exceder a de que o doador, no momento da liberalidade, poderia dispor em testamento."

O *caput* artigo 2.007 do Código Civil também reforça a idéia de que o excesso é aferido tomando-se por base o momento da liberalidade. Registre-se que o parágrafo único do artigo 639 do Código de Processo Civil de 1015, mais uma vez, tratou do tema. Segundo o mencionado dispositivo, os valores dos bens doados apresentados pelos herdeiros quando da sucessão deverão observar, para fins de calcular a equiparação da legítima, o momento da abertura dessa sucessão. A jurisprudência, contudo, tem mantido o entendimento de que, para fins de averiguar a nulidade da doação por excesso, cabe averiguar o momento da liberalidade.59

Os interessados – ou seja, aqueles lesados com a doação inoficiosa, que avança sobre a parte indisponível – devem propor uma ação de redução: ou melhor, anulação da parte que exceder aquilo que o doador poderia dispor. Ressalve-se que como se trata de uma nulidade, até mesmo o juiz pode conhecer de ofício o ato (conforme o artigo 168, parágrafo único, do Código Civil).[60] Nesta demanda, compete à parte interessada comprovar que, na época do ato de liberalidade, o doador entregou bens cuja soma superava a metade do seu patrimônio.

De igual modo, além da necessidade de obter o consentimento (de que logo abaixo se tratará), será irregular a doação que invadir a meação do cônjuge do doador. Veja-se que o doador pode ser casado e seu patrimônio, em parte ou completamente, confundir-se com o de seu cônjuge. Se o doador, por exemplo, for casado pelo regime da comunhão total de bens, a metade ideal de seu patrimônio pertencerá ao seu cônjuge. Cada um deles terá a meação dos bens. Evidentemente, o cônjuge, nessas circunstâncias, não poderá doar mais do que a parte que lhe caiba, sob pena de o cônjuge lesado poder reclamar.

prazo para reclamar a nulidade da doação inoficiosa

Discute-se qual o momento adequado para propor a ação de anulação dessa doação inoficiosa, com o propósito de reduzir a doação. A melhor leitura entende que o prazo passa a fluir a partir da morte do doador, embora seja possível também que se proponha a demanda desde que o herdeiro prejudicado tome ciência do ato.[61]

---

59 Cf. REsp 1519524/RS, rel. Min. MARCO BUZZI, 4ª T., j. 06.09.2016 e TJRJ, AI 0009442-29.2016.8.19.0000, Des. rel. Fernando Cerqueira Chagas, 11ª CC, j. 01.02.2017.

60 "Art. 168. As nulidades dos artigos antecedentes podem ser alegadas por qualquer interessado, ou pelo Ministério Público, quando lhe couber intervir.
Parágrafo único. As nulidades devem ser pronunciadas pelo juiz, quando conhecer do negócio jurídico ou dos seus efeitos e as encontrar provadas, não lhe sendo permitido supri-las, ainda que a requerimento das partes."

61 "Anulatória de ato jurídico - Extinção - Inadequação - Pedido de reconhecimento de doação inoficiosa - Ajuizamento da ação em vida do doador - Possibilidade - Recurso provido para anular a sentença, a fim de que o processo retome seu curso. A ação de redução das doações inoficiosas

Nesse ponto, há bons argumentos para os dois lados. De uma ponta, deve-se evitar a discussão de herança de pessoa ainda viva. Ao suscitar a nulidade da doação porque ela invade a parte do patrimônio do doador que ele deveria deixar para os herdeiros, necessariamente se tratará da "futura" herança de uma pessoa ainda viva, o que é imoral. Vista a questão de outro lado, caso os herdeiros lesados prefiram aguardar a morte do doador, pode ser que, no momento da morte do instituidor do ato gracioso, já não se possa mais recuperar o bem transferido em excesso. Registre-se, ainda, que não parece correto que a prescrição possa correr a partir do ato, porque os herdeiros, justificadamente, podem não querer discutir o ato enquanto o doador for vivo, exatamente para evitar um natural constrangimento. Ademais, apenas com a morte é que surge o direito de herança.

Diante disso, justifica-se que o prazo prescricional para reclamar esse vício apenas passe a fluir a partir da morte do doador, embora, como antes se frisou, admita-se que os herdeiros tomem providências, reclamando a nulidade, a partir da ciência do ato.[62] O prazo prescricional, de toda sorte, é de 10 anos, seguindo a regra geral do artigo 205 do Código Civil.[63]

adiantamento da legítima

Como anteriormente se mencionou, a compra e venda para herdeiros necessários deve contar com a anuência dos demais herdeiros necessários. Isso não ocorre na doação. Tampouco se impede a doação feita a herdeiro desde que não afete a legítima. Contudo, essa doação será considerada como adiantamento da legítima (artigo 544)[64] e deve o herdeiro, quando do falecimento do doador, trazer o bem em colação, isto é: informar o ato ao espólio, indicando o valor da doação no momento em que ela foi feita (artigo 2.007, § 1º),[65] a

---

poderá ser ajuizada em vida, tratando-se de contrato de doação, negócio jurídico inter vivos, cuja nu/idade surge ao tempo da liberalidade. "O pedido de nulificação pode ser feito ainda com o doador em vida, já que não se postula a herança para si próprio, mas que os bens excedentes da parte disponível retornem ao patrimônio do futuro autor da herança, preservando-se a legítima e recolocando os herdeiros necessários em igualdade de condições". (TJSP 990100943812, Rel.: Jesus Lofrano, J.: 29.06.2010, 3ª Câmara de Direito Privado)

62 Arnaldo Rizzardo entende que esta ação "pode ser proposta mesmo em vida do doador." (*Contratos*, 8ª ed., Rio de Janeiro, Forense, 2008, p. 461.

63 "Art. 205. A prescrição ocorre em dez anos, quando a lei não lhe haja fixado prazo menor."

64 "Art. 544. A doação de ascendentes a descendentes, ou de um cônjuge a outro, importa adiantamento do que lhes cabe por herança."

65 "Art. 2.007. São sujeitas à redução as doações em que se apurar excesso quanto ao que o doador poderia dispor, no momento da liberalidade.
§ 1o O excesso será apurado com base no valor que os bens doados tinham, no momento da liberalidade."

fim de aferir se houve excesso e qual a parte em que aquele herdeiro já avançou em relação aos demais herdeiros.

Para que o valor da doação não tenha que "retornar" à divisão no momento da morte do doador, este deve mencionar expressamente, no seu testamento, o seu desejo de que o bem ou vantagem doada não seja computada na sua parte legítima e fique com o herdeiro donatário sem necessidade de colação. Evidentemente, isso apenas será lícito se o valor desse bem ou vantagem, objeto da doação, não ultrapassar os limites de disposição do doador.

<small>o companheiro</small>

A lei não incluiu o companheiro entre os herdeiros necessários. Andou mal a lei nesse particular. Afinal, segundo o artigo 226, § 3º, da Constituição Federal,[66] a união estável é reconhecida como unidade familiar. Entretanto, preferiu a lei não dar o mesmo tratamento ao companheiro. Diante disso, numa análise muito restrita da lei, se o doador tiver um companheiro, ele não estará limitado no seu direito de doar pelo dever de respeitar a legítima. Caso, contudo, se opte por uma leitura mais inteligente da norma, levando-se em conta, inclusive, o aspecto teleológico da regra legal – que coloca em pé de igualdade o casamento e a união estável –, o fato de o doador ter um companheiro cria o mesmo limite das doações inoficiosas.

<small>doação ao neto</small>

A doação do avô ao neto não importa adiantamento da legítima, salvo se esse neto for herdeiro direto do avô. Veja-se que o artigo 1.171 do Código Civil de 1916[67] informava que a doação apenas significava adiantamento da legítima era aquela "dos pais aos filhos". O Código de 2002, por sua vez, aumenta o escopo da norma, de sorte que, agora, também importa adiantamento de legítima "A doação de ascendentes a descendentes".

A análise dessa questão também suscita o dispositivo do parágrafo único do artigo 2.005 do Código Civil.[68] De acordo com esta norma, "presume-se imputada na parte disponível a liberalidade feita a descendente que, ao tempo do ato, não seria chamado à sucessão na qualidade de herdeiro."

Portanto, se o neto não for herdeiro direto do doador, pois, por exemplo, seu pai, filho do doador, ainda esteja vivo, a doação não será considerada como adiantamento. Afinal, nesse caso, o neto, em-

---

66 "Art. 226. A família, base da sociedade, tem especial proteção do Estado. (...)
§ 3º Para efeito da proteção do Estado, é reconhecida a união estável entre o homem e a mulher como entidade familiar, devendo a lei facilitar sua conversão em casamento."

67 "Art. 1.171. A doação dos pais aos filhos importa adiantamento da legitima."

68 "Art. 2.005. São dispensadas da colação as doações que o doador determinar saiam da parte disponível, contanto que não a excedam, computado o seu valor ao tempo da doação.
Parágrafo único. Presume-se imputada na parte disponível a liberalidade feita a descendente que, ao tempo do ato, não seria chamado à sucessão na qualidade de herdeiro necessário."

bora descendente do doador, não seria chamado à sucessão, porque seu pai, herdeiro direto, está vivo e apenas ele sucederia.

Caso, contudo, o neto for herdeiro direto, ele deve colacionar o objeto da doação no momento da abertura do inventário do avô doador. Isso ocorre se esse neto for herdeiro diretamente por estirpe, isto é, se o pai ou a mãe (filhos e herdeiros diretos desse avô) tiverem morrido antes do avô. Assim, se o neto for herdeiro direto do avô, a doação importará adiantamento da legítima.

doação em fraude contra credores

Também não poderá haver a doação em fraude contra credores. Como se sabe, o patrimônio do devedor constitui a garantia geral do credor de satisfação da obrigação. Afinal, se o devedor deixar de cumprir a sua prestação e, com isso, trouxer prejuízo ao credor, este poderá reclamar o ressarcimento, o que, em última análise, será colhido do patrimônio do devedor. O patrimônio das pessoas não é estático. Ao contrário. Ele se modifica. O ordenamento jurídico se preocupa com as modificações fraudulentas, realizadas maliciosamente para retirar dos credores a oportunidade de receberem o ressarcimento advindo do patrimônio dos devedores. O ato que esvazia o patrimônio de um devedor, causando prejuízo ao seu credor, pode ser invalidado. O artigo 158 do Código Civil[69] permite a anulação dos negócios de transferência graciosa de bens ou remissão de dívida.

Como a doação é ato gracioso, no qual o doador transfere seu bem ao donatário sem qualquer contraprestação, desfalcando seu patrimônio, há uma presunção de fraude aos credores. Assim, os credores do doador, prejudicados com a doação (na medida em que ela desfalcou o patrimônio do seu devedor a ponto de torná-lo insolvente), poderão reclamar a fraude, a fim de obter a declaração de ineficácia do ato que transferiu o patrimônio do doador, protegendo, dessa forma, seu crédito.

Evidentemente, não basta que o doador tenha credores para que a doação seja anulável. É necessário que a doação (ou um grupo delas) coloque em risco a situação econômica desse devedor, a ponto de comprometer a possibilidade de ele arcar com as suas dívidas. Se um devedor faz uma doação que em nada afeta a sua solvência ou a capacidade de quitar outras dívidas, a doação é, por esse prisma, inatacável.

De outro lado, é, no mínimo, imoral que uma pessoa com dívidas transfira seus bens graciosamente a terceiro, antes de solucionar suas pendências com seus credores, quando essa transferência lhes

---

[69] "Art. 158. Os negócios de transmissão gratuita de bens ou remissão de dívida, se os praticar o devedor já insolvente, ou por eles reduzido à insolvência, ainda quando o ignore, poderão ser anulados pelos credores quirografários, como lesivos dos seus direitos.
§ 1o Igual direito assiste aos credores cuja garantia se tornar insuficiente.
§ 2o Só os credores que já o eram ao tempo daqueles atos podem pleitear a anulação deles."

retirará parte do patrimônio relevante para quitar suas dívidas. Eis, então, a *ratio* do artigo 158 do Código Civil, que permitirá aos credores quirografários – ou seja, aqueles sem uma garantia especial – reclamar a anulação do ato gracioso.

<small>doação entre cônjuges</small>

No Direito Romano, considerava-se nula e sem efeito as doações entre cônjuges. Dizia-se: *ne mutuato amore invicem spoliarentur* e *ne concordia pretio conciliari videretur*,[70] ou seja: quem cede não deve ser prejudicado pelos sentimentos e a paz entre os cônjuges não deve ser atingida pelo dinheiro. Esta última máxima lembra a canção dos Beatles, "Can't Buy Me Love". Assim, proibia-se esse negócio entre o casal. No Brasil, entretanto, admite-se a doação, desde que o regime de bens adotado pelos cônjuges seja o da separação total de bens ou o da comunhão parcial.

No caso da doação entre cônjuges, o regime não deve ser o da separação legal obrigatória. Também não poderá ser o da comunhão total. No primeiro caso por um motivo ético e no segundo por um motivo prático. Como se sabe, o ordenamento jurídico impõe, em alguns casos específicos, que o casal adote o regime da separação de bens. Isso ocorre, por exemplo, se algum dos nubentes tem mais de 70 anos (artigo 1.641, II).[71] O interesse da lei consiste em evitar a confusão patrimonial de pessoas nessas condições. Nesse regime, o patrimônio dos cônjuges não se comunicará, de sorte que cada um manterá a titularidade exclusiva sobre seus bens. Portanto, caso se admitisse a livre doação entre esses cônjuges, permitir-se-ia que, de forma indireta e oblíqua, se fraudasse o interesse da lei, pois bastaria que um cônjuge doasse seus bens, ou mesmo parte deles, ao outro.

Já se o regime for o da comunhão total, existe uma unidade de patrimônio dos casados. Diante disso, não faz qualquer sentido que um cônjuge, casado pelo regime da comunhão total, doe bens para outro, na medida em que ele estaria apenas transferindo bens para ele próprio (ou, para adotar uma imagem mais prosaica: tirando dinheiro de um bolso para passar para o outro da mesma calça).

Caso o regime adotado for o da comunhão parcial, ou seja, os bens adquiridos após o matrimônio compõem um conjunto comum, pode haver a doação de um cônjuge de um bem particular – que, por exemplo, pertencia a esse cônjuge antes do casamento – ao outro. A partir daí, o bem pertencerá a ambos, pois integrará o patrimônio comum.

Por fim, como antes se adiantou, o caso mais comum de doação entre cônjuges se dará se o regime eleito for o da separação total de

---

70 Digesto Livro, XXIV, Titulo 1, 1 e 3, *Du Digeste*, Tome Premier, Paris, Chez Behmer et Lamort, 1804, p. 350.

71 "Art. 1.641. É obrigatório o regime da separação de bens no casamento: (...)
II – da pessoa maior de 70 (setenta) anos;"

bens. Nesse caso, o bem doado deixará o patrimônio de um para o do outro cônjuge.

doação na tutela

Segundo o artigo 1.749,[72] o tutor não pode doar os bens do tutelado. O mesmo vale para os curadores. Com efeito, o propósito deles é o de proteger o tutelado ou curatelado e não fazer generosidade com o patrimônio deles.

Fora as hipóteses gerais de anulação de um negócio jurídico – como a anulação da doação se ocorrer em fraude a credores, acima mencionada –, há diversos casos específicos de anulabilidade das doações.

cônjuge adúltero

Segundo o artigo 550,[73] será nula a doação feita pelo cônjuge adúltero ao seu cúmplice. Aqui, a lei trata do amante ou da pessoa com quem o doador tem uma relação extraconjugal (ou seja, o doador deve ser casado). Como o nosso ordenamento não admite a bigamia, não teria como permitir essa doação ao cúmplice do adultério, pois seria o mesmo que abrir uma avenida para a fraude e, pior, admitir que uma pessoa constitua, na prática, duas famílias. Assim, nessa hipótese, a lei oferece um juízo de valor: para ela, como o Estado não tolera o adultério (a violação ao dever de fidelidade entre marido e mulher), a liberdade de disposição do patrimônio deve ser tolhida, a fim de que não se proteja, ainda que indiretamente, essa infração.

Não se trata, portanto, do companheiro – pessoa que estabelece uma relação familiar com outra, mas não se une formalmente pelo matrimônio –, pois este pode receber doação. Da mesma forma, se o doador estiver separado de fato do seu cônjuge, afasta-se a incidência do dispositivo.

Pode haver um problema, na aplicação dessa norma, consistente na prova de que doador e donatário eram amantes ou que tiveram o encontro adúltero. Essa prova não será fácil, até porque duas pessoas muito próximas podem, até mesmo, parecer amantes aos olhos da sociedade, embora apenas exista entre elas uma profunda amizade. Aqui, a diferença é fundamental, pois o direito não veda a doação entre amigos, mas proíbe a doação entre amantes e para o cúmplice do adultério.

Ainda tratando dessa vedação, há a hipótese de essa doação ter uma natureza remuneratória. Isso porque não raro o amante ou a amante têm despesas comuns, que podem ser divididas ou mesmo

---

72 "Art. 1.749. Ainda com a autorização judicial, não pode o tutor, sob pena de nulidade:
I - adquirir por si, ou por interposta pessoa, mediante contrato particular, bens móveis ou imóveis pertencentes ao menor;
II - dispor dos bens do menor a título gratuito;
III - constituir-se cessionário de crédito ou de direito, contra o menor."

73 "Art. 550. A doação do cônjuge adúltero ao seu cúmplice pode ser anulada pelo outro cônjuge, ou por seus herdeiros necessários, até dois anos depois de dissolvida a sociedade conjugal."

suportados pelo cúmplice. Nesses casos, a doação existe para remunerar e não se enquadra numa liberalidade pura. Aqui justifica-se respeitar o ato, desde que se prove essa qualidade. Ademais, deve haver uma correspondência entre o valor da doação e a remuneração. No que exceder o razoável, incidirá a nulidade.

Por vezes, o adultério ocorreu apenas num encontro. Isso não retira a força do dispositivo. Isso pode dificultar a prova da violação ao dever do cônjuge. Entretanto, demonstrado o adultério, pode-se suscitar a anulação da doação. Assim, basta que o interessado na anulação comprove que a doação foi feita para o cúmplice do doador no adultério. Se o doador conseguir, por sua vez, provar que não houve adultério (seja porque jamais teve qualquer relação dessa natureza com o donatário, seja porque a relação ocorreu quando o doador não estava casado), afasta-se a possibilidade de atacar a validade do ato.

Com razão, compreende-se que a anulação prevista no artigo 550 também pode abarcar a situação de o cúmplice do doador ser seu parceiro homossexual. A doação feita ao parceiro, se o doador for casado, pode ter sua validade questionada da mesma forma.

O cônjuge prejudicado e os herdeiros têm até dois anos para promover essa anulação, contados da data da dissolução da sociedade conjugal. O juiz não pode conhecer de ofício esse vício da doação, mas deve aguardar que os interessados o suscitem. Veja-se que o artigo 550 indica, expressamente, quem são os legitimados para essa demanda: o cônjuge ou os herdeiros necessários.

O prazo de dois anos tem natureza decadencial, que passa a fluir a partir do fim da sociedade conjugal, isto é, nas hipóteses previstas no artigo 1.571 do Código Civil:[74] pela morte de qualquer dos cônjuges, pela nulidade ou anulação do casamento, pela separação judicial ou pelo divórcio. Naturalmente, o interessado pode, verificada a doação feita ao cúmplice do adultério, ajuizar, desde logo, a ação de anulação. A lei, de forma sensível, apenas permitiu que o direito de reclamar esse vício ultrapassasse o fim do casamento, para evitar que o constrangimento, que certamente existe entre os cônjuges numa circunstância dessa natureza, não servisse para tolher o direito de suscitar o vicio.

Julgada procedente a demanda, o donatário terá que devolver o objeto da doação ao doador. Se o objeto já foi alienado, caberá ao donatário devolver o equivalente em dinheiro, levando-se em consi-

---

[74] "Art. 1.571. A sociedade conjugal termina:
I - pela morte de um dos cônjuges;
II - pela nulidade ou anulação do casamento;
III - pela separação judicial;
IV - pelo divórcio."

deração o valor da época em que recebeu a liberalidade. Imagine-se a situação da amante que recebe uma jóia preciosa e cara de seu amante. A mulher do doador, passado algum tempo, descobre o adultério e a entrega do valioso presente. Ato contínuo, ajuíza a ação. Contudo, a amante já havia vendido a preciosidade. Caberá à esposa traída reclamar que a amante restitua ao patrimônio do marido e doador o valor equivalente ao da jóia, tomando por base o momento da doação. O pleito também será dirigido ao marido (ou ex-marido).

De igual forma, se o cúmplice do adultério recebeu dinheiro e, com isso, comprou, digamos, um carro, não poderá o autor da ação de anulação da doação reclamar a devolução do carro. A doação foi em dinheiro e, logo, a decisão judicial final nessa ação será a de condenar o donatário a restituir o valor recebido.

Na ação, como se disse, caberá aos interessados provar a relação adúltera entre as partes da doação. O artigo 1.642, V, do Código Civil[75] informa que qualquer cônjuge pode ajuizar essa ação, visando a anular a doação ao concubino, independentemente do regime de bens do casal.

Esse dispositivo do artigo 550 não se aplica, contudo, se o casal, antes marido e mulher, já estiver separado e a doação for feita por um desses dois ao seu atual companheiro (tal como reconhecido pelo artigo 226, § 3º, da Constituição Federal,[76] ou artigo 1.723 do Código Civil).[77]

outorga do cônjuge

Como antes se mencionou, para que um cônjuge efetue uma doação, é necessária a outorga do outro (artigo 1.647, I e IV),[78] salvo

---

75 "Art. 1.642. Qualquer que seja o regime de bens, tanto o marido quanto a mulher podem livremente: (...)
V - reivindicar os bens comuns, móveis ou imóveis, doados ou transferidos pelo outro cônjuge ao concubino, desde que provado que os bens não foram adquiridos pelo esforço comum destes, se o casal estiver separado de fato por mais de cinco anos;"

76 "Art. 226. A família, base da sociedade, tem especial proteção do Estado. (...)
§ 3º Para efeito da proteção do Estado, é reconhecida a união estável entre o homem e a mulher como entidade familiar, devendo a lei facilitar sua conversão em casamento."

77 "Art. 1.723. É reconhecida como entidade familiar a união estável entre o homem e a mulher, configurada na convivência pública, contínua e duradoura e estabelecida com o objetivo de constituição de família.
§ 1o A união estável não se constituirá se ocorrerem os impedimentos do art. 1.521; não se aplicando a incidência do inciso VI no caso de a pessoa casada se achar separada de fato ou judicialmente.
§ 2o As causas suspensivas do art. 1.523 não impedirão a caracterização da união estável."

78 "Art. 1.647. Ressalvado o disposto no art. 1.648, nenhum dos cônjuges pode, sem autorização do outro, exceto no regime da separação absoluta:
I - alienar ou gravar de ônus real os bens imóveis; (...)
IV - fazer doação, não sendo remuneratória, de bens comuns, ou dos que possam integrar futura meação."

no regime da separação absoluta de bens. Se essa autorização não existir, a doação poderá ser anulada (artigo 1.649),[79] por meio de ação promovida por um dos cônjuges, no prazo de dois anos, que se inicia apenas a partir do fim da sociedade conjugal.

Fixado o prazo de dois anos pelo artigo 1.649, era até desnecessário dizer que o prazo apenas se iniciaria no término da sociedade conjugal. Isso porque, como se sabe, por força do artigo 197, I, do Código Civil,[80] não corre a prescrição entre os cônjuges na constância do casamento. Logo, esse prazo prescricional de dois anos ficaria, de toda sorte, suspenso.

Segundo o artigo 1.648,[81] caso a negativa de um dos cônjuges de promover a doação for desmotivada, poderá o juiz suprir a outorga. Tome-se a situação de um homem muito rico, que deseja doar parte insignificante de seu vasto patrimônio a uma instituição de caridade. Entretanto, a mulher desse milionário, sem qualquer razão, se nega a conceder a outorga, impedindo, com isso, a doação. O tal ricaço pode pedir ao Judiciário que supra a outorga e, com isso, torne absolutamente lícita a doação.

Pode haver doação entre cônjuges, desde que ela seja compatível com o regime de bens escolhido – isto é, deve haver o regime da separação total de bens, ou, se for o regime da separação parcial, o bem tiver sido adquirido antes da união, de sorte que exista, de fato, a transferência da propriedade do bem doado do patrimônio de um para o de outro.

REVOGAÇÃO DA DOAÇÃO

Assim como ocorre em qualquer negócio jurídico, a doação poderá ser anulada pelos vícios como erro, dolo ou coação e fraude à execução. A lesão, no caso da doação, não pode ser suscitada porque nesse negócio, pela sua própria natureza, não haverá equilíbrio econômico entre as prestações.

A doação, contudo, é um negócio *sui generis*, porque ele nasce de um ato de generosidade. Em função disso, passa a haver, para o donatário, um dever moral de gratidão, que o direito não despreza. O

---

79 "Art. 1.649. A falta de autorização, não suprida pelo juiz, quando necessária (art. 1.647), tornará anulável o ato praticado, podendo o outro cônjuge pleitear-lhe a anulação, até dois anos depois de terminada a sociedade conjugal.
Parágrafo único. A aprovação torna válido o ato, desde que feita por instrumento público, ou particular, autenticado."

80 "Art. 197. Não corre a prescrição:
I - entre os cônjuges, na constância da sociedade conjugal;"

81 "Art. 1.648. Cabe ao juiz, nos casos do artigo antecedente, suprir a outorga, quando um dos cônjuges a denegue sem motivo justo, ou lhe seja impossível concedê-la."

pensador francês Marcel Mauss, um dos pais da sociologia, escreveu, em 1923, um estudo clássico: "Ensaio dobra a dádiva: forma e razão da troca nas sociedades arcaicas".[82] Nele, Mauss analisa o fato de que, moralmente, quem recebe uma dádiva mantém-se obrigado, pois existe um espírito de reciprocidade. Com efeito, a doação acaba por criar um vínculo moral entre as partes. O direito reconhece esse dever de gratidão como um reflexo de um valor positivo e saudável.[83]

Caso essa gratidão não seja observada, com atos que demonstrem, ao contrário, a falta de atenção e respeito do donatário com seu benfeitor, o ordenamento jurídico dará ao doador uma ferramenta, a fim de extinguir a doação: a revogação. Por meio dessa revogação, o doador cancela o ato, retornando a situação ao estado anterior à liberalidade.

Possivelmente as donatárias mais ingratas registradas na literatura são as filhas mais velhas do rei Lear, Goneril e Regan. Como conta a famosa peça de Shakespeare, o rei doa para essas duas filhas o seu reino. Contudo, muito rapidamente, essas donatárias se revelam ingratas, tirando todo o conforto do pai, que acaba por enlouquecer. "Mais doloroso do que o dente de uma cobra é ter um filho ingrato", registra-se na peça. Aliás, Shakespeare diz, também em *Rei Lear*, que a ingratidão é o "demônio de coração de mármore". Tivesse o rei Lear as ferramentas jurídicas adequadas, poderia revogar a doação, diante da ingratidão, e reaver seu reino.

revogação por ingratidão

Requerer essa revogação, decorrente da ingratidão, constitui faculdade irrenunciável do doador (artigo 556),[84] ou seja: não pode o doador renunciar antecipadamente ao direito de eventualmente requerer a revogação do ato. Trata-se de direito personalíssimo. Embora o doador não possa renunciar antecipadamente ao direito de revogar a doação, tem como desconsiderar os atos pretéritos, que, idealmente, teriam como ensejar a revogação. Admite-se, evidentemente, o perdão.

A ideia de que a doação pode ser revogada em decorrência da ingratidão do donatário é antiga. Era prevista por Justiniano.

Imagine-se o doador que recebeu uma calúnia do donatário. Ele poderia suscitar a revogação. Contudo, decide nada fazer. Neste caso, o doador abriu mão de reclamar a revogação de seu ato, perdoando o donatário. Apenas existirá esse poder em relação aos fatos já conheci-

---

82 Marcel Mauss, *Sociologia e Antropologia*, 4ª reimpressão, Cosac Naify, São Paulo, 2011.

83 Nesse passo, vale repetir a doutrina de Arnaldo Rizzardo: "Estas e outras razões fazem reconhecer que o doador se torna credor se torna credor de gratidão, cumprindo ao donatário mostrar-se reconhecido. Dir-se-ia que há um dever moral, o que obriga a concluir que a moral e o direito nunca andaram tão juntas como nesta situação." (Contratos, 8ª ed., Rio de Janeiro, Forense, 2008, p. 471).

84 "Art. 556. Não se pode renunciar antecipadamente o direito de revogar a liberalidade por ingratidão do donatário."

dos do doador. Em outras palavras, o doador tem inteira ciência do ato do donatário, mas preferiu nada fazer. Não se admite, contudo, que o doador renuncie ao direito, antes de conhecer a situação.

O conceito de revogação da doação era conhecido dos romanos. Já naquela época, a revogação foi regulada. Ocorreu que, inicialmente, a doação feita por um senhor ao seu ex-escravo poderia ser revogável livremente pelo doador. Isso, claro, gerava inseguranças. Daí para se admitir que apenas se poderia revogar a doação se verificada a ingratidão do liberto.[85]

A revogação, como informa o artigo 555 do Código Civil,[86] se dará nos casos de ingratidão do donatário e de descumprimento do encargo. Apenas nesses casos. O Código alemão menciona a possibilidade de revogação na hipótese de o doador, tempos depois da doação, empobrecer-se. A lei francesa, por sua vez, admitiu que se revogasse a doação se o doador, depois do ato, tivesse um filho. A nossa lei não previu nenhuma dessas situações.

Para que se opere a revogação, o doador deve suscitá-la judicialmente, pois a desconstituição do ato não ocorrerá com a simples declaração de vontade do doador. Antes, é necessário que o Judiciário se manifeste, reconhecendo o ato de ingratidão do donatário, apto a revogar a doação.

O artigo 1.183 do Código de 1916, relativo aos casos de revogação das doações, dizia que "Só se podem revogar..." e então enumerava as hipóteses. Como a norma começava fazendo menção a esse termo "Só", entendia-se que se tratava de uma lista taxativa, que não admitia outras situações, salvo aquelas expressamente referidas[87].

"Só", para alguns, é um advérbio, na medida em que modifica o verbo. Para outros gramáticos, entretanto, o termo "só" é uma palavra denotativa de exclusão.[88] Não há dúvida de que o termo restringia. A leitura do dispositivo hoje revogado era a de que as hipóteses nele previstas referiam-se a *numerus clausulus*. Essa era, aliás, a visão dos clássicos, pois as *Institutas* de Justiniano admitiam a revogação somente em casos expressos.

---

85 M.I. Carvalho de Mendonça, *Contractos no Direito Civil Brasileiro*, 2ª ed., Rio de Janeiro, Editora Freitas Bastos, 1939, p. 77.

86 "Art. 555. A doação pode ser revogada por ingratidão do donatário, ou por inexecução do encargo."

87 "DOAÇÃO. REVOGAÇÃO. INGRATIDÃO DO DONATÁRIO. - O Art. 1.183 do CC/1916 é taxativo ao relacionar as hipóteses de revogação da doação.1.183CC/1916- Desapego afetivo e atitudes desrespeitosas não bastam para deserdamento. É necessária a demonstração de uma das hipóteses previstas no Código Beviláqua." (STJ - 791154 SP 2005/0179085-2, Rel.: Ministro Humberto Gomes de Barros, J.: 20/02/2006, T3 - Terceira Turma)

88 Celso Ferreira da Cunha, *Gramática da Língua Portuguesa*, 12ª Ed., Rio de Janeiro, FAE, 1990, p. 508.

A redação do novo Código, no artigo 557,[89] que agora trata da revogação da doação, deixou de repetir a partícula "só". Agora, o dispositivo começa: "Podem ser revogadas por ingratidão..." e menciona os casos.

A mudança na redação do dispositivo tem a maior relevância, pois o legislador quis retirar o conceito restritivo que havia na lei, para adotar um mais aberto. Claramente, o rol referido no artigo 557 passou a ser apenas exemplificativo, e não mais taxativo, como acontecia na vigência do Código Civil revogado.[90]

Ademais, há hipóteses, na vida, que justificariam a revogação, embora não elencadas nos incisos do artigo 557, como o caso, para colorir com exemplos, de o donatário enganar o doador numa operação financeira, de o donatário roubar o doador ou de o donatário tornar-se inimigo do doador.

Vale, aqui, fazer uma referência à lei alemã, que, no § 530, menciona que o juiz, diante da situação concreta de "grande ingratidão", poderá admitir a revogação da doação. A lei tedesca, assim, oferece uma cláusula geral, deixando ao prudente arbítrio do juiz a análise do caso, para indicar se o fato enseja a revogação.

De toda sorte, ainda hoje, há quem sustente que os casos referidos no artigo 557 são taxativos,[91] hipótese em que não se poderia admitir que outras situações, não referidas pela norma,

---

89 "Art. 557. Podem ser revogadas por ingratidão as doações:
I - se o donatário atentou contra a vida do doador ou cometeu crime de homicídio doloso contra ele;
II - se cometeu contra ele ofensa física;
III - se o injuriou gravemente ou o caluniou;
IV - se, podendo ministrá-los, recusou ao doador os alimentos de que este necessitava.'

90 Nesse sentido tem-se posicionado a melhor jurisprudência:
"DOAÇÃO Revogação Ingratidão Desrespeito (palavras ofensivas e gestos degradantes) constante da donatária para com a doadora (pessoa de idade avançada) que construiu uma casa residencial no imóvel doado para abrigá-la - Ação julgada procedente - Sentença confirmada Apelo não provido." (TJSP 9115350-44.2004.8.26.0000, Rel.: José Carlos Ferreira Alves, julg. 02.08.2011, 2ª Câmara de Direito Privado)
"DOAÇÃO- Revogação - Ingratidão - Prática de diversas condutas abertamente agressivas para com os doadores, ameaçando-os, xingando-os, impedindo-lhes de ver a única neta, desrespeitando-os na frente de estranhos, tentando extinguir a reserva de usufruto que tinham sobre os imóveis doados - Comportamento manifestamente hostil e ofensivo incompatível com o benefício pretérito das doações - Ausência de prova concludente de que as doações teriam na verdade a natureza de permuta de ativos - Conceito de ingratidão - Inteligência Ari. 557 do novo CC - Revogação - Rol de condutas é exemplificativo - Comportamento do donatário lesivo à honra dos doadores - Ação procedente - Recurso improvido." (TJSP 6713514500, Rel.: Francisco Loureiro, julg. 29.10.2009, 4ª Câmara de Direito Privado)

91 Contrário a essa orientação, entendendo que o artigo 557 indica, ainda hoje, uma lista taxativa, Carlos Roberto Gonçalves, *Direito Civil Brasileiro 3*, 7ª ed., São Paulo, Saraiva, 2010, p. 300.

também pudessem ensejar a revogação. A melhor orientação parece ser a de admitir que outras situações, e não apenas aquelas mencionadas na norma, sirvam como fundamento para revogar a doação, na medida em que demonstrem o desrespeito e a ingratidão do donatário.

O artigo 557 arrola quatro hipóteses de revogação da doação, sem prejuízo, como acima se defendeu, de se aceitarem outros casos.

<small>atentado contra a vida do doador</small>

A primeira situação mencionada é de atentado, pelo donatário, contra a vida do doador. Não envolve, evidentemente, o crime culposo, mas apenas o doloso, isto é, o ato do donatário contra a vida do doador deve ser intencional. Em outras palavras, o donatário agiu para matar o doador.

Não há necessidade de que o doador venha a morrer com a iniciativa do donatário; basta que o donatário tenha tentado matá-lo. Assim, o dispositivo abarca tanto o homicídio quanto a sua tentativa.

Caso o doador vir a morrer em decorrência do ato do donatário, o direito de requerer a revogação passa aos herdeiros do doador, indica o artigo 561[92]. Esse mesmo dispositivo, ao seu final, apresenta uma importante ressalva: se o doador, apesar da tentativa do donatário, o perdoar, não será possível iniciar a demanda para revogar a doação.

Com efeito, a iniciativa dessa ação é apenas do doador. Como direito personalíssimo, ele sequer se transmite. Podem os herdeiros, contudo, continuar a ação já iniciada.

O artigo 935 do Código Civil[93] fala da independência da justiça civil em relação à penal, porém reconhece a prevalência dos fatos apurados pelo juízo criminal. Esse dispositivo tem especial importância neste particular. Isso porque se houver um crime contra a vida de alguém – no caso, do doador –, o fato será apurado pela justiça penal, visando a punir os responsáveis. Os fatos reconhecidos na justiça penal – porém não as suas consequências – serão considerados na justiça cível. Isso porque, no nosso ordenamento, não há uma total independência entre a jurisdição cível e a penal. Ao contrário, há uma prevalência desta última. Se a justiça penal entender que, por exemplo, o donatário tentou matar o doador, a justiça civil pode dar a esse fato a consequência que quiser, mas não terá como considerar que não houve essa tentativa de homicídio.

Permita-se o exemplo: o doador acredita que o donatário atentou contra a sua vida. Inicia-se uma ação no âmbito da Justiça

---

92 "Art. 561. No caso de homicídio doloso do doador, a ação caberá aos seus herdeiros, exceto se aquele houver perdoado."

93 "Art. 935. A responsabilidade civil é independente da criminal, não se podendo questionar mais sobre a existência do fato, ou sobre quem seja o seu autor, quando estas questões se acharem decididas no juízo criminal."

Penal, a fim de que o donatário seja responsabilizado pelo suposto atentado e, ao mesmo tempo, o doador ajuíza uma demanda na Justiça Cível para revogar a doação, por ingratidão, com base no mesmo fato. Ocorre que, na Justiça Penal, chega-se à conclusão de que o donatário é absolutamente inocente e, digamos, nem estava presente no dia do alegado atentado à vida do doador. Esse fato deve ser levado em consideração na Justiça Cível. Pode ainda a Justiça Penal entender que o donatário agiu em legítima defesa, contra uma agressão do doador. O fato também deverá repercutir na Justiça Cível. Não pode o juiz cível rediscutir o fato, mas aceitar o julgamento da Justiça Penal.

A situação será distinta se o donatário for absolvido na ação penal, por exemplo, pela falta de provas. Neste caso – e, a rigor, em qualquer outro no qual a ação penal se extinga sem o julgamento do mérito da ilicitude do donatário –, a Justiça comum pode apreciar o fato, ou seja, se o donatário tentou assassinar o doador, fundamento da ação de revogação.

ofensa física ao doador

Outra hipótese enumerada pelo artigo 557[94], que justifica a revogação da doação, ocorre se o donatário cometeu ofensa física contra o doador.

Necessário, nesse caso, a existência de um ato material concreto contra o doador e que a iniciativa seja dolosa.

De outra ponta, não é fundamental que a violência seja grave. Muitas vezes, um tapa na face, embora altamente humilhante, sequer deixa vestígios. Basta que se prove a violência para que se possa suscitar a revogação.

A ameaça de lesão não é referida expressamente no inciso II do artigo 557. Entretanto, se essa ameaça, seja diretamente ao doador ou dirigida às pessoas da família deste, for grave, nada impede que ela seja enquadrada como ato de ingratidão, suficiente, se assim o juiz entender, para revogar a doação[95].

atos contra a honra do doador

Também poderá revogar a doação a situação de o donatário cometer injúria ou calúnia contra o doador.

Embora não haja referência expressa no dispositivo, a difamação também acarretará o mesmo efeito de permitir a revogação. O

---

94 "Art. 557. Podem ser revogadas por ingratidão as doações:
I - se o donatário atentou contra a vida do doador ou cometeu crime de homicídio doloso contra ele;
II - se cometeu contra ele ofensa física;
III - se o injuriou gravemente ou o caluniou;
IV - se, podendo ministrá-los, recusou ao doador os alimentos de que este necessitava."

95 Paulo de Tarso Vieira Sanseverino, *Contratos Nominados II*, 2ª ed., São Paulo, Ed. Revista dos Tribunais, 2011, p. 176.

interesse do legislador é envolver toda a ofensa moral ao doador cometida pelo donatário, pois este deveria manter-se grato, e não agredir o seu benfeitor. Portanto, todos os atos que maculem a honra do doador podem ser apresentados como fundamento para a revogação. As referências a tipos penais conhecidos de ofensa à honra podem servir para nortear o intérprete. Contudo, o conceito a ser perseguido, para fins de avaliar a incidência desse dispositivo, deve ser mais generoso e amplo do que aquele do Direito Penal.

De toda sorte, como se disse, os tipos penais ajudam a identificar as situações. A calúnia consiste na imputação de crime, como ensina o artigo 138 do Código Penal. Portanto, caso o donatário acuse o doador de ter cometido algum crime, como, por exemplo, ser um homicida ou um corruptor, o doador poderá reclamar a revogação de seu ato de liberalidade.

Para que não seja aplicável a sanção penal, o autor do ato supostamente lesivo pode recorrer à exceção da verdade, ou seja, esclarecer que o fato alegado é verdadeiro, hipótese na qual não haverá ilícito de calúnia.

A difamação, prevista no artigo 139 do Código Penal, consiste na imputação de fato ofensivo: "Não toma banho", "não tem coração".

Finalmente, a injúria, prevista no artigo 140 do Código Penal, é a ofensa da dignidade: "sujo", "ladrão".

Embora se recorra aos conceitos advindos do Direito Penal, a análise do juiz cível, acerca da amplitude dos mesmos, deve ser mais abrangente. Demonstrado que o donatário agrediu o doador e que isso gerou no doador um efetivo dano moral, natural que se permita a revogação.

Por todas as razões, não pode, com relação a este tema, haver um exagero, a ponto de se permitir que o doador reclame a revogação da doação em toda e qualquer situação que se sinta desprestigiado pelo donatário. Há que haver uma concretude no fato tido como lesivo e levar-se em conta uma razoável suscetibilidade. Cumpre aferir se o respeito, que deve presidir as relações humanas, foi desprezado e o donatário destratou o doador.

recusa de alimentos

A última hipótese referida na lei consiste na situação de o donatário ter recusado alimentos ao doador. Neste caso, o doador deve, efetivamente, necessitar dos alimentos e haver possibilidade de o donatário prestá-los.

O dever de prestar alimentos, como se sabe, é aquele no qual uma pessoa deve dar à outra meios necessários para a sua manutenção e dignidade. Muitas vezes, é um valor, para que o alimentando possa adquirir comida, vestimentos, remédios e tenha acesso aos estudos e à cultura. O tema será abordado adiante, quando se tratar do mútuo ao menor. Normalmente, esse dever existe em função do vínculo familiar. Assim, em regra, o pai deve alimentos aos filhos.

Entende a lei que, pelo fato de ter recebido uma doação, o donatário deve prestar esses alimentos ao doador, até mesmo como uma forma de manifestar a sua gratidão. Caso o doador, tempos depois do ato de liberalidade, sofra uma alteração de seu estado econômico e experimente dificuldades, deve o donatário auxiliá--lo – se isso for requerido –, oferecendo alimentos. Caso contrário, poderá o doador requerer a revogação da doação, a fim de reaver o que foi doado. Naturalmente, a obrigação do donatário prestar alimentos apenas tem lugar se para este for possível oferecer esses alimentos, isto é, quando o donatário tiver condições financeiras de ajudar o doador.

Deve o doador, que requerer os alimentos, demonstrar a sua necessidade, isto é, que, de fato, precisa daqueles alimentos para a sua subsistência mínima e não tem outros meios. Clovis Beviláqua menciona que o donatário, uma vez convocado para oferecer esses alimentos, tem como escapar do dever – e da sanção de perda da doação – se comprovar que existem parentes próximos do doador, com condição de prestar esses alimentos.[96] Essa, contudo, não parece ser a melhor solução. Independentemente da existência de parentes, se o doador estiver necessitando os alimentos, o donatário deve ajudá-lo. Caso contrário, estará agindo de forma ingrata, fazendo incidir a *ratio* do dispositivo legal, que admite a revogação.

É irrelevante o valor da doação. Para o fim de aferir a ingratidão, basta que os alimentos não sejam prestados, embora necessários.

Registra o artigo 558[97] que a revogação também pode ocorrer se o ofendido, em todas as hipóteses referidas no artigo anterior, for parente do doador. O dispositivo – uma novidade do Código de 2002 – é muito inteligente. Afinal, os parentes próximos de uma pessoa são um prolongamento de si mesmo. Atacar os parentes próximos do doador significa o mesmo que atacar o próprio. Não é a toa que a maior vingança de todas foi aquela narrada pelo grego Eurípedes, na sua tragédia "Medeia", apresentada em 431 a.C. Nela, Medeia, ao ser trocada por outra por seu marido Jasão, matou os filhos comuns. Com isso, causou o maior mal possível a Jasão.[98] Afinal, como a paternidade e a maternidade mostram, não há dano mais grave para um ser humano do que agredir seus filhos. Se o donatário faz mal

---

96 Clovis Bevilaqua, *Código Civil dos Estados Unidos do Brasil*, Vol. IV, 11ª ed., Rio de Janeiro, Livraria Francisco Alves, 1958, p. 283.

97 "Art. 558. Pode ocorrer também a revogação quando o ofendido, nos casos do artigo anterior, for o cônjuge, ascendente, descendente, ainda que adotivo, ou irmão do doador."

98 Ver José Roberto de Castro Neves, *A Invenção do Direito*, Rio de Janeiro, Edições de Janeiro, 2015.

a um familiar próximo do doador, pode, com isso, magoar de forma mais pungente o doador, o que justifica a revogação.

O artigo 558 fala do cônjuge, dos ascendentes e dos descendentes. Não incluiu os colaterais, por vezes bem próximos, como tios e sobrinhos. A lei também não falou do companheiro. Com relação a este último, a melhor interpretação é aquela que equipara, para esses fins, o cônjuge ao companheiro, de sorte que, caso a agressão do donatário esteja dirigido ao companheiro, deve o intérprete entender como plenamente incidente o comando do artigo 558.

Com relação aos colaterais, permite-se duas leituras; a primeira é a de excluir os colaterais, na medida em que a redação da norma não os mencionou. A segunda interpretação é a de procurar o objetivo finalístico da norma, consistente em impedir que o donatário agrida o doador. Portanto, caso se demonstre que o colateral era emocionalmente bem próximo ao doador e que o donatário, ao fazer um mal a esse colateral, destratou o doador, é justo advogar que o doador tem como revogar a doação, pois estará presente a ingratidão.

Atente-se que todas as hipóteses acima referidas se relacionam à ingratidão do donatário, que se manifesta de diversas formas: por um crime contra o doador, por uma ofensa à sua honra, deixando de lhe prestar solidariedade. Entretanto, há, como facilmente se intui, uma gama de outros meios de o donatário expressar a sua ingratidão, que, na melhor leitura do dispositivo, devem, da mesma forma, acarretar na possibilidade de o doador requerer a revogação do seu ato de generosidade.

Caberá ao prudente arbítrio do Judiciário, uma vez apresentado o caso concreto, avaliar se a conduta do donatário é de tal modo agressiva ao doador a ponto de permitir a revogação. Não será qualquer contratempo ou ofensa que permitirá a revogação, sob pena de a doação se transformar num ato muito frágil, sujeito à mudança da vontade ou de um capricho do doador. O ato que justifica a revogação deve ser sério.

prazo para reclamar a revogação

O prazo – decadencial – para reclamar a revogação é de um ano, contado da data em que o doador tiver ciência do fato e de que o donatário foi o seu autor, diz o artigo 559[99]. Esse mesmo prazo de um ano era referido no artigo 1.184 do Código de 1916[100]. É importante ressaltar que esse prazo apenas inicia quando o doador tiver ciência de que o donatário era o responsável porque, não raro, há

---

99 "Art. 559. A revogação por qualquer desses motivos deverá ser pleiteada dentro de um ano, a contar de quando chegue ao conhecimento do doador o fato que a autorizar, e de ter sido o donatário o seu autor."

100 "Art. 1.184. A revogação por qualquer desses motivos pleitear-se-á dentro em um ano, a contar de quando chegues ao conhecimento do doador, fato, que a autorizar (Art. 178, § 6º, n. I)."

uma diferença no tempo entre o ato nocivo e o momento em que se conhece a sua autoria. Aliás, pode ocorrer de o atentado à vida do doador o leve ao hospital e ele fique por um tempo, por exemplo, em coma. Apenas quando ele retomar a consciência, saberá que o autor do atentado à sua vida foi o donatário. Eis, aí, quando passa a fluir o prazo de um ano.

Caso o prazo transcorra sem uma atitude do doador, visando a anular o ato gracioso, perde-se o direito de reclamar a revogação. Presume-se, nesse particular, que o doador perdoou o donatário.

Vale lembrar, como antes referido, que o direito de requerer a revogação não passa para os herdeiros do doador. Trata-se, inequivocamente, de um direito personalíssimo. A lei apenas admite, no artigo 560,[101] que os herdeiros do doador prossigam a ação iniciada pelo doador, caso este venha a falecer depois de já iniciada a demanda.

A exceção a essa regra encontra-se no artigo 561[102] e decorre de uma obviedade: caso o doador for vítima de um homicídio doloso do donatário, o primeiro não poderá, evidentemente, iniciar uma ação. Os herdeiros do falecido, neste caso, terão legitimidade para propor a demanda. A lei abre uma exceção, nesse ponto, à natureza personalíssima da ação de revogação. Faz isso por motivos óbvios: o legitimado titular morreu. Apenas seus herdeiros poderão reclamar a revogação. Isso apenas não ocorrerá, como também prevê o dispositivo, se, antes de morrer, o doador houver perdoado o donatário.

doações que não podem ser revogadas por ingratidão

O artigo 564[103] indica as hipóteses nas quais a doação não pode ser revogada por ingratidão. São os casos de doações puramente remuneratórias, as oneradas com encargo já cumprido, as feitas em cumprimento de obrigação natural e as realizadas para um determinado casamento.

Em todos esses casos, o donatário não tem dever moral com o doador, porque a causa (atente-se que aqui se empregou um termo técnico) não foi a vontade de fazer uma liberalidade pura em benefício do donatário – que distingue os negócios gratuitos –, porém o interesse de retribuir uma atitude do donatário.

---

101 "Art. 560. O direito de revogar a doação não se transmite aos herdeiros do doador, nem prejudica os do donatário. Mas aqueles podem prosseguir na ação iniciada pelo doador, continuando-a contra os herdeiros do donatário, se este falecer depois de ajuizada a lide."

102 "Art. 561. No caso de homicídio doloso do doador, a ação caberá aos seus herdeiros, exceto se aquele houver perdoado."

103 "Art. 564. Não se revogam por ingratidão:
I - as doações puramente remuneratórias;
II - as oneradas com encargo já cumprido;
III - as que se fizerem em cumprimento de obrigação natural;
IV - as feitas para determinado casamento."

Essa impossibilidade de revogação, contudo, não é absoluta e deve ser apreciada com inteligência.

A doação remuneratória, por exemplo, pode ser revogada na parte que exceder o que era a remuneração. Tome-se o seguinte exemplo: um determinado médico salva a vida de uma pessoa, com uma providencial intervenção, mas nada cobra por sua atuação. O paciente, muito agradecido, decide fazer uma doação para remunerar o salvamento. Contudo, embora a consulta do médico custe certo valor, o salvado resolve fazer uma doação em valor correspondente a dez consultas. Ocorre que, pouco tempo depois, o tal médico, por exemplo, atenta contra a vida do doador, a justificar a revogação da doação. Pois poderá haver a revogação na parte do ato que não expressava a remuneração. Em outras palavras, a parte da doação que representava uma doação pura poderá ser revogada. No exemplo, nove décimos do que foi doado está sujeita a revogação.

doação com encargo

O mesmo se pode dizer da doação com encargo. Não será revogável apenas no que se relacionar ao cumprimento do encargo[104], de acordo com a inteligência do artigo 540[105]. Com efeito, a impossibilidade de revogação de doação com encargo apenas faz sentido se o encargo for de tal modo oneroso que o retorno da situação ao seu estado anterior – com a devolução do bem doado – acarretasse uma grande injustiça econômica ao donatário. Caso o encargo não tenha maior repercussão econômica, poderá haver a revogação – caso o donatário se revele indigno –, mas o doador ficará obrigado a restituir ao donatário o que este gastou para cumprimento do encargo.

Tome-se o exemplo de uma pessoa que doou a outra um valioso e raro carro, com o encargo de que o donatário levasse o automóvel para reparos ao menos uma vez a cada seis meses. O donatário vinha cumprindo o encargo, mantendo o carro de forma impecável. Porém, o donatário revelou-se ingrato. Não parece razoável que se impeça a revogação, caso se demonstrem os atos do donatário, agressivos em relação ao doador. De outro lado, o donatário terá direito a ser restituído do que gastou para reparar o automóvel.

obrigação natural

O legislador não foi muito técnico na redação do artigo 564, III, ao dizer não se poderia revogar a doação feita em cumprimento de obrigação natural. Na verdade, o pagamento feito em cumprimento de obrigação natural não é doação. Na obrigação natural,

---

104 Arnaldo Rizzardo, *Contratos*, 8ª ed., Rio de Janeiro, Forense, 2008, p. 475.

105 "Art. 540. A doação feita em contemplação do merecimento do donatário não perde o caráter de liberalidade, como não o perde a doação remuneratória, ou a gravada, no excedente ao valor dos serviços remunerados ou ao encargo imposto."

existe o débito, entretanto o credor já não pode cobrar o pagamento (falta a *obligatio*). Isso ocorre, por exemplo, nas dívidas de jogo e nas prescritas. Se o devedor de uma obrigação natural arca com a dívida, ele está pagando uma dívida existente. Não se trata de uma doação, porém do pagamento de uma dívida. Evidentemente, esse pagamento não poderá ser desfeito por conta da ulterior ingratidão do credor.

O que há de comum nas duas hipóteses (doação e pagamento de uma dívida de obrigação natural) é que, em ambas, quem transfere o bem (o doador ou o devedor) decide realizar a atividade sem que exista um dever jurídico que o obrigue a tanto. Contudo, no caso da doação, o doador age porque deseja primordial e exclusivamente beneficiar o donatário. No cumprimento de uma obrigação natural, o devedor age, ao menos em alguma parte, porque tem um dever moral de cumprir com a obrigação, ainda que ela não possa ser exigida.

terceiro de boa-fé

A revogação deve respeitar o interesse de terceiros, diz o artigo 563.[106] Com efeito, a revogação não pode prejudicar o terceiro de boa-fé. Afinal, até a revogação, o donatário tem a propriedade da coisa doada de boa-fé e pode transferi-la livremente. Se já tiver transferido o bem doado de boa-fé, antes do início do processo de revogação, apenas deverá devolver o valor do bem ou da vantagem doada, no caso de revogação. Protege-se, assim, o terceiro de boa-fé, que negociou com o donatário e recebeu o bem.

Entende-se que, até ser citado da ação na qual se reclama a revogação, o donatário é possuidor de boa-fé.

restituição impossível da coisa doada

Se a restituição da coisa doada já não for possível, o donatário fica obrigado a devolver ao doador equivalente em dinheiro. Para aferir o montante dessa indenização, o artigo 563, no seu final, determina que se afira o "meio-termo do seu valor". A definição do conceito de "meio-termo" não é fornecida pela lei. Ao que tudo indica, trata-se da aferição do valor médio que o bem, objeto da doação, recebeu no tempo, isto é, entre o momento em que o bem doado foi entregue e aquele no qual a ação de revogação foi ajuizada. Avalia-se a flutuação dos valores para apontar esse "meio-termo".

Imagine-se que alguém recebeu um imóvel em doação, mas, posteriormente, foi reconhecido como ingrato. Cumpre ao donatário devolver o imóvel. Se já o tiver alienado, entregará o preço médio desse bem, isto é: afere-se qual foi a variação de seu valor para apurar o montante a ser restituído. Note-se que o legislador, no caso, fez uma opção. A lei não manda que o donatário devolva o preço

---

[106] "Art. 563. A revogação por ingratidão não prejudica os direitos adquiridos por terceiros, nem obriga o donatário a restituir os frutos percebidos antes da citação válida; mas sujeita-o a pagar os posteriores, e, quando não possa restituir em espécie as coisas doadas, a indenizá-la pelo meio termo do seu valor."

que obteve com a alienação do bem doado, mas que restitua o preço médio, que eventualmente pode ser maior ou menor do que o preço obtido pelo donatário com a venda do bem.

Também não deve o donatário devolver os frutos percebidos antes de ser citado da ação na qual se reclama a revogação. Afinal, até a revogação, a propriedade do bem era do donatário. Todavia, se a ação for, ao final, julgada procedente, caberá ao donatário restituir ao doador os frutos percebidos depois da citação.

Assim, em resumo, podem ser revogadas por ingratidão as doações puras, as doações com encargo (antes do cumprimento destes e na parte que exceder o valor dos encargos), as remuneratórias (na parte que exceder o valor da remuneração) e as doações feitas por merecimento.

descumprimento de encargo

A revogação também pode ocorrer por descumprimento de encargo, indicam os artigos 555[107] e 562[108]. Com a revogação, caberá ao donatário restituir o que recebeu com a doação.

A rigor, se o donatário deixar de cumprir o encargo, o primeiro remédio do doador consiste em exigir do primeiro o cumprimento da obrigação.

Se não houver prazo estipulado para cumprimento do encargo ou não for esse prazo decorrente da natureza do negócio, o doador poderá notificar o donatário indicando um prazo razoável para que este cumpra o encargo, informa a segunda parte do artigo 562.

Caso o donatário siga inadimplente, o doador – ou o Ministério Público, no caso do parágrafo único do artigo 553[109] – iniciará o processo para requerer a revogação.

A norma, de forma inteligente, deu legitimidade ao Ministério Público, para que este promova a ação para reclamar o cumprimento do encargo. Isso, contudo, apenas poderá ocorrer se o cumprimento do encargo for de interesse da coletividade. Imagine-se, por exemplo, que uma pessoa doe a outra uma casa com um enorme jardim florido, estipulando o encargo que, nos domingos, o doador franqueie o acesso do público ao tal jardim. O interesse, nesse caso, de que o encargo seja cumprido é de toda a coletividade. Se o donatário deixar de respeitar o dever imposto pelo encargo, o Ministério Público terá legitimidade para reclamar o seu cumprimento.

A sanção para o não cumprimento é a revogação da doação.

---

107 "Art. 555. A doação pode ser revogada por ingratidão do donatário, ou por inexecução do encargo."

108 "Art. 562. A doação onerosa pode ser revogada por inexecução do encargo, se o donatário incorrer em mora. Não havendo prazo para o cumprimento, o doador poderá notificar judicialmente o donatário, assinando-lhe prazo razoável para que cumpra a obrigação assumida."

109 "Art. 553. O donatário é obrigado a cumprir os encargos da doação, caso forem a benefício do doador, de terceiro, ou do interesse geral.
Parágrafo único. Se desta última espécie for o encargo, o Ministério Público poderá exigir sua execução, depois da morte do doador, se este não tiver feito."

efeitos da revogação

Como acontece nas obrigações de fazer, é possível que o encargo deixe de ser cumprido e já não haja mais como realizar a atividade. Tome-se exemplo da pessoa que doou à outra um carro com o encargo de que o donatário participasse de certa corrida. Ocorre que houve a corrida e o donatário sequer nela se inscreveu. O encargo não foi cumprido e sequer é possível que seja, pois a corrida já ocorreu. Nesses casos, não há como requerer o cumprimento do encargo, mas apenas reclamar a anulação do ato gracioso e eventualmente uma indenização, caso se consiga demonstrar o dano.

A revogação não anula a doação. Ela não passa a ser ilícita. Da revogação decorre a obrigação de donatário restituir o que recebeu ao doador. Razoável entender que o donatário fica com o dever de restituir o objeto doado e eventualmente seus frutos desde o momento em que foi citado judicialmente pelo doador, que reclamou a perda de eficácia do negócio benéfico, em decorrência da ingratidão.

Se a doação foi feita a um grupo de pessoas e, entre elas, apenas um ou alguns for ingrato, pode-se reclamar a revogação apenas deste ou destes.

Promessa de doação

A promessa de doação, *pactum de donando* ou *pactum donationis*, é um conceito bem antigo, sancionado por Justiniano em 530 da nossa era, transformado, então, num pacto legítimo e exigível[110].

Discute-se, entre nós, a possibilidade jurídica da promessa de doar. Para muitos, esse tipo de promessa faz sentido nos sistemas jurídicos nos quais a propriedade se transfira com o contrato (como ocorre, por exemplo, na França e em Portugal). Lá, entende-se que se queira distanciar o momento no qual se ajusta uma obrigação daquele no qual a propriedade efetivamente se transfira. Entretanto, no ordenamento jurídico vigente no Brasil, o contrato goza apenas de efeitos obrigacionais. Por isso, muitos advogam que a promessa de doação não se justifica diante do caráter de generosidade da doação[111].

---

110 José Carlos Moreira Alves, *Direito Romano*, vol. II, 6ª Ed., Rio de Janeiro, Forense, 1997, p. 201.

111 Veja-se, a propósito, o seguinte acórdão que sustentou não haver precisão, no nosso ordenamento, da promessa de doação:
"Partilha de bem imóvel de casal divorciado. Intenção de doação aos filhos com reserva de usufruto ao cônjuge varão. Modificação da intenção por parte da varoa com pedido de partilha no divórcio. Conversão da separação em divórcio sem partilha. Pedido específico posterior. Resistência do varão. Ausência de previsão de contrato preliminar de promessa de doação no ordenamento jurídico. Possibilidade de partilha posterior ao divórcio. Recurso provido por aplicação do princípio da instrumental idade." (TJSP 1685284000, Rel.: Daise Fajardo Nogueira Jacot, julg. 15.10.2008, 7ª Câmara de Direito Privado)

Como se disse, defende-se ser impossível exigir que se cumpra o contrato de doação, a partir de uma promessa de doação, porque haveria a necessidade de o *animus donandi* estar presente na celebração do contrato de doação. De fato, há um certo contra-senso em se firmar uma doação sem esse *animus donandi*. De outro lado, o propósito de doar estava constante no momento em que se assinou a promessa. Busca-se dar uma segurança social ao proteger o promissário donatário. Afinal, este, com a promessa de doação, passou a ter a legítima expectativa de que receberia o objeto da doação, o que deve ser tutelado. Além disso, caso se entenda que a promessa de doação não pode ser exigida, tal negócio passa a não ter qualquer força jurídica. Ele serviria apenas como um "lembrete" ao promitente doador, que ficaria livre para firmar ou não o contrato de doação definitivo. Essa não parece ser a melhor orientação.

Veja-se, ainda, que, não raro, a promessa de doação está inserida dentro de uma negociação, ou mesmo de uma transação, na qual as partes fazem concessões recíprocas. Assim, considerar que a promessa de doação não teria amparo acarretaria o desequilíbrio da transação.

Permita-se invocar um exemplo bem prático. O casal que se separa comumente fixa no seu acordo que um deles fará uma doação (veja-se, promete-se a doação) de algum bem para os filhos do casal. Essa promessa é dada dentro de um contexto, que visa a guardar um equilíbrio. Se, no futuro, o promitente se recusar a cumprir a promessa de doação, o equilíbrio será desfeito, o que, por todos os motivos, afasta-se do razoável. Assim, mesmo para quem defende a impossibilidade de se obrigar alguém a celebrar o contrato de doação a partir de uma promessa de doação, em casos como o acima citado, no qual a promessa encontra-se inserida numa negociação, deve-se garantir o poder de o promissário donatário exigir o cumprimento do dever contido no *pactum de donando*.

Não parece haver uma ilegalidade nesse negócio, até mesmo porque a lei não veda esse tipo de estipulação (mas, ao contrário, prevê expressamente a possibilidade de as partes firmarem contratos preliminares, como se vê dos artigos 462 a 466 do Código Civil)[112].

Na verdade, os efeitos dessa promessa serão muito semelhantes ao do próprio contrato de doação. Se o promitente firmar o negócio, a parte, a quem se prometeu doar, poderá exigir o cumprimento da obrigação prometida, ou seja, a de se celebrar o contrato de doação –

---

112 A esta mesma conclusão, depois de um longo e fundamentado arrazoado, chega Arnaldo Rizzardo: "Não há dúvida, assim, quanto ao direito, pelo menos, à indenização. O vínculo obrigacional é firmado na oportunidade da formalização da promessa." (*Contratos*, 8ª ed., Rio de Janeiro, Forense, 2008, p. 452).

que, em última análise, fará com que o donatário receba o objeto da doação.

Contudo, caso, depois da promessa de doação, o promissário donatário adote qualquer ato de ingratidão, o promitente doador terá fundamento para recusar-se a firmar o contrato definitivo de doação.

A rigor, esse tipo de promessa tem interesse prático quando uma parte deseja fixar, desde logo, um dever para o futuro, quando certa situação se verificar.

LOCAÇÃO

A locação é um contrato de enorme uso social. Por meio dele, uma pessoa adquire de outra o direito de usar certo bem, por um período, em troca de uma contraprestação.

As pessoas podem querer usar um bem, mas não dispor dos meios para adquiri-lo. Também podem optar por não ter a coisa, embora desejem o seu uso. Esse uso do bem, mesmo sem adquiri-lo, está acessível, na medida em que o interessado obtém a coisa desejada por empréstimo ou por meio da locação.

Imagine-se a pessoa que pretende andar com um carro esportivo, mas não disponha do dinheiro para comprá-lo. Poderá, contudo, alugar esse automóvel, arcando com valor bem inferior ao da compra para usar o bem. Desfrutará da posse sem ter a propriedade.

Em outras situações, a pessoa não quer comprar o bem, mas apenas usá-lo durante certo período. Como a situação, por exemplo, daquele que se acidentou e terá que se valer de uma cadeira de rodas por um mês. Não faz sentido adquirir uma cadeira de rodas, bastando contratar o seu uso pelo período. A locação, portanto, tem enorme proveito e utilidade, pois consiste precisamente nesse contrato no qual uma pessoa paga pelo uso da coisa, por certo tempo.

a propriedade

Para compreender o contrato de locação, deve-se, entretanto, partir da propriedade. A propriedade, a rigor, engloba não apenas um, porém um feixe de direitos. Em regra, há o direito de usar, fruir, dispor e até o de proteger o objeto da propriedade.

Eventualmente, o proprietário transfere alguns desses direitos. Antes, ao estudar o contrato estimatório, apreciou-se a possibilidade de o proprietário transferir ao consignatário o direito de vender o bem, embora o proprietário mantivesse seu domínio.

Na locação, o proprietário cede a terceiro o uso e a fruição de um bem, mantendo-se com o direito de disposição. Assim a definição do artigo 565 do Código Civil[1].

locatio romana

Em Roma, havia três contratos abrangidos pela *locatio*. Por meio dele, uma pessoa remunerava outra – pagava a *merces* –, a fim de que esta lhe prestasse as atividades previstas nesses três contratos, que eram: a *locatio rei* (locação de coisas), a *locatio operis* (empreitada); e a *locatio operarum* (locação de serviços). Segundo Moreira Alves, o mais antigo dos contratos de locação é exatamente a *locatio rei*, do qual os outros dois contratos derivaram[2].

A locação de serviços (*locatio operarum*) tornou-se, em muitas situações, uma relação de trabalho, recebendo tratamento especial do ordenamento jurídico. Por vezes, será a prestação de serviços, referida nos artigos 593 a 609. O conceito é de que uma pessoa remunera a outra por uma atividade prestada.

A locação de obra – *locatio operis* –, hoje é objeto do contrato de empreitada, referido no Código Civil nos artigos 610 a 626.

Atualmente, a locação, examinada sob essa nomenclatura no Código Civil, se restringe à locação de coisas não fungíveis, a antiga *locatio rei*. O Código Civil alemão, de 1896, já havia feito isso.

locação no Código Civil

Cumpre ressaltar, desde já, que nem toda locação de coisa será regida pelo Código Civil. A locação de imóveis, por exemplo, pela sua repercussão social, passou a ser tratada a parte, em norma específica, a Lei nº 8.245, de 18.10.91, de que trataremos logo adiante. O mesmo se pode dizer da locação de terras, objeto da Lei nº 4.505, de 30.11.1964.

definição

Como mencionamos, na locação, uma parte cede temporariamente a outra o uso e a fruição de coisa não fungível, mediante uma remuneração, consoante a definição do artigo 565 do Código Civil[3].

A cessão da fruição, contudo, não é ilimitada. O locatário apenas pode fruir do bem na forma prevista no contrato.

Há, portanto, a transferência da posse do bem objeto da locação, entregue ao locatário.

personagens

As partes desse contrato recebem uma designação específica: o locador (ou senhorio, nas locações residenciais) é quem cede a posse do bem locado, mantendo, em regra, a propriedade. Já em Roma, aliás, o locador era designado *locator*. Do outro lado, o locatário (ou inquilino, nas locações residenciais) recebe a coisa.

---

1 "Art. 565. Na locação de coisas, uma das partes se obriga a ceder à outra, por tempo determinado ou não, o uso e gozo de coisa não fungível, mediante certa retribuição."

2 José Carlos Moreira Alves, *Direito Romano*, vol. II, Rio de Janeiro, Forense, 1997, p. 177.

3 "Art. 565. Na locação de coisas, uma das partes se obriga a ceder à outra, por tempo determinado ou não, o uso e gozo de coisa não fungível, mediante certa retribuição."

interpretação	No direito francês, a tradição da jurisprudência é a de interpretar o contrato contra o locador, normalmente a parte com mais força no momento da estipulação do contrato[4]. De fato, Baudry-Lacantinerie, já no começo do século passado, lecionava que "la locazione deve sempre interpretarsi contro il locatore"[5]. Entre nós, não há regra semelhante. Uma pena. De fato, normalmente o locador será a parte mais forte da relação e poderá adotar uma postura abusiva, no momento da contratação.
sinalagma	Locador e locatário estabelecem obrigações recíprocas: ao uso e ao gozo, concedido pelo locador, se contrapõe o dever de remunerar do locatário.
natureza	Trata-se de contrato oneroso e consensual, pois basta o acordo de vontades para que ele se aperfeiçoe. Não se trata de um contrato real. Ao contrário, a entrega da posse do bem locado é uma obrigação do locador, que pode ser exigida pelo locatário.
	Reconhece-se, também, a característica de contrato informal, que pode ser celebrado, até mesmo, verbalmente. A dificuldade que pode haver nos contratos verbais se relaciona à prova, se suceder um litígio entre as partes, pois quedará mais difícil precisar sua existência e extensão.
	As partes podem ajustar que a locação tenha uma natureza personalíssima. Entretanto, esse contrato não é, em regra, *intuitu personae*.
prazo	O Código Civil não prevê um prazo máximo para o contrato de locação. Todavia, não se admite uma locação eterna. No máximo, a locação pode ocorrer por prazo indeterminado, situação na qual o negócio poderá ser rescindido por iniciativa de qualquer das partes.
relação de consumo	Outra ressalva importante se relaciona ao fato de que, não raro, a locação se insere numa relação de consumo. Isso porque, muitas vezes, o locador nada mais é do que o prestador de um serviço e o locatário um consumidor. Imagine-se a pessoa que aluga talheres para uma festa de uma pessoa jurídica cuja atividade comercial consista precisamente no aluguel desses bens. Essa relação de locação é, também, de consumo. Assim, em muitos casos as duas regras – as constantes no Código Civil e aquelas do Código do Consumidor – devem conviver, necessitando que o intérprete compreenda as peculiaridades da relação de consumo, na qual, comumente, uma das partes tem menor informação sobre o objeto do negócio em comparação à outra e merece ser tutelada, na medida dessas desigualdades.
direito de superfície	Vale, na oportunidade, distinguir a locação do direito de superfície. Este se encontra previsto nos artigos 1.369 e seguintes do

---

4   Paulo Nader, *Curso de Direito Civil, Contratos*, vol. 3, 3ª ed., Rio de Janeiro, Forense, 2008, p. 243.

5   Baudry-Lacantinerie, *Contratto di Locazione*, vol. I, Milano, Casa Editrice Dottor Francesco Villardi, 1903, p. 31.

Código Civil. Trata-se da possibilidade de o proprietário permitir que outra pessoa construa ou plante em seu terreno, por tempo determinado, por meio de documento registrado no competente Registro de Imóveis.

Há, no direito de superfície, uma natureza real, diferente dos efeitos pessoais que emanam do contrato de locação. No direito de superfície, em regra, quem fica no imóvel devolve o bem, ao final do seu prazo, ao proprietário, acrescido das benfeitorias. Normalmente, o oposto vai ocorrer na locação, onde o locatário terá, salvo estipulação em contrário, direito de retenção até ser indenizado pelas benfeitorias.

<small>elementos essenciais</small>

São elementos essenciais da locação, assim como na compra e venda, o objeto, o preço e o consentimento. Entretanto, a locação possui um quarto elemento, que se justifica pela sua natureza temporária: o prazo.

Vale examinar cada um desses elementos.

<small>o objeto da locação</small>

Primeiro, vejamos a coisa. Em regra, qualquer bem pode ser objeto de locação, desde que infungível, pois, afinal, ao término da relação, o locatário deve devolver o bem – isto é, o mesmo bem dado – ao locador.

Atente-se que, na locação, a identificação da coisa, objeto do negócio, é muito importante, pois o locatário deve, ao fim do contrato, restituir aquela coisa, isto é, aquele bem específico e identificado.

Pela mesma razão, a coisa não pode ser consumível. A exceção ocorre se a coisa for locada apenas para exibição – *ad pompam vel ostentationem* –, como um bolo de casamento locado apenas para fazer uma "impressão" no evento, servindo como figuração.

Nada impede que se dê a locação de bens inalienáveis. A limitação está na sua disposição, não na cessão de seu uso ou gozo.

Também se pode locar bens incorpóreos, como, por exemplo, uma marca.

Evidentemente, a coisa locada deve ser lícita, assim como o destino de sua utilização. Não se admite, por exemplo, a locação de armas nucleares, nem, tampouco, a locação de facas para que se cometa um assassinato. Afinal, a finalidade do negócio deve ser lícita.

O locador não é necessariamente o dono da coisa. Basta que tenha poderes para locá-la. Normalmente, o locador detém a propriedade sobre o objeto da locação, mas isso não representa uma necessidade intransponível. Basta que o locador tenha poderes para entregar o bem ao locatário e garantir o uso da forma ajustada. Isso ocorre, para dar um exemplo, nos casos de sublocação, nos quais o locador, mesmo não sendo o proprietário, subloca a coisa a terceiro, assim como pode o usufrutuário dar em locação.

Evidentemente, a locação da coisa principal pressupõe o aluguel também dos acessórios, num corolário de que, em regra, os acessórios seguem o principal.

preço O preço é outro elemento essencial desse contrato. Ele consiste na contraprestação pela cessão temporária do bem. Afinal, a locação é um negócio bilateral oneroso.

A remuneração chama-se aluguel. Sem contraprestação do locatário, haverá comodato – a cessão graciosa – e não aluguel. Com efeito, se o preço for ínfimo, não haverá locação, mas outra figura.

O preço ainda deve ser determinado, ou, ao menos, determinável. Idealmente, o preço encontra-se estabelecido desde o início, em valor acordado pelas partes. Contudo, não raro indica-se uma forma de fixação do preço que independa da vontade exclusiva de uma das partes, como, por exemplo, escolher um órgão ou um expert, terceiros em relação aos contratantes, que arbitre o preço da locação.

Normalmente, o preço é em dinheiro. Segundo a regra do artigo 318 do Código Civil[6], o preço não pode ser fixado em moeda estrangeira. Contudo, nada impede que a contraprestação se dê por meio da entrega de outros bens, diferente de dinheiro. Admite-se, por exemplo, o aluguel pago com a prestação de serviços.

Em regra, trata-se de obrigação quesível (artigo 327[7]), de sorte que o pagamento, salvo estipulação diversa, ocorre no domicílio do locatário. Contudo, as partes também podem estipular diferentemente, acordando que o pagamento se dê no domicílio do locador, ou em outro local por elas escolhido.

Como se trata de um contrato comutativo e sinalagmático, o preço do aluguel deve ser condizente. O mercado, normalmente, vai servir como padrão do que seja razoável. Caso contrário – se a locação se der por preço irrisório ou extraordinariamente acima daquele praticado –, pode-se alegar o vício da lesão, a fim de garantir o razoável equilíbrio econômico da relação.

A locação pode ou não ser de trato sucessivo. Por vezes, aluga-se certo bem pagando-se apenas uma vez pelo período no qual a posse da coisa é transferida ao locatário. Noutras vezes, ajusta-se um valor a ser pago periodicamente, numa execução continuada, situação na qual a contraprestação do locatário será paga enquanto ele seguir usando o objeto da locação.

consentimento O consentimento também é um elemento essencial. As partes devem estar de acordo em realizar o negócio. O locador em entregar a posse do bem e o locatário em recebê-la, mediante uma remuneração ao locador. A locação é um negócio consensual.

---

6 "Art. 318. São nulas as convenções de pagamento em ouro ou em moeda estrangeira, bem como para compensar a diferença entre o valor desta e o da moeda nacional, excetuados os casos previstos na legislação especial."

7 "Art. 327. Efetuar-se-á o pagamento no domicílio do devedor, salvo se as partes convencionarem diversamente, ou se o contrário resultar da lei, da natureza da obrigação ou das circunstâncias. Parágrafo único. Designados dois ou mais lugares, cabe ao credor escolher entre eles."

prazo

Por fim, cabe falar do prazo. A locação jamais será eterna. Apenas por algum tempo o locatário terá a posse legítima da coisa locada. Chegado o termo, cabe ao locatário devolver o bem. As partes podem fixar a locação por qualquer prazo. Todavia, haverá sempre um tempo ajustado para o negócio, período no qual o locatário poderá usar e fruir da coisa alugada. Admite-se, quando muito, a locação por prazo indeterminado, situação na qual qualquer das partes poderá suscitar o seu fim.

Havendo prazo certo, as partes deverão esperar o seu fim para encerrar a relação, registra o artigo 570[8]. Findo o contrato, a locação se encerra (artigo 573[9]). Se existir um termo estipulado para o término do negócio, basta a verificação da data para que a parte interessada possa suscitar o seu fim, com as consequências daí decorrentes, não havendo necessidade de notificação específica – aplica-se o conceito segundo o qual *dies interpellat pro homine*.

A lei não fixa um prazo máximo para a locação, assim como não estabelece um mínimo (ao contrário do que ocorre na Lei de Locações – relativa ao aluguel de imóveis, que, como veremos, tem uma série de referências em relação ao tempo da relação *ex locato*).

prorrogação tácita

Se o locatário seguir com a coisa, sem a oposição do locador, a locação presume-se prorrogada, sem prazo para encerrar, pelo mesmo valor de aluguel (artigo 574[10]). Aqui, haverá a prorrogação tácita da relação de aluguel, que se manterá, com as mesmas cláusulas (com exceção do seu prazo, que passará a ser *indeterminado*).

ausência de prazo fixado

Se não houver prazo fixado para o seu fim, a locação pode ser encerrada a qualquer momento. O locador pode notificar o locatário, denunciando o contrato e reclamando a devolução da coisa. Não se exige qualquer motivação.

Entretanto, locador e locatário deverão aguardar para encerrar a locação, ainda que não exista prazo fixado, se for claro, pela natureza do negócio, que a locação deva manter-se por certo tempo, necessário para que se satisfaça o propósito daquela operação.

Imagine-se a pessoa que aluga um carro, embora não indique o momento da restituição do bem. Entretanto, o automóvel é pego exatamente na véspera do feriado, tudo a indicar que a pessoa viajaria com o carro ou o usaria naqueles dias de folga. Não parece ra-

---

8 "Art. 570. Se o locatário empregar a coisa em uso diverso do ajustado, ou do a que se destina, ou se ela se danificar por abuso do locatário, poderá o locador, além de rescindir o contrato, exigir perdas e danos."

9 "Art. 573. A locação por tempo determinado cessa de pleno direito findo o prazo estipulado, independentemente de notificação ou aviso."

10 "Art. 574. Se, findo o prazo, o locatário continuar na posse da coisa alugada, sem oposição do locador, presumir-se-á prorrogada a locação pelo mesmo aluguel, mas sem prazo determinado."

zoável que a locadora reclame a devolução do bem antes do término do feriado, pois usar o bem naqueles dias era, pelo que revela o bom senso, a razão do negócio.

aluguel-pena

Se o locatário for notificado para entregar a coisa, deverá, claro, fazê-lo. Caso resista, a lei impõe um aumento no ônus do locatário e o agravamento de suas obrigações. Para começar, enquanto a coisa estiver irregularmente em poder do locatário, este pagará aluguel "que o locador arbitrar, e responderá pelo dano que ela vier a sofrer, embora proveniente de caso fortuito", diz o artigo 575[11].

Atente-se que embora a lei dê ao locador esse enorme arbítrio – de fixar sozinho, nesses casos de mora, o valor do aluguel, também chamado de "aluguel-pena" –, o locador deve exercer esse poder de forma moderada. O próprio parágrafo único do artigo 575 informa que se o valor estipulado pelo locador for excessivo, o juiz poderá reduzi-lo para bases mais razoáveis, embora atento para a natureza de penalidade daquela prestação (de fato, há, aqui, um aluguel-sanção).

reintegração da posse

Caso o locatário se recuse a devolver a coisa, objeto da locação, o locador terá que se valer de uma ação possessória para reaver o seu bem. Na locação de imóveis, como se verá a seguir, o locador tem, ao seu auxílio, a ação de despejo, mas esta não foi prevista no Código Civil. Portanto, o locador que quiser reaver o bem locado, se a sua relação estiver regulada pelo Código Civil, ajuizará uma ação de reintegração da posse.

morte das partes

Ainda tratando do prazo, vale mencionar a regra do artigo 577 do Código Civil[12], segundo a qual, nas locações por prazo determinado, a morte de qualquer das partes não acarreta o final do negócio. A lei, portanto, expressamente indica que a locação não é, por natureza, um negócio personalíssimo. Haverá apenas a assunção dos herdeiros nos polos das relações.

Esta regra do artigo 577 não se aplica, entretanto, se a locação excepcionalmente for personalíssima, o que deve estar claro pelas circunstâncias ou registrado expressamente. Neste caso, deixando de existir a pessoa, o negócio se encerra.

obrigações do locador

O artigo 566 do Código Civil[13] menciona as obrigações do locador. A primeira delas, inserida no inciso I do dispositivo, consiste em

---

11   "Art. 575. Se, notificado o locatário, não restituir a coisa, pagará, enquanto a tiver em seu poder, o aluguel que o locador arbitrar, e responderá pelo dano que ela venha a sofrer, embora proveniente de caso fortuito.
Parágrafo único. Se o aluguel arbitrado for manifestamente excessivo, poderá o juiz reduzi-lo, mas tendo sempre em conta o seu caráter de penalidade."

12   "Art. 577. Morrendo o locador ou o locatário, transfere-se aos seus herdeiros a locação por tempo determinado."

13   "Art. 566. O locador é obrigado:

entregar a coisa ao locatário em condições e apta a servir ao seu fim, mantendo-a nesse estado pelo prazo da locação.

entrega da coisa

Normalmente, a entrega consiste na transferência física da coisa, objeto do negócio. Por vezes, entretanto, a entrega pode ser ficta, como ocorre, para dar o mais conhecido exemplo, quando se entregam as "chaves" do imóvel, pois esse ato representa a entrega da posse.

A entrega da coisa deve dar-se na data ajustada. Se não houver uma data específica, esse dever passará a existir a partir da intimação feita pelo locatário, reclamando a entrega do bem, ou de quando as circunstâncias demonstrarem que era a data em que a locação deveria iniciar.

Se o locatário recebe a coisa sem qualquer reclamação, presume-se que o objeto da locação estava no estado adequado.

vício oculto

Caso, no curso do negócio, apareça um vício oculto (artigo 568, 2ª parte[14]), o locatário poderá requerer, à sua escolha, o fim da locação ou a redução do preço.

Aqui, contudo, se aplica o artigo 443 do Código[15], relativo à regra geral dos vícios redibitórios: se o locador sabia do defeito, ele deve receber a coisa de volta e arcar com as perdas e danos. Se não conhecia, suportará apenas as despesas do negócio. Portanto, verificado um vício oculto no bem empenhado, o locatário terá, à sua opção, o poder de devolver o bem ou de manter a locação, porém com a redução do valor do aluguel. Se o locador sabia do vício, arcará, ademais, com as perdas e danos.

deterioração da coisa

A mesma solução ocorre na hipótese de deterioração da coisa locada sem culpa do locatário (artigo 567[16]). Nesse caso, admite-se que o locatário reclame a redução proporcional do aluguel, ou mesmo resolva o negócio, se a coisa alugada não mais servir ao fim destinado. Eis porque, no contrato de locação, revela-se fundamental compreender o destino do bem objeto do negócio.

I - a entregar ao locatário a coisa alugada, com suas pertenças, em estado de servir ao uso a que se destina, e a mantê-la nesse estado, pelo tempo do contrato, salvo cláusula expressa em contrário;
II - a garantir-lhe, durante o tempo do contrato, o uso pacífico da coisa."

14 "Art. 568. O locador resguardará o locatário dos embaraços e turbações de terceiros, que tenham ou pretendam ter direitos sobre a coisa alugada, e responderá pelos seus vícios, ou defeitos, anteriores à locação."

15 "Art. 443. Se o alienante conhecia o vício ou defeito da coisa, restituirá o que recebeu com perdas e danos; se o não conhecia, tão-somente restituirá o valor recebido, mais as despesas do contrato."

16 "Art. 443. Se o alienante conhecia o vício ou defeito da coisa, restituirá o que recebeu com perdas e danos; se o não conhecia, tão-somente restituirá o valor recebido, mais as despesas do contrato."

Aliás, a redação, constante no artigo 566, I, no sentido de que a coisa locada deve "servir ao uso a que se destina", tem a mais alta relevância. De fato, existe, implicitamente, um fim na locação que, em regra, é conhecido pelo locador. Cabe ao locador, diante disso, garantir que o bem locado poderá atingir ao propósito da locação. Há, por assim dizer, um motivo que justifica a locação. Imagine que um pescador aluga um barco. Evidentemente, o locador sabe que aquela locação é feita para que o locatário use o barco para pesca. Se a embarcação não for apta para esse fim, o locatário poderá reclamar que ela não serve o seu propósito. Evidentemente, esse "motivo implícito" deve ser claro para que sua observância seja exigida pelo locatário. Se não era razoável ao locador a intenção de uso do locatário, ou fugir do destino de uso normal que se dá ao bem, não haverá espaço para que o locatário reclame.

O conceito de que o locador deve manter a coisa no estado em que a encontrou não se aplica se o perecimento do bem ocorrer por culpa do locatário. Aliás, comumente as partes convencionam de forma diversa; isto é, a responsabilidade pela manutenção da coisa fica por conta do locatário. Caso o bem se destrua por conta do locatário, o contrato se extingue, pelo perecimento do objeto, cabendo à parte responsável indenizar a outra.

perecimento da coisa

Na hipótese de a coisa locada perecer sem culpa de nenhuma das partes, o contrato se resolve, pela inexistência de bem, sem que caiba qualquer reparação de uma parte a outra.

O locatário deve zelar pela coisa, mantendo-a. Eventualmente, o locatário deve fazer uma benfeitoria necessária para que o bem locado siga servindo-lhe. Contudo, como aponta Orlando Gomes; "Na expressão reparo ou conserto não compreende a reconstrução"[17]. Assim, o locatário não está obrigado a refazer a coisa, mas apenas a conservá-la.

Nada impede que o locatário aceite receber a coisa em mal estado, o que deve fazer de forma expressa. Muitas vezes, ao locatário é dado o bem, objeto da locação, em estado ruim, para que o locatário a conserte. Independentemente da situação do bem, não pode o locatário destruí-lo ou agravar a situação.

Nesse ponto, cumpre ainda destacar que as pertenças do bem locado devem acompanhá-lo na entrega. O artigo 93 do Código Civil[18] define as pertenças. São os bens que, embora não constituam parte integrante de outro bem, se destinam, de modo duradouro, ao aprimoramento ou ao aformoseamento deste. As pertenças não se

---

17 *Contratos*, 26ª ed., Rio de Janeiro, Forense, 2008, p. 339.

18 "Art. 93. São pertenças os bens que, não constituindo partes integrantes, se destinam, de modo duradouro, ao uso, ao serviço ou ao aformoseamento de outro."

confundem com as benfeitorias. Estas são melhorias feitas por uma pessoa num bem alheio e podem, conforme o caso, gerar o direito de receber uma indenização. Em seguida, vamos tratar das benfeitorias. Por ora, é importante registrar que essas pertenças, acessórios do bem principal, irão acompanhá-lo na locação.

Ao se alugar, por exemplo, um carro, o seu aparelho de som e os tapetes são pertenças. Salvo convenção diversa, eles seguirão o bem locado. Se isso não ocorrer, o locatário poderá, com razão, reclamar que as pertenças sejam entregues.

garantia do uso pacífico

A segunda obrigação do locador, constante do item II do artigo 566, é a de garantir ao locatário o uso pacífico da coisa enquanto durar o contrato. Deve o locador proteger o locatário de eventuais turbações de terceiros, diz o artigo 568[19]. Pode alguém, por exemplo, buscar apossar-se da coisa. O locador, assim, deve tomar as medidas necessárias para garantir o uso pacífico pelo locatário.

O conceito do artigo 568 abrange, também, eventuais embaraços que recaiam sobre a coisa, que podem vir, inclusive, da Administração Pública. Imagine-se a pessoa que aluga o espaço para um outdoor, mas é notificado pela Administração de que deva retirar a publicidade existente no espaço. Compete ao locatário informar o fato ao locador que por sua vez, deve tomar as providências, a fim de regularizar a situação com o ente público.

rescisão unilateral

O artigo 571[20] diz que, havendo prazo estipulado no contrato, a locação não pode ser rescindida unilateralmente, salvo se a parte arcar com as perdas e danos.

Mais especificamente, o referido dispositivo diz que o locador pode reaver a coisa se pagar as perdas e danos ao locatário, enquanto o locatário tem como extinguir o negócio, arcando com a multa contratual.

Essa regra deve ser lida com inteligência, pois a sua interpretação literal pode dar a ideia de que haveria uma possibilidade de as partes de um contrato de locação escaparem dos deveres assumidos, consistente em respeitar a vigência pactuada do acordo, desde que arcassem com os prejuízos da contraparte. Ora, como se sabe, o objetivo do ordenamento jurídico é o de proteger os negócios da forma como entabulados. Suportar as perdas e danos da outra parte

---

19 "Art. 568. O locador resguardará o locatário dos embaraços e turbações de terceiros, que tenham ou pretendam ter direitos sobre a coisa alugada, e responderá pelos seus vícios, ou defeitos, anteriores à locação."

20 "Art. 571. Havendo prazo estipulado à duração do contrato, antes do vencimento não poderá o locador reaver a coisa alugada, senão ressarcindo ao locatário as perdas e danos resultantes, nem o locatário devolvê-la ao locador, senão pagando, proporcionalmente, a multa prevista no contrato. Parágrafo único. O locatário gozará do direito de retenção, enquanto não for ressarcido."

não representa uma opção ao adimplemento. O locatário e o locador devem respeitar o contrato celebrado, inclusive no prazo convencionado. Haverá o dever de responder com as perdas e danos se já não houver interesse no cumprimento da obrigação – ou se ela já não for mais possível –, tal como foi originalmente firmado. Portanto, o locador deve respeitar o final do termo ajustado no contrato para reaver o bem locado.

Cumpre anotar que a Lei de Locações (Lei nº 8.245, de 18.10.91) deu tratamento distinto à matéria. De acordo com o artigo 4º da referida Lei[21], na locação de imóveis urbanos, o locador não poderá reaver o bem, ficando expressamente proibido que ele, durante a vigência do contrato, reclame a devolução do bem (salvo, claro, se munido de uma justa razão para sua reivindicação).

multa

De toda sorte, vale, nesse passo, a ressalva de que multa fixada para a devolução do locatário antes do término do prazo deve ser razoável. Se a multa for excessiva, para a hipótese de rescisão antecipada, a parte interessada tem como requerer ao juiz que a diminua.

Caso as partes não tenham fixado o valor da multa para a devolução antecipada pelo locatário, há de se verificar qual era a intenção das partes: queriam que não houvesse qualquer multa ou deixaram de se referir à multa por esquecimento – ou, mesmo, pela ausência da boa técnica.

Na maior parte das vezes, se as partes admitiram a hipótese de o locatário devolver o bem e não arcar com qualquer reparação, elas deixam isso claro no contrato. Mais comumente, os contratantes se olvidam de indicar qual a multa devida, hipótese em que os danos deverão ser apurados. Neste particular, resta clara a vantagem de se pré-fixar a indenização, por meio da cláusula penal, o que facilita o pagamento da indenização.

O artigo 572[22] examina especificamente a situação de as partes terem ajustado uma multa consistente no dever de o locatário arcar com os aluguéis até o final do prazo estipulado. Por vezes, essa estipulação pode representar uma grande injustiça, na medida em que falte um grande período de tempo até o final do contrato. Imagine-se a

---

21 "Art. 4º Durante o prazo estipulado para a duração do contrato, não poderá o locador reaver o imóvel alugado. Com exceção ao que estipula o § 2º do art. 54-A, o locatário, todavia, poderá devolvê-lo, pagando a multa pactuada, proporcional ao período de cumprimento do contrato, ou, na sua falta, a que for judicialmente estipulada. (...)
Parágrafo único. O locatário ficará dispensado da multa se a devolução do imóvel decorrer de transferência, pelo seu empregador, privado ou público, para prestar serviços em localidades diversas daquela do início do contrato, e se notificar, por escrito, o locador com prazo de, no mínimo, trinta dias de antecedência."

22 "Art. 572. Se a obrigação de pagar o aluguel pelo tempo que faltar constituir indenização excessiva, será facultado ao juiz fixá-la em bases razoáveis."

situação de uma pessoa que contratou alugar um carro por três anos, convencionando que, na rescisão antecipada do contrato, ele ficaria obrigado a suportar os aluguéis mensais do automóvel até o final dos três anos pactuados. Ocorre que no segundo mês do contrato, o locatário teve que deixar o Brasil, por motivos profissionais. Se o contrato fosse aplicado de forma severa, o locatário ficaria obrigado a arcar com mais dois anos e dez meses de aluguel, embora apenas tenha usado o automóvel durante dois meses. O artigo 572 determina que o juiz pode registrar essa multa para bases razoáveis.

Bem vistas as coisas, trata-se de uma cláusula penal, que pode, por força do artigo 413 do Código Civil[23], sofrer revisão judicial caso se afaste de bases equânimes e razoáveis. A redação do artigo 572 claramente prevê apenas a possibilidade de redução do montante fixado, jamais no seu aumento. Entretanto, parece razoável que se permita ao juiz conceder, se houver tal pleito, a majoração da multa inicialmente fixada, se for demonstrado que esta é insignificante. O fato de que, muitas vezes, nas relações locatícias, o locatário ocupará a posição de consumidor, reforça essa conclusão, pois a multa pode resultar numa castração da correta reparação que ele teria direito.

<small>direito de retenção</small>

Ao final do prazo ajustado, a locação se extingue. Encerra-se o dever de o locador garantir o uso pacífico e este poderá reclamar a restituição do bem. De acordo com o parágrafo único do artigo 571[24], o locatário terá direito de reter o bem locado enquanto não for ressarcido das benfeitorias que acresceu ao bem.

Evidentemente, não será todo e qualquer ressarcimento por benfeitoria que terá o condão de justificar a retenção por parte do locatário.

<small>indenização pelas benfeitorias</small>

De acordo com a regra do artigo 1.219[25], o possuidor de boa-fé terá direito a receber uma indenização pelas benfeitorias necessárias e úteis. Com relação às voluptuárias, se não forem ressarcidas, poderá levantá-las (*jus tolendi*) se isso não destruir a coisa.

---

23 "Art. 413. A penalidade deve ser reduzida eqüitativamente pelo juiz se a obrigação principal tiver sido cumprida em parte, ou se o montante da penalidade for manifestamente excessivo, tendo-se em vista a natureza e a finalidade do negócio."

24 "Art. 571. Havendo prazo estipulado à duração do contrato, antes do vencimento não poderá o locador reaver a coisa alugada, senão ressarcindo ao locatário as perdas e danos resultantes, nem o locatário devolvê-la ao locador, senão pagando, proporcionalmente, a multa prevista no contrato. Parágrafo único. O locatário gozará do direito de retenção, enquanto não for ressarcido."

25 "Art. 1.219. O possuidor de boa-fé tem direito à indenização das benfeitorias necessárias e úteis, bem como, quanto às voluptuárias, se não lhe forem pagas, a levantá-las, quando o puder sem detrimento da coisa, e poderá exercer o direito de retenção pelo valor das benfeitorias necessárias e úteis."

Há, entretanto, uma regra específica do artigo 578[26] para o contrato de locação, no que se refere à retenção.

A benfeitoria necessária justifica a retenção, até receber a indenização, e a benfeitoria útil apenas pode servir como fundamento da retenção se tiver sido previamente autorizada pelo locador. A leitura desse dispositivo revela que a benfeitoria necessária – aquela melhoria fundamental na coisa, cujo propósito é o de conservar ou evitar que o bem se deteriore (artigo 96, § 3º, do Código[27]) – independe de autorização do locador.

Caso o locador não pague pela benfeitoria, o locatário poderá reter a coisa, até receber o pagamento. Evidentemente, essa retenção não será eterna, mas pelo tempo suficiente a que promova um equilíbrio econômico entre as partes. Assim, por exemplo, se o custo da benfeitoria for o equivalente a cinco meses de aluguel, será justo que o locatário retenha o bem por esse valor, sem nada pagar.

Imagine-se a situação da pessoa que alugou um carro por seis meses. No último mês do aluguel, o locatário foi forçado a consertar o motor do automóvel que fundiu. O valor desse reparo equivaleu a seis meses de aluguel. Pois se o locador se recusar a pagar pela benfeitoria necessária, o locatário poderá reter o bem. Se o usar, descontará o aluguel e poderá manter a coisa até que desconte o que arcou em proveito do locador. Se preferir apenas reter o bem, sem usá-lo, estará autorizado a guardar a coisa até receber o ressarcimento.

Por outro lado, nada impede que o locatário prefira entregar o bem e cobrar o ressarcimento pelas benfeitorias.

Evidentemente, o direito de retenção não se confunde com o direito ao ressarcimento. O direito de ser indenizado pelas benfeitorias justifica a retenção, mas o locatário, como se disse, pode preferir devolver o bem e reclamar pelo valor das benfeitorias que fez em bem alheio.

Portanto, em suma, com relação às benfeitorias, se forem necessárias, terá o locatário direito à indenização (inclusive direito a reter o bem até recebê-la). Se as benfeitorias forem úteis – aquelas que apenas aumentam ou facilitam o uso do bem (artigo 96, § 2º, do Código Civil), o locatário terá direito à indenização – se estiver de

---

26 "Art. 578. Salvo disposição em contrário, o locatário goza do direito de retenção, no caso de benfeitorias necessárias, ou no de benfeitorias úteis, se estas houverem sido feitas com expresso consentimento do locador."

27 Art. 96. As benfeitorias podem ser voluptuárias, úteis ou necessárias.
§ 1o São voluptuárias as de mero deleite ou recreio, que não aumentam o uso habitual do bem, ainda que o tornem mais agradável ou sejam de elevado valor.
§ 2o São úteis as que aumentam ou facilitam o uso do bem.
§ 3o São necessárias as que têm por fim conservar o bem ou evitar que se deteriore."

boa-fé, na forma do artigo 1.219 – e poderá reter a coisa locada, se essas benfeitorias úteis foram feitas com a autorização do proprietário, consoante a regra do artigo 578, de que se acabou de falar. Finalmente, o locatário não terá direito a ser indenizado pelas benfeitorias voluptuárias (definidas no § 1º do artigo 96), podendo, apenas, levantá-las (*jus tolendi*), desde que isso não destrua ou cause dano ao bem locado.

Avalia-se, aqui, a boa-fé do locatário para aplicar os artigos 1.219 e 1.220[28] do Código Civil.

renúncia ao ressarcimento pelas benfeitorias

Nada impede que o locatário, no momento da celebração do contrato, ou a qualquer outro posterior, renuncie ao direito de ser indenizado pelas benfeitorias, ou renuncie ao direito de reter a coisa alugada enquanto não receber a indenização por essas benfeitorias. Neste segundo caso, o locatário não poderá recusar a devolução da coisa sob o argumento de que as benfeitorias que fez na coisa merecem ressarcimento, mas seguirá, mesmo depois de restituir o bem locado, com o direito de reclamar a reparação (afinal, o proprietário do bem teria um enriquecimento indevido se recebesse a melhoria sem nada pagar por ela). Na primeira hipótese, o locatário não poderá reter ou reclamar qualquer indenização, porque renunciou a esses direitos.

Portanto, caso a locação não tenha prazo fixado, ou na hipótese de ela ter-se prorrogado, sem prazo estipulado para o seu fim, a relação *ex locato* pode ser denunciada por qualquer das partes.

alienação do bem locado

O proprietário (e locador) pode, no curso do negócio, alienar o bem (ressalvado, apenas, o dever de oferecer a preferência ao locatário se a locação for residencial, como logo adiante se dará notícia). Em outras palavras, seu poder de disposição não se encontra afetado.

O adquirente do bem dado em locação é, a rigor, um estranho à relação locatícia. Evidentemente, a locação não é um direito real, porém pessoal. Portanto, em regra, a venda do bem alugado extingue o vínculo contratual, encerrando a locação. O adquirente do bem locado somente deverá respeitar a locação nos limites e termos do artigo 576[29].

---

28 "Art. 1.220. Ao possuidor de má-fé serão ressarcidas somente as benfeitorias necessárias; não lhe assiste o direito de retenção pela importância destas, nem o de levantar as voluptuárias."

29 "Art. 576. Se a coisa for alienada durante a locação, o adquirente não ficará obrigado a respeitar o contrato, se nele não for consignada a cláusula da sua vigência no caso de alienação, e não constar de registro.
§ 1o O registro a que se refere este artigo será o de Títulos e Documentos do domicílio do locador, quando a coisa for móvel; e será o Registro de Imóveis da respectiva circunscrição, quando imóvel.
§ 2o Em se tratando de imóvel, e ainda no caso em que o locador não esteja obrigado a respeitar o contrato, não poderá ele despedir o locatário, senão observado o prazo de noventa dias após a notificação."

cláusula de vigência

Segundo o artigo 576, para que se aplique a regra *emptio non tollit locatum* – ou seja, a venda não encerra a locação –, deve haver, no contrato de locação, cláusula de vigência (segundo a qual o contrato valeria mesmo se a coisa for alienada) e o contrato deve ser registrado no registro de títulos e documentos do domicílio do locador, se móvel, e no Registro de Imóveis, se imóvel.

Com esse registro, garante-se a publicidade, pois há uma presunção de que os atos registrados gozam de conhecimento geral. Com a publicidade, não poderá o adquirente alegar que desconhecia a existência do contrato de locação.

Apesar do dispositivo, uma boa leitura, mais em sintonia com o direito contemporâneo, seria a de que o adquirente deve respeitar o negócio sempre que tiver ciência dele, não havendo a necessidade de registro público do contrato. Evidentemente, caberá à parte interessada a prova de que o adquirente tinha conhecimento da locação.

De toda sorte, no caso de bem imóvel, garante o § 2º do artigo 576 que o adquirente (ou seja, o novo proprietário) deve respeitar o prazo de noventa dias antes de reclamar a coisa do locatário. O exemplo mais comum relaciona-se às vagas autônomas de garagem, locação regulada pelo Código Civil. Neste caso, se, no curso do contrato de locação, a vaga for alienada pelo locador, ainda que não se tenha ajustado cláusula de vigência, o novo proprietário é obrigado a respeitar os 90 dias para, apenas, então, reclamar o bem.

Como a lei não faz referência, entende-se que, em se tratando de bens móveis, o adquirente, que não seja obrigado a respeitar o contrato de locação, pode reclamar o bem de imediato.

Se o contrato for por prazo indeterminado, ou assim se tiver transformado, não se poderá suscitar o dever de o terceiro adquirente do bem locado respeitar o contrato de locação, pois isso apenas ocorre se o prazo for determinado.

direito de preferência

Veja-se que, de forma distinta do que se dá na Lei de Locações (para os imóveis urbanos), o Código Civil não previu, como regra, o direito de preferência nas locações de coisas. Segundo o direito de preferência registrado na Lei de Locações, no curso da relação locatícia, se o locador desejasse vender o bem alugado, deveria apresentar ao locatário a proposta de terceiro que recebeu, a fim de que o locatário pudesse cobrir a proposta e ficar com o bem. Diz-se, assim, que o locatário teria essa preferência na aquisição, em relação a terceiro, que se propusesse a adquirir a coisa locada.

Antes, ao examinar o pacto de preferência na compra e venda, referido no artigo 513 do Código Civil[30], tratamos dessa prerrogativa.

---

30 "Art. 513. A preempção, ou preferência, impõe ao comprador a obrigação de oferecer ao vendedor a coisa que aquele vai vender, ou dar em pagamento, para que este use de seu direito de prelação na compra, tanto por tanto.

Esse direito de preferência não foi estabelecido nas locações reguladas pelo Código Civil, mas nada impede que as partes estipulem, por contrato, esse direito ao locatário. Se isso ocorrer, o locador, para alienar o bem objeto da locação, deve, antes, apresentar a proposta de terceiro ao locatário, que, se quiser, poderá arcar com ela, pagando nas mesmas bases constantes da proposta, para, assim, ficar com o bem. Se, havendo a cláusula de preferência, o proprietário deixar de respeitá-la, o locatário terá como exigir judicialmente seu cumprimento. Se cobrir a proposta de compra de terceiro, nas mesmas bases e condições, ficará com o bem.

Caso o bem seja vendido no curso do contrato de locação, o entendimento dominante é o de que o locatário não terá direito de retenção por benfeitorias diante do novo proprietário.

Nessa linha, inclusive, a Súmula 158 do STF: "Salvo estipulação contratual averbada no registro imobiliário, não responde o adquirente pelas benfeitorias do locatário".

O locatário deverá entregar o bem ao novo proprietário e reclamar o ressarcimento das benfeitorias do seu locador, que alienou o bem locado.

<small>obrigações do locatário</small>
As obrigações do locatário são arroladas no artigo 569 do Código Civil[31].

<small>servir-se da coisa de forma razoável</small>
O inciso I do artigo 569 menciona a primeira das obrigações do locatário: ele é a de servir-se da coisa de forma razoável, como um bom pai de família, atentando-se ao seu fim presumido e ao ajustado no contrato. O desvio de finalidade representa uma seriíssima infração. Deve-se ter presente que uma das principais distinções entre a compra e venda e a locação consiste em que, na primeira, o comprador pode usar do bem adquirido como bem quiser. Isso não ocorre na locação, na qual o locatário deve usar a coisa locada de acordo com o propósito estipulado no contrato de locação, ou, se o contrato for silente, de acordo com o destino natural de utilização do bem.

Evidentemente, o primeiro a avaliar, nesse particular, é o convencionado pelas partes no que se refere ao fim do negócio. Embora

---

Parágrafo único. O prazo para exercer o direito de preferência não poderá exceder a cento e oitenta dias, se a coisa for móvel, ou a dois anos, se imóvel."

31 "Art. 569. O locatário é obrigado:
I - a servir-se da coisa alugada para os usos convencionados ou presumidos, conforme a natureza dela e as circunstâncias, bem como tratá-la com o mesmo cuidado como se sua fosse;
II - a pagar pontualmente o aluguel nos prazos ajustados, e, em falta de ajuste, segundo o costume do lugar;
III - a levar ao conhecimento do locador as turbações de terceiros, que se pretendam fundadas em direito;
IV - a restituir a coisa, finda a locação, no estado em que a recebeu, salvas as deteriorações naturais ao uso regular."

não seja comum que as pessoas aluguem um carro para fazer uma viagem pela selva, pode ser que alguém alugue um automóvel especificamente com esse propósito. Nesse caso, razoável que essa finalidade peculiar fique registrada no instrumento. Se as partes nada fixarem, presume-se que o objeto seja utilizado para o seu fim comum, normalmente aplicado para aquele bem. Afere-se, portanto, a finalidade ajustada e a presumida.

<small>destino natural do bem locado</small>

Não pode o locatário utilizar a coisa para fim diverso daquele a que o bem se destina, sob pena de o locador rescindir o contrato e reclamar perdas e danos, registra o artigo 570[32].

Não faz sentido, claro, que o locatário valha-se do bem de uma forma que possa destruí-lo, pois isso impossibilitaria a sua devolução ao final do contrato.

A lei, nesse ponto, vale-se de um comando cristão, pois manda que o locatário faça uso do bem tal como se o bem fosse dele, assim como Jesus ensinou que devemos amar ao próximo como amamos a nós mesmos.

<small>pagamento do aluguel</small>

O inciso II do artigo 569 menciona o dever de o locatário pagar o aluguel. Afinal, se não houvesse o dever de pagar, haveria outro negócio.

As partes podem ajustar livremente a periodicidade. Admite-se que o aluguel seja de apenas uma prestação, embora seja mais comum aquele cujo vencimento é periódico.

O locatário pode exigir a quitação para que dê o pagamento. Trata-se de um corolário do artigo 319 do Código Civil[33], segundo o qual o devedor tem direito a quitação, sendo-lhe lícito reter o pagamento enquanto não a receber.

Evidentemente, não basta apenas que exista o pagamento. Ele deve ser pontual.

<small>informação das turbações</small>

O artigo 569, III, do Código Civil apresenta o dever de o locatário informar ao locador de eventuais turbações da coisa. Isso para que o locador fique, uma vez munido dessas informações, incumbido de cumprir as obrigações previstas nos artigos 566, II[34], e 568, de garantir ao locatário o uso pacífico do bem.

Nesse particular, veja-se que o locador apenas poderá proteger o locatário de terceiros que ameacem o uso tranquilo da coisa, se ele

---

32 "Art. 570. Se o locatário empregar a coisa em uso diverso do ajustado, ou do a que se destina, ou se ela se danificar por abuso do locatário, poderá o locador, além de rescindir o contrato, exigir perdas e danos."

33 "Art. 319. O devedor que paga tem direito a quitação regular, e pode reter o pagamento, enquanto não lhe seja dada."

34 "Art. 566. O locador é obrigado: (...)
II - a garantir-lhe, durante o tempo do contrato, o uso pacífico da coisa"

for avisado de que existe a ameaça de uma turbação. Caso o locatário nada informe ao locador, apesar de ciente da ameaça, ou mesmo da turbação, este não poderá ser responsabilizado por não ter tomado as providências. De outro lado, se o bem for ameaçado e o locatário nada comunicar ao locador, o primeiro ficará inadimplente.

A rigor, sequer era necessário que a Lei mencionasse expressamente esse dever. Afinal, essa obrigação se insere no princípio da boa-fé. Os contratantes devem prestar, uns aos outros, todas as informações pertinentes.

restituição da coisa

Por fim, o inciso IV do artigo 569 informa que compete ao locatário devolver a coisa ao fim da locação, no estado em que a recebeu. Salvo, claro, as deteriorações normais decorrentes do uso.

sucessão

Cumpre, ainda, mencionar a regra do artigo 577 do Código Civil[35], segundo a qual, diante da morte tanto do locador como do locatário, a sua posição contratual é transferida aos seus sucessores. Isso, claro, apenas não vai ocorrer se o contrato tiver natureza personalíssima.

---

35 "Art. 577. Morrendo o locador ou o locatário, transfere-se aos seus herdeiros a locação por tempo determinado."

LOCAÇÃO DE IMÓVEIS

Em função de sua enorme relevância social, o legislador deu um tratamento específico à locação de prédios, seja aquela destinada ao uso do imóvel pelo locatário como moradia, seja a locação de imóvel com fins comerciais.

<small>imóveis urbanos e rústicos</small>

A análise jurídica desse fenômeno começa com a distinção entre a locação de imóveis urbanos e a de imóveis rústicos.

A locação de prédios urbanos é tratada pela Lei nº 8.245, de 18.10.91, com as alterações da Lei nº 12.112, de 9.12.2009. A ideia de uma lei específica tratar do tema é antiga entre nós. Em 22.12.1921, foi editada a Lei nº 4.403, que regia precisamente essas relações de locações de prédios urbanos e ficou conhecida como a Lei do Inquilinato. Adiante, outras leis foram sucedendo a primeira, até chegar a atual.

No anteprojeto do Código Civil de 2002, datado de 1975, previa-se uma seção destinada à "locação de prédios urbanos". A ideia de embutir no Código Civil a regulamentação da locação de imóvel acabou não prosperando. Entendeu-se que o tema deveria seguir regido por lei especial.

Embora o Código Civil de 2002 seja mais recente do que a Lei de Locações (datada de 1991), o artigo 2.036 do Código Civil[1], na parte das disposições transitórias, esclareceu, talvez até mesmo desnecessariamente, que as locações de prédios urbanos seguiam regidas pela lei especial.

---

1   "Art. 2.036. A locação de prédio urbano, que esteja sujeita à lei especial, por esta continua a ser regida."

Disse-se que esse registro era desnecessário porque, a princípio, a norma especial prevalece sobre a norma geral (*lex especialis derrogat generali*). Assim, se há lei específica sobre a matéria, ela incide sobre o tema, apesar de a norma geral ser mais recente.

A locação de prédios rurais, por sua vez, é vista nos artigos 92 a 95 do Estatuto da Terra (Lei nº 4.504, de 30.11.1964).

Como se disse, cumpre, em primeiro lugar, distinguir o imóvel rústico (ou rural) do imóvel urbano. O nome oferece a ideia de que o urbano se relaciona aos imóveis situados em zona urbana, ao passo que o rústico aos imóveis localizados em zona rural. A divisão mais lógica, contudo, que leva em consideração o propósito da lei, relaciona-se à destinação do bem: trata dos urbanos como aqueles destinados à moradia e a outros fins comerciais, enquanto os rurais aqueles dedicados a fins agrícolas, pecuários ou agroindustriais.

Será urbano para fins da lei, o imóvel alugado por uma pessoa para os fins de moradia, ainda que esse bem se encontre situado no meio de uma floresta.

No direito romano, o locatário do prédio urbano era o *inquilinus* e o do prédio rural o *colonus*.

> interesse social

A questão da moradia guarda enorme interesse social, o que torna a matéria de todo relevante. Dostoiévski narra em *Crime e Castigo* a história do Rodion Raskolnikov, locatário de um pequeno quarto, em área pobre de São Petesburgo, fato que o personagem identificava como um agravante de seu estado depressivo. O aluguel do miserável cômodo de Raskolnikov serve de metáfora para a sua péssima situação social.

O tema da locação de imóvel, pela sua repercussão, é daqueles no qual a intervenção do Estado se faz notar de forma mais contundente. Já no começo dos anos 50, Eduardo Espínola Filho, comentando a Locação Residencial, anotava que a matéria suscitava uma necessidade de intervenção pública.[2] Com efeito, o Estado considera que deve criar uma série de regras cogentes para regulamentar esse contrato, pelo valor social que ele ampara: o abrigo das famílias.

Como bem anota Paulo Lôbo, trata-se de uma "locação geradora de deveres de proteção à família, em sentido amplo."[3] O intérprete dessas relações deve, sempre, estar atento a esse interesse de moradia de uma família. De outro lado, cabe a ponderação do interesse, também legítimo, do locador, de receber o aluguel, muitas vezes a fonte de sustento de sua família. Ademais, se o ordenamento adotasse uma postura exclusivamente protetora do locatário, o resultado seria o

---

2   Eduardo Espínola Filho, A Locação Residencial e Comercial, vol. I, 3ª ed., São Paulo, Livraria Freitas Bastos, 1956, p. 18.

3   Paulo Lôbo, *Contratos*, São Paulo, Saraiva, 2011, p. 349.

de que os proprietários de imóveis iriam preferir deixar seus imóveis fechados a alugá-los, o que acarretaria um problema social.

A lei anterior – Lei nº 6.649, de 16.5.1979 – revelou uma série de imperfeições, em grande parte gerada pela aguda proteção que dava ao inquilino. Havia, por exemplo, enorme dificuldade em majorar o valor da locação, para colocá-lo em harmonia com o preço de mercado (numa época em que a inflação era desenfreada, isso trazia grande incômodo e prejuízo ao proprietário). Além disso, o despejo não era fácil, pois a lei criava uma série de óbices ao senhorio no momento em que desejava reaver a posse de seu bem. Muitos proprietários preferiam manter seus imóveis vazios a locá-los.

A Lei de 1979 foi substituída por outra, de 1991. A atual Lei do Inquilinato (Lei nº 8.245, de 18.10.1991, com importantes alterações feitas pela Lei nº 12.112, de 9.11.2009) cuida do tema da locação de imóvel urbano.

locação residencial Residência é onde a pessoa mora com ânimo permanente. Um dos objetivos da Lei consiste em regulamentar a locação residencial. Um hotel não é residência e, por isso, foi expressamente excluído pela Lei de Locação (parágrafo único,[4], do artigo 1º da referida norma4). Entretanto, se uma pessoa viver no hotel, fixando ali sua residência, a relação passará a ser regida pela Lei de Locação.

objeto da lei de locação O parágrafo único do artigo 1º da Lei informa quais as locações de imóveis que seguem regidas pelo Código Civil, como os imóveis de pessoas jurídicas de direito público, as vagas autônomas de garagem, os espaços de publicidade e os apart-hotéis, hotéis residências e equiparados. Portanto, o primeiro dispositivo da Lei cuida de traçar os seus limites, valendo ressalvar que o artigo 79 da referida norma[5] informa que, nas omissões da Lei, deve-se recorrer ao Código Civil, servindo a lei geral como norte.

Entretanto, as duas regras – Código Civil na parte de locação e a Lei de Locações – têm orientações distintas. O Código Civil parte do pressuposto de que as partes têm plena autonomia de seus atos, ao passo que a Lei de Locações reconhece que, nas relações de locação de imóveis, o locador ocupa, em regra, uma posição predominante, sendo papel do Estado buscar equilibrar a situação, coibindo abusos. Ademais, vislumbra-se nessa relação de locação de imóvel o interesse público mais acentuado, o que já não ocorrerá na locação regulada no Código Civil.

---

4 "Art. 1º A locação de imóvel urbano regula-se pelo disposto nesta lei:
   Parágrafo único. Continuam regulados pelo Código Civil e pelas leis especiais: (...)
   4. em *apart-* hotéis, hotéis-residência ou equiparados, assim considerados aqueles que prestam serviços regulares a seus usuários e como tais sejam autorizados a funcionar;"

5 "Art. 79. No que for omissa esta lei aplicam-se as normas do Código Civil e do Código de Processo Civil."

Especificamente em relação à locação de imóveis públicos pertencentes à União, o tema encontra-se regulado pelos artigos 89 a 91 do Decreto-Lei nº 9.760, de 5.9.1946. Este Decreto, atente-se, não cuida das locações feitas por Estados e Municípios. Logo, a locação com esses entes será regulada pelo Código Civil.

solidariedade

O artigo 2º[6] oferece a regra de instituir a solidariedade se houver mais de um locatário, de sorte que todos responderão, em conjunto, perante o locador. A solidariedade, como se sabe, não se presume, mas decorre da lei ou da vontade das partes. Neste particular, a lei estabelece uma relação de solidariedade entre os locatários e, de outro lado da relação, entre os locadores. Caso exista mais de uma pessoa nos polos da relação locatícia, será o caso de solidariedade mista. Evidentemente, essa solidariedade pode ser afastada por contrato.

Por esse motivo, salvo estipulação contratual ressalvando o contrário, se o locatário tiver que pagar o valor do aluguel aos locadores, poderá pagar a qualquer um deles a integralidade do valor, diante da solidariedade ativa.

prazo

A Lei permite às partes estipular livremente o prazo de vigência do negócio. Todavia, se o prazo da locação for superior a 10 anos, deve haver a vênia conjugal (artigo 3º da Lei de Locações[7]). Se não foi dada essa autorização, o cônjuge não ficará obrigado a respeitar o contrato, registra o parágrafo único do artigo. Evidentemente, não se pode ajustar a locação pela eternidade, embora se admita a locação sem prazo determinado, que, como se explicou seguirá em vigor até que uma das partes reclame o seu fim.

vênia do cônjuge

Sylvio Capanema de Souza, com razão, entende que, nos casos em que o imóvel seja de propriedade exclusiva de um dos cônjuges, pode-se dispensar a outorga do outro cônjuge, para essas locações de mais de 10 anos. Afinal, se o cônjuge pode vender o bem, sem precisar do consentimento do outro, com muito mais razão deve poder locá-lo por quanto tempo quiser[8].

A locação urbana é um negócio com prazo determinado. Se fosse eterno equivaleria, na prática, à compra e venda. O artigo 4º

---

6   "Art. 2º Havendo mais de um locador ou mais de um locatário, entende - se que são solidários se o contrário não se estipulou.
    Parágrafo único. Os ocupantes de habitações coletivas multifamiliares presumem - se locatários ou sublocatários."

7   "Art. 3º O contrato de locação pode ser ajustado por qualquer prazo, dependendo de vênia conjugal, se igual ou superior a dez anos.
    Parágrafo único. Ausente a vênia conjugal, o cônjuge não estará obrigado a observar o prazo excedente."

8   Sylvio Capanema de Souza, *A lei do Inquilinato Comentada*, 5ª ed., Rio de Janeiro, GZ Editora, 2009, p. 31.

da Lei de Locações[9] fala do dever de o locador respeitar a locação até o seu termo. Ou seja, o locador não pode reclamar a devolução da posse do bem locado antes do final do prazo estabelecido contratualmente.

devolução pelo locatário

De forma distinta, o locatário, segundo a lei, pode devolver o bem locado antes do final do prazo ajustado, mas terá que arcar com a multa pactuada pelas partes. Por todas as razões, a multa não pode representar um abuso. Se isso ocorrer, o juiz está legitimado a reduzi-la, com fundamento no mencionado artigo 413 do Código Civil[10].

multa

Caso não se tenha estabelecido previamente a multa, caberá ao juiz fixá-la (a Lei de Locações, na sua redação original, remetia ao artigo 924 do antigo Código de 1916[11], que, no capítulo referente às cláusulas penais, determinada que o magistrado se valesse da equidade para fixar essas multas civis. Este dispositivo, hoje, corresponde ao artigo 413 do Código Civil em vigor).

Garante o parágrafo único do artigo 4º que o locatário ficará dispensado da multa se a devolução do imóvel decorrer de sua transferência profissional e se notificar o locador com prazo de 30 dias de antecedência.

ação de despejo

Para reaver o imóvel, o locador deve valer-se da ação de despejo (artigo 5º da Lei de Locações[12]). Independentemente do fundamento, a ação do locador para reclamar a restituição do imóvel locado será sempre a ação de despejo. Afasta-se, assim, a ação de reintegração de posse.

Caso a locação tenha um prazo certo, o locador não poderá reaver o bem antes do termo do contrato. Na hipótese de a locação for por prazo indeterminado, o locatário terá como encerrar a locação,

---

9   "Art. 4o Durante o prazo estipulado para a duração do contrato, não poderá o locador reaver o imóvel alugado. Com exceção ao que estipula o § 2o do art. 54-A, o locatário, todavia, poderá devolvê-lo, pagando a multa pactuada, proporcional ao período de cumprimento do contrato, ou, na sua falta, a que for judicialmente estipulada.
    Parágrafo único. O locatário ficará dispensado da multa se a devolução do imóvel decorrer de transferência, pelo seu empregador, privado ou público, para prestar serviços em localidades diversas daquela do início do contrato, e se notificar, por escrito, o locador com prazo de, no mínimo, trinta dias de antecedência."

10 "Art. 413. A penalidade deve ser reduzida eqüitativamente pelo juiz se a obrigação principal tiver sido cumprida em parte, ou se o montante da penalidade for manifestamente excessivo, tendo-se em vista a natureza e a finalidade do negócio."

11 "Art. 924. Quando se cumprir em parte a obrigação, poderá o juiz reduzir proporcionalmente a pena estipulada para o caso de mora, ou de inadimplemento."

12 "Art. 5º Seja qual for o fundamento do término da locação, a ação do locador para reaver o imóvel é a de despejo.
    Parágrafo único. O disposto neste artigo não se aplica se a locação termina em decorrência de desapropriação, com a imissão do expropriante na posse do imóvel."

desde que notifique o locador com 30 dias de antecedência, indica o artigo 6º da lei específica[13].

O locador, também nos casos de locação por prazo indeterminado, pode rescindir o contrato sem explicar o motivo. Trata-se da chamada denúncia vazia, pois não requer que se ofereça qualquer fundamentação.

alienação Evidentemente, o locador mantém consigo o poder de disposição do bem locado. Pode, portanto, vendê-lo. De acordo com o artigo 8º[14], havendo a venda do imóvel, objeto do contrato, no curso da locação, o adquirente pode denunciar o contrato, reclamando para si a posse do bem, oferecendo o prazo de 90 dias para desocupação pelo locatário. Se o locatário, passado os 90 dias, permanecer no imóvel, caberá ao adquirente propor ação de despejo, para reclamar a posse do bem.

aluguel-pena

Discute-se a possibilidade de, na hipótese de o locatário não restituir o bem, o novo proprietário, que assumiu a posição de locador, estabelecer o aluguel-pena, de que trata o artigo 575 do Código Civil[15]. Nesses casos, como antes se viu, permite-se estipular, unilateralmente, o valor de aluguel acima do valor de mercado, exatamente porque ele assume também uma função punitiva. Acredita-se que, com o preço mais alto, o locatário, inadimplente no dever de restituir a coisa, sofrerá ainda mais esse constrangimento a fim de apressar a devolução do bem.

Alerte-se, contudo, que o projeto original da Lei de Locações previa regra semelhante à do artigo 575 do Código Civil, que, ao final, acabou rejeitado. De outra ponta, a lei não veda o conceito do "aluguel-pena". De fato, o "aluguel-pena", tal como estabelecido

---

13 "Art. 6º O locatário poderá denunciar a locação por prazo indeterminado mediante aviso por escrito ao locador, com antecedência mínima de trinta dias.
Parágrafo único. Na ausência do aviso, o locador poderá exigir quantia correspondente a um mês de aluguel e encargos, vigentes quando da resilição."

14 "Art. 8º Se o imóvel for alienado durante a locação, o adquirente poderá denunciar o contrato, com o prazo de noventa dias para a desocupação, salvo se a locação for por tempo determinado e o contrato contiver cláusula de vigência em caso de alienação e estiver averbado junto à matrícula do imóvel.
§ 1º Idêntico direito terá o promissário comprador e o promissário cessionário, em caráter irrevogável, com imissão na posse do imóvel e título registrado junto à matrícula do mesmo.
§ 2º A denúncia deverá ser exercitada no prazo de noventa dias contados do registro da venda ou do compromisso, presumindo - se, após esse prazo, a concordância na manutenção da locação."

15 "Art. 575. Se, notificado o locatário, não restituir a coisa, pagará, enquanto a tiver em seu poder, o aluguel que o locador arbitrar, e responderá pelo dano que ela venha a sofrer, embora proveniente de caso fortuito.
Parágrafo único. Se o aluguel arbitrado for manifestamente excessivo, poderá o juiz reduzi-lo, mas tendo sempre em conta o seu caráter de penalidade."

no Código Civil, não é desarmônico com a Lei de Locações e pode ser utilizado, com grande proveito. Veja-se que, de toda forma, essa estipulação unilateral do valor do aluguel sempre estará sujeita ao prudente arbítrio do Judiciário, legitimado a cercear qualquer exagero.

dever de manter o contrato eficaz mesmo com a venda

Mesmo com a venda, o locador e proprietário não poderá, resolver o contrato se, conjuntamente: (a) o contrato for por prazo determinado e este não tiver terminado; (b) no contrato consta cláusula de vigência, ou seja, a referência de que a transferência de propriedade do imóvel a terceiro não importaria o fim da locação; e, por fim e (c) o contrato de locação estiver averbado no RGI competente, do local da situação do bem.

O adquirente, ao estudar a compra do imóvel, terá que verificar a situação dele no RGI competente – isto é, o Registro de Imóveis do local onde o bem se situar –, inteirando-se da existência do contrato de locação. Se o contrato de locação estiver registrado, o adquirente não poderá alegar o desconhecimento do negócio e ficará obrigado a respeitá-lo, ao menos até o fim do prazo convencionado.

Nada impede, entretanto, ao novo dono, que passou a ocupar a posição contratual de locador, nada reclamar, permitindo que flua o prazo de 90 dias, contados do registro da venda. Neste caso, presume-se, a valer o §2º do artigo 8º, que houve a concordância com a manutenção do negócio. De fato, pode ser do interesse do novo adquirente simplesmente substituir o locador na relação, conservando o negócio, passando a ser ele o credor dos aluguéis.

rescisão de locação

O artigo 9º da Lei de Locações[16] arrola as hipóteses nas quais a locação pode ser desfeita: no caso de mutuo acordo, se houver infração contratual, na falta de pagamento e a necessidade de reparações urgentes no prédio, determinadas pelo Poder Público.

A primeira hipótese – o acordo das partes para encerrar a relação contratual – é tão óbvia que a lei sequer precisava tratar dela. A segunda situação referida – se uma das partes infringe o contrato ou viola a lei – também é intuitiva. O terceiro caso mencionado pelo artigo 9º da Lei de Locações – a falta de pagamento pelo locatário – já constitui, a rigor, uma infração contratual, tema tratado na hipótese anterior. Aqui, a lei quis apenas dar um destaque a essa violação. O dispositivo ainda menciona, no inciso IV, a necessidade pública de reparação no imóvel, que impeça a manutenção do locatário. O

---

16 "Art. 9º A locação também poderá ser desfeita:
I - por mútuo acordo;
II - em decorrência da prática de infração legal ou contratual;
III - em decorrência da falta de pagamento do aluguel e demais encargos;
IV - para a realização de reparações urgentes determinadas pelo Poder Público, que não possam ser normalmente executadas com a permanência do locatário no imóvel ou, podendo, ele se recuse a consenti - las."

caso seria de força maior, pois um fato alheio à vontade das partes impede o seguimento do negócio. Pode ocorrer, ainda, de, mesmo com a reparação urgente do prédio determinada pelo Poder Público, a locação seguir possível (ou seja, não haver a necessidade de o locatário deixar o bem), mas o locatário não consinta com essas obras. Também neste caso a relação locatícia poderá ser desfeita.

morte das partes

Na Lei de Locações, dá-se um tratamento diverso na morte do locador e do locatário. Segundo o artigo 10 da referida norma[17], morrendo o locador, a relação se transfere aos seus herdeiros, que ficam obrigados a respeitar o negócio, repetindo o conceito do artigo 577 do Código Civil[18]. Isso ocorre mesmo nos contratos que estejam vigorando por prazo indeterminado.

Se falecer o locatário, o artigo 11 da Lei de Locações[19] trata da sucessão. Na hipótese de locação residencial, o cônjuge ou o companheiro ficam sub-rogados na relação e passam a ocupar a posição contratual do locatário falecido. Na ausência destes, o negócio fica sub-rogado nos herdeiros necessários e nas pessoas que viviam na dependência econômica do falecido, desde que residentes no imóvel objeto da locação.

A Lei quis garantir que a locação subsistisse para aquele que efetivamente residia no imóvel. Portanto, esse fator – a efetiva posse do bem no momento do falecimento do locatário – será decisivo para saber quem sucederá o falecido na relação *ex locato*.

Caso a locação seja comercial, sucede o espólio do falecido ou seu sucessor no negócio.

separação do casal locatário

Havendo separação do casal de locatários, em qualquer de suas modalidades, o imóvel, informa o artigo 12[20], segue com o cônjuge (ou companheiro) que permanecer no bem. Aqui vale o mesmo prin-

---

17 "Art. 10. Morrendo o locador, a locação transmite-se aos herdeiros."

18 "Art. 577. Morrendo o locador ou o locatário, transfere-se aos seus herdeiros a locação por tempo determinado."

19 "Art. 11. Morrendo o locatário, ficarão sub - rogados nos seus direitos e obrigações:
I - nas locações com finalidade residencial, o cônjuge sobrevivente ou o companheiro e, sucessivamente, os herdeiros necessários e as pessoas que viviam na dependência econômica do de cujus , desde que residentes no imóvel;
II - nas locações com finalidade não residencial, o espólio e, se for o caso, seu sucessor no negócio."

20 "Art. 12. Em casos de separação de fato, separação judicial, divórcio ou dissolução da união estável, a locação residencial prosseguirá automaticamente com o cônjuge ou companheiro que permanecer no imóvel.
§ 1o Nas hipóteses previstas neste artigo e no art. 11, a sub-rogação será comunicada por escrito ao locador e ao fiador, se esta for a modalidade de garantia locatícia.
§ 2o O fiador poderá exonerar-se das suas responsabilidades no prazo de 30 (trinta) dias contado do recebimento da comunicação oferecida pelo sub-rogado, ficando responsável pelos efeitos da fiança durante 120 (cento e vinte) dias após a notificação ao locador."

cípio que anima o artigo 11 da Lei de Locações, há pouco referido. A lei preocupa-se em proteger quem efetivamente usa o bem.

Neste caso, informa o §2º do artigo 12, o fiador da locação poderá exonerar-se de seu encargo, caso se manifeste em 30 dias a contar do momento em que tomou ciência de que a relação locatícia passou a vincular apenas um dos integrantes do ex-casal. Isso se justifica na medida em que o fiador poderia ter admitido sua responsabilidade como garante porque conhecia um dos dois locatários e, com a saída deste, não seria mais razoável que ele ficasse mantido na relação.

De toda sorte, como registra a parte final do dispositivo, o fiador se exonera, mas mantém-se responsável pelos efeitos da fiança pelo prazo de 120 dias, contados a partir da notificação do locador.

A sublocação, a cessão e o empréstimo do imóvel pelo locador dependem, diz o artigo 13[21], da aquiescência, por escrito e prévia, do locador.

sublocação, cessão e empréstimo

A sublocação consiste na transferência do locatário do bem locado, total ou parcialmente, a terceiro, que passa a ser o sublocatário. A relação do sublocatário é com o locatário. Este, por sua vez, se relaciona com o locador. Aplica-se o princípio da relatividade dos contratos. O artigo 14 da Lei das Locações[22] informa que se aplicam às sublocações as disposições relativas às locações. Veja-se que, finda a locação, independentemente do motivo, cessa a sublocação. Afinal, o acessório segue o principal. O sublocatário, se sofrer algum prejuízo com esse término, terá ação contra o sublocador, como registra o artigo 15 da Lei de Locações[23].

A cessão, por sua vez, é a transferência da posição contratual a terceiro. Embora a locação não seja um contrato personalíssimo, evidentemente o locador tem todo interesse em saber quem está locando o seu imóvel. Ao contratar, o locador busca informações do locatário, até mesmo para se proteger de um indesejado inadimplemento. Portanto, razoável que, na hipótese de o locatário original desejar ceder a sua posição contratual, o locador tenha como obstar.

O empréstimo, por fim, consiste na transferência graciosa a terceiro da posse do imóvel alugado, embora o locatário siga ocupando

---

21 "Art. 13. A cessão da locação, a sublocação e o empréstimo do imóvel, total ou parcialmente, dependem do consentimento prévio e escrito do locador.
§ 1º Não se presume o consentimento pela simples demora do locador em manifestar formalmente a sua oposição.
§ 2º Desde que notificado por escrito pelo locatário, de ocorrência de uma das hipóteses deste artigo, o locador terá o prazo de trinta dias para manifestar formalmente a sua oposição."

22 "Art. 14. Aplicam - se às sublocações, no que couber, as disposições relativas às locações."

23 "Art. 15. Rescindida ou finda a locação, qualquer que seja sua causa, resolvem - se as sublocações, assegurado o direito de indenização do sublocatário contra o sublocador."

a sua posição da relação *ex locato*. Aqui, também justifica-se que o locador tenha ciência e possa opor-se ao empréstimo na medida em que, muito comumente, o locador admite a locação de seu imóvel a certa pessoa porque confia em que esta cuidará adequadamente de seu bem. Isso já não pode ocorrer se outra pessoa vier a ocupar o bem.

Não se admite a autorização tácita. A demora do locador em responder à consulta do locatário sobre a sublocação, a cessão e o empréstimo não cria a presunção de consentimento, registra o § 1º do artigo 13 da Lei de Locações.

Entretanto, caso se demonstre que houve o consentimento, como o caso do sublocatário que ficou durante muitos anos com a manifesta ciência do locador, pode-se admitir como correta a sublocação, mesmo sem o acordo escrito. Aqui, tem lugar o conceito da *surrectio*, isto é, a criação de um direito pelo comportamento ostensivo das partes.

De toda sorte, o § 2º do artigo 13 indica que uma vez notificado o locador, pelo locatário, da existência de uma dessas situações – sublocação, cessão ou empréstimo –, o locador terá 30 dias para manifestar sua oposição.

Segundo o artigo 15[24], resolvida a locação, resolve-se, também, a sublocação. Afinal, a sublocação é acessória da locação e não poderia sobreviver a ela.

valor do aluguel

O artigo 17 da Lei de Locações[25] examina a estipulação do valor do aluguel. Segundo a regra, as partes são livres para fixar o valor do aluguel, que, em regra, deve seguir o valor de mercado. Isso não impede que, caso estabelecido um valor abusivo, a parte prejudicada perca o poder de suscitar a lesão, a fim de garantir a equivalência econômica das prestações.

Trata-se de tarefa muito difícil apontar, com total exatidão, o valor de mercado para locação. Há um sem fim de variantes, como o estado de conservação do bem, o silêncio, a proximidade a certos lugares, a existência de vista, a localização em bairros mais nobres, a metragem, entre muitos outros. Não raro, dois apartamentos no mesmo prédio indicam uma enorme diferença de preço, porque um tem a metragem maior, encontra-se num andar mais elevado, tem uma bela vista e está todo reformado, o que difere do outro, que fica no primeiro andar, possui um espaço menor, não possui vista, nem

---

24 "Art. 15. Rescindida ou finda a locação, qualquer que seja sua causa, resolvem-se as sublocações, assegurado o direito de indenização do sublocatário contra o sublocador."

25 "Art. 17. É livre a convenção do aluguel, vedada a sua estipulação em moeda estrangeira e a sua vinculação à variação cambial ou ao salário mínimo.
Parágrafo único. Nas locações residenciais serão observados os critérios de reajustes previstos na legislação específica."

vaga de garagem e necessita de muitos reparos. Alhos com bugalhos. Com tantas variantes, a Lei de Locações andou bem quando, no seu artigo 18[26], admite que as partes do contrato de locação fixem, no curso da relação, novo valor para o aluguel, ou alterem a cláusula de reajuste.

O dispositivo do artigo 17 ainda repete o conceito do artigo 318 do Código Civil[27], de que não se pode fixar o preço da locação à moeda estrangeira ou ao salário mínimo. Esta, como se sabe, é regra de ordem pública e natureza imperativa, não se admitindo estipulação em contrário.

Como se disse, nada impede que as partes, no curso da relação, convencionem um novo valor de aluguel, registra – desnecessariamente, aliás – o artigo 18 da Lei de Locações. Não havendo acordo, pode o locador reclamar, no espaço mínimo de três anos, uma revisão judicial do valor cobrado pelo aluguel do imóvel, tudo, como informa o artigo 19 da Lei[28], para adequá-lo ao valor de mercado.

A Lei de Locações, no artigo 20[29], veda que o locador exija o pagamento antecipado dos aluguéis, salvo, registra a norma, nas locações por temporada. Estas locações, como se verá logo adiante, têm um prazo mais curto – seu prazo máximo é de três meses –, de forma que se justifica a cobrança antecipada.

valor da sublocação

O último dispositivo da Lei de Locações referente ao preço é o artigo 21[30]. Nele, proíbe-se que o aluguel da sublocação supere em valor o aluguel da locação. Isso porque se admite, quando assim as partes convencionarem, que exista a sublocação. Entretanto, não é interesse que isso se torne fonte de especulação, aumentando desnecessariamente o valor da locação. Eis o motivo da vedação de o sublocatário ter um ganho econômico na operação. A exceção, contida na segunda parte da norma, se relaciona às habitações coletivas,

---

26 "Art. 18. É lícito às partes fixar, de comum acordo, novo valor para o aluguel, bem como inserir ou modificar cláusula de reajuste."

27 "Art. 318. São nulas as convenções de pagamento em ouro ou em moeda estrangeira, bem como para compensar a diferença entre o valor desta e o da moeda nacional, excetuados os casos previstos na legislação especial."

28 "Art. 19. Não havendo acordo, o locador ou locatário, após três anos de vigência do contrato ou do acordo anteriormente realizado, poderão pedir revisão judicial do aluguel, a fim de ajustá - lo ao preço de mercado."

29 "Art. 20. Salvo as hipóteses do art. 42 e da locação para temporada, o locador não poderá exigir o pagamento antecipado do aluguel."

30 "Art. 21. O aluguel da sublocação não poderá exceder o da locação; nas habitações coletivas multifamiliares, a soma dos aluguéis não poderá ser superior ao dobro do valor da locação. Parágrafo único. O descumprimento deste artigo autoriza o sublocatário a reduzir o aluguel até os limites nele estabelecidos."

nas quais o sublocatário pode fracionar e alugar as partes para várias pessoas. Nestes casos, a lei admite que a soma do valor dos aluguéis possa atingir, no máximo, o dobro do valor da locação.

obrigações das partes

Os artigos 22 e 23 da Lei de Locações arrolam, respectivamente, as obrigações do locador e as do locatário.

As obrigações são, basicamente, as mesmas referidas no contrato de locação de coisas, regido pelo Código Civil.

O locador deve, entre as muitas obrigações mencionadas no artigo 22 da Lei de Locações, (I) garantir que o imóvel esteja em estado de servir ao fim que se destina, (II) pelo tempo previsto contratualmente, (III) mantendo-o nesse estado; (IV) responder pelos vícios e defeitos anteriores à locação; (X) arcar com as despesas extraordinárias do condomínio.

Assim como ocorre na locação de coisas, é fundamental saber o destino da locação. Se residencial, evidentemente o locatário não poderá usar o bem para outros fins, como dar festas comercialmente ou vender mercadorias no imóvel. Se, entretanto, o imóvel for alugado especialmente para o fim de que o locatário explore o local com a realização de festas, o locador deve garantir que esse resultado possa ser atingido.

Como o locador deve manter a coisa no estado em que foi entregue, durante o prazo da locação, não pode ele, salvo se munido de autorização do locatário, promover obras no imóvel locado. A exceção a essa regra reside nas obras exigidas pela autoridade pública. Há, neste particular, uma distinção entre as obras que visem a reparar os danos decorrentes do uso normal e do tempo, daquelas obras que se destinam a melhorar a coisa. No primeiro caso, o locador poderá promovê-las, desde que avise previamente o locatário. Na segunda hipótese, mesmo que a obra desejada pelo locador sirva apenas para melhorar o bem, o locatário pode recusar a realização da obra. Isso porque, como não se pode perder de vista, essas obras são fonte de transtorno para o locatário, que terá, durante a realização delas, tolhido o uso do imóvel alugado.

O parágrafo único do artigo 22 da Lei de locação se estende ao definir o que consiste nessa despesa extraordinária, havendo como norte o conceito de que é extraordinário tudo aquilo que se afaste dos gastos "rotineiros de manutenção do edifício". As despesas ordinárias serão suportadas pelo locatário, enquanto as extraordinárias pelo locador.

De outra ponta, o locatário, registra o artigo 23 da Lei de Locações, deve, entre outras obrigações, (I) pagar o preço do aluguel; (II) servir-se do imóvel para o fim convencionado ou presumido, tratando-o como se seu fosse; (III) restituir o imóvel, ao fim da locação, no estado em que o recebeu (salvo, evidentemente, as deteriorações decorrentes do uso normal); (IV) dar ciência imediata ao locador de danos ou de turbações de terceiros; (V) reparar prontamente os danos causados no imóvel por ele, por seus dependentes ou repostos; (VI) não modificar, interna ou externamente, a forma do imóvel locado; (X) cumprir as regras da convenção do condomínio onde se localiza o bem alugado; (XII) arcar com as despesas ordinárias de condomínio.

Corretamente, a lei arrola, em primeiro lugar, entre as obrigações do locatário, a de pagar o aluguel. O pagamento, para ser perfeito, deve ocorrer dentro do prazo e no local convencionado, o que também se encontra referido no texto da norma. Anote-se que o locador não pode cobrar os aluguéis antecipadamente do locatário, mas deve aguardar o prazo do vencimento (essa cobrança antecipada apenas pode ocorrer nas locações por temporada, nas quais há um prazo curto, no máximo de três meses, da relação).

Outro relevante dever é o de usar o bem da forma convencionada. Também aqui o legislador foi minucioso, ao registrar que o locatário deveria cuidar do bem como se dele fosse. Essa expressão, contudo, não é de todo feliz, porque, a rigor, pouco importa como as pessoas tratam seus próprios bens. O que interessa, para o contrato de locação, é que o locatário cuide adequadamente do bem que não é dele, mas lhe foi locado.

Como já se disse, o contrato de locação, seja o regulado na lei civil, seja aquele examinado pela Lei de Locações, nasce, congênito, com uma obrigação em potência: o dever de o locatário restituir, ao final do negócio, o bem ao locador. E essa restituição deve ser feita da coisa no estado em que ela foi recebida, salvo, claro, a deterioração normal decorrente do uso.

Caso, no curso da locação, o locatário, ou pessoa pela qual ele é responsável (como seus familiares, prepostos ou visitas) provoque um dano no imóvel, compete ao locatário consertar a coisa, sem qualquer custo para o locador. A norma não diz apenas que o dano deve ser reparado. Ela informa que o dano deve ser reparado imediatamente.

O § 1º do dispositivo do artigo 23 examina longamente e define essas despesas ordinárias, que serão suportadas pelo locatário.

O locatário ainda é obrigado a permitir que o locador tenha acesso ao imóvel se este necessitar fazer reparos urgentes no bem. A hipótese encontra-se prevista no artigo 26 da Lei de Locações[31].

---

31 "Art. 26. Necessitando o imóvel de reparos urgentes, cuja realização incumba ao locador, o locatário é obrigado a consenti-los.
Parágrafo único. Se os reparos durarem mais de dez dias, o locatário terá direito ao abatimento do aluguel, proporcional ao período excedente; se mais de trinta dias, poderá resilir o contrato."

O parágrafo único desse artigo 26 informa que se a obra demorar mais de 10 dias, o locatário terá direito a um abatimento do preço. Caso, a obra dure mais de um mês, o locatário terá o poder de resolver o contrato. A contrário senso, pode-se, então, afirmar, que se a obra durar menos de 10 dias, o locatário não terá direito a qualquer abatimento do preço, assim como se a obra durar menos de um mês, esse fato não servirá como fundamento para que o locatário reclame o fim da relação contratual.

direito da preferência

Na Lei de Locações, o direito de preferência do inquilino na venda, cessão ou dação do imóvel pelo locador se encontra referido nos artigos 27 a 34. A norma dá uma vantagem ao inquilino nessa alienação do bem locado sobre terceiros. A definição se encontra no artigo 27[32].

Uma vez delineado o negócio, o proprietário, que deseja alienar o bem a terceiro, deve comunicar ao locatário, na forma do parágrafo único do artigo 27, a proposta de negócio, com todos os seus elementos, a fim de que o inquilino manifeste seu eventual interesse.

O locatário tem 30 dias, contados de quando receber a oferta, para se manifestar, sob pena de caducar seu direito de exercer a preferência, informa o artigo 28[33].

Se houver sublocatário na integralidade do bem, o sublocatário terá a "primeira" preferência e apenas depois o locatário, garante o artigo 30 da Lei das Locações[34]. Neste ponto, a lei quis prestigiar aquele que efetivamente usa o imóvel.

Se a venda é feita em desrespeito ao direito de preferência, o inquilino pode, como indica o artigo 33 da Lei[35], reclamar as perdas

---

32 "Art. 27. No caso de venda, promessa de venda, cessão ou promessa de cessão de direitos ou dação em pagamento, o locatário tem preferência para adquirir o imóvel locado, em igualdade de condições com terceiros, devendo o locador dar - lhe conhecimento do negócio mediante notificação judicial, extrajudicial ou outro meio de ciência inequívoca.
Parágrafo único. A comunicação deverá conter todas as condições do negócio e, em especial, o preço, a forma de pagamento, a existência de ônus reais, bem como o local e horário em que pode ser examinada a documentação pertinente."

33 "Art. 28. O direito de preferência do locatário caducará se não manifestada, de maneira inequívoca, sua aceitação integral à proposta, no prazo de trinta dias."

34 "Art. 30. Estando o imóvel sublocado em sua totalidade, caberá a preferência ao sublocatário e, em seguida, ao locatário. Se forem vários os sublocatários, a preferência caberá a todos, em comum, ou a qualquer deles, se um só for o interessado.
Parágrafo único. Havendo pluralidade de pretendentes, caberá a preferência ao locatário mais antigo, e, se da mesma data, ao mais idoso."

35 "Art. 33. O locatário preterido no seu direito de preferência poderá reclamar do alienante as perdas e danos ou, depositando o preço e demais despesas do ato de transferência, haver para si o imóvel locado, se o requerer no prazo de seis meses, a contar do registro do ato no cartório de imóveis, desde que o contrato de locação esteja averbado pelo menos trinta dias antes da alienação junto à matrícula do imóvel.
Parágrafo único. A averbação far - se - á à vista de qualquer das vias do contrato de locação desde que subscrito também por duas testemunhas."

e danos, ou depositar o preço da coisa e requerer a adjudicação compulsória do bem. Este poder, de, depositando o preço, reclamar para si o imóvel locado, deve ser exercido em até seis meses do registro do ato de alienação a terceiro em cartório do Registro Geral de Imóveis - RGI, devendo, também, o contrato de locação encontrar-se averbado pelo menos trinta dias antes dessa alienação.

Com este último requisito, quis a lei proteger o adquirente de boa-fé que, ao observar as certidões do imóvel no RGI não se deparou com o registro do contrato de locação. Inexistente qualquer registro da locação, ele não pode ser surpreendido se, depois de celebrado o negócio, aparecer alguém dizendo-se locatário e reclamando a preferência. Se a locação estava registrada há mais de um mês, sinal que o adquirente tinha ciência dos riscos que assumiu, pois era necessário dar ao locatário o poder de exercer a preferência.

De toda sorte, deve-se ter presente que, por vezes, embora não exista o registro, o adquirente tinha, por outros motivos, a plena ciência de que existia a locação. Como antes já se alertou, nesses casos, mesmo sem registro, a formalidade não deve preponderar à boa-fé, de sorte que a o locatário seguirá podendo suscitar seu direito de preferência.

Como falamos anteriormente, ao tratar da preferência do condômino, esta, referida no artigo 504 do Código Civil[36], tem prioridade sobre a preferência do inquilino, assegura o artigo 34 da Lei[37]. Portanto, se um imóvel pertencer a duas pessoas, em condomínio, se uma delas vender a sua cota ideal, a primeira preferência será a do co-proprietário e, apenas depois, se a primeira não for exercida, haverá a preferência do locatário.

Registre-se, por derradeiro, a regra do artigo 32 da Lei de Locações[38], segundo a qual o direito de preferência previsto na norma

---

36 "Art. 504. Não pode um condômino em coisa indivisível vender a sua parte a estranhos, se outro consorte a quiser, tanto por tanto. O condômino, a quem não se der conhecimento da venda, poderá, depositando o preço, haver para si a parte vendida a estranhos, se o requerer no prazo de cento e oitenta dias, sob pena de decadência.
Parágrafo único. Sendo muitos os condôminos, preferirá o que tiver benfeitorias de maior valor e, na falta de benfeitorias, o de quinhão maior. Se as partes forem iguais, haverão a parte vendida os comproprietários, que a quiserem, depositando previamente o preço."

37 "Art. 34. Havendo condomínio no imóvel, a preferência do condômino terá prioridade sobre a do locatário."

38 "Art. 32. O direito de preferência não alcança os casos de perda da propriedade ou venda por decisão judicial, permuta, doação, integralização de capital, cisão, fusão e incorporação.
Parágrafo único. Nos contratos firmados a partir de 1º de outubro de 2001, o direito de preferência de que trata este artigo não alcançará também os casos de constituição da propriedade fiduciária e de perda da propriedade ou venda por quaisquer formas de realização de garantia, inclusive mediante leilão extrajudicial, devendo essa condição constar expressamente em cláusula contratual específica, destacando-se das demais por sua apresentação gráfica."

não subsistirá se a perda da propriedade ocorrer nas hipóteses mencionadas no dispositivo, entre elas a de alienação do bem por determinação judicial, doação ou permuta.

benfeitorias

A situação das benfeitorias é apreciada pelos artigos 35[39] e 36[40]. Segundo a norma, as benfeitorias necessárias serão sempre indenizadas (salvo estipulação clara em contrário). As úteis serão indenizadas se aprovadas previamente pelo locador. Finalmente, as voluptuárias não serão indenizadas, mas poderá o locatário retirá-las, desde que isso não afete a estrutura ou a substância do imóvel.

Não raro, as partes convencionam, de antemão, que as benfeitorias, independentemente de sua natureza, não serão indenizadas pelo locador. Há, inclusive, a Súmula n° 335 do STJ que trata do tema: "Nos contratos de locação, é válida a cláusula de renúncia à indenização das benfeitorias e ao direito de retenção."

Há, entretanto, muitos que entendem que existe um abuso nesta estipulação. Argumenta-se, principalmente em relação às benfeitorias necessárias, que esta cláusula representaria um enriquecimento sem causa para o locador. Não há dúvida de que, nas relações de locação de imóvel, o locador, no momento da celebração do contrato, tem um papel mais forte, de sorte que essa renúncia prévia pode, de fato, trazer uma enorme carga de abuso, merecendo tempero pelo arbítrio do juiz. Deve-se registrar, contudo, que essa visão é minoritária na jurisprudência, como espelha a Súmula acima transcrita.[41]

garantias

A Lei de Locações também se dedica a tratar das garantias locatícias. Isso se dá nos artigos 37 a 42.

---

39 "Art. 35. Salvo expressa disposição contratual em contrário, as benfeitorias necessárias introduzidas pelo locatário, ainda que não autorizadas pelo locador, bem como as úteis, desde que autorizadas, serão indenizáveis e permitem o exercício do direito de retenção."

40 "Art. 36. As benfeitorias voluptuárias não serão indenizáveis, podendo ser levantadas pelo locatário, finda a locação, desde que sua retirada não afete a estrutura e a substância do imóvel."

41 "APELAÇÃO CÍVEL. DIREITO CIVIL. CONTRATO DE LOCAÇÃO NÃO RESIDENCIAL. (...) DIREITO DE INDENIZAÇÃO POR BENFEITORIAS. RENÚNCIA PRÉVIA. CLÁUSULA CONTRATUAL EXPRESSA. SÚMULA Nº 335 DO STJ. (...) FORÇA OBRIGATÓRIA DOS CONTRATOS. SENTENÇA MANTIDA. NÃO configura cerceamento de defesa a não realização de prova que não teria utilidade para o deslinde do feito. A prova pericial seria destinada à aferição do incremento no valor atual do imóvel pela realização de benfeitorias, a ser abatido do débito. No entanto, havendo cláusula contratual expressa de renúncia, incabível a pretensão ao exercício do direito de retenção ou indenização por benfeitorias, de acordo com o artigo 35 da Lei de Locações e o Enunciado nº 335 da Súmula do STJ. Além disso, foi pactuado desconto no valor do aluguel por 1 (um) ano, o que denota que as locatárias conheciam as condições do imóvel. Sentença escorreita que deve ser mantida. Conhecimento e negativa de seguimento ao recurso." (TJRJ, Apelação Cível nº 0026577-19.2010.8.19.0209, Desembargador Relator Rogério De Oliveira Souza, Vigésima Segunda Câmara Cível, julgado em 11.02.2016)

Há quatro modalidades de garantia previstas na Lei – caução, fiança, seguro de fiança locatícia e cessão fiduciária de cotas de fundo de investimento. Contudo, o parágrafo único do artigo 37[42] ressalva que só uma delas pode ser exigida, sob pena de nulidade. Busca-se, com essa restrição, impedir que o locador crie um ônus exorbitante ao locatário. De fato, seria um abuso admitir que o locador pudesse requerer do locatário que oferecesse uma plêiade de garantias, quando uma só, se firme, basta. Entende-se que esta norma preserva um interesse público, de sorte que nem a vontade das partes pode derrogar o preceito. Portanto, mesmo que o locatário aceite oferecer duas garantias, a lei entende nula essa duplicidade.

A caução encontra-se referida no artigo 38[43], admitindo-se que ela recaia sobre bens móveis ou imóveis. Se ela se der sobre dinheiro, não poderá, diz o §2º, exceder três meses de aluguel.

Salvo disposição em contrário, registra o artigo 39[44], a garantia permanece até o fim da relação locatícia. Isso mesmo que a locação seja prorrogada por prazo indeterminado.

Veja, nesse particular, que há um aparente choque de conceitos. A fiança, como se verá adiante, é um contrato benéfico cuja interpretação, em regra, é restritiva. Nele, uma pessoa se compromete a assumir, de forma solidária ou subsidiária, a obrigação de outrem. Assim, se uma pessoa se apresenta como fiadora de outra, a sua responsabilidade fica limitada ao que se estabeleceu contratualmente. Esse conceito, contudo, não vai ser aplicado na fiança dada na locação de imóveis. Aqui, a responsabilidade do fiador apenas encerrará

---

[42] "Art. 37. No contrato de locação, pode o locador exigir do locatário as seguintes modalidades de garantia:
I - caução;
II - fiança;
III - seguro de fiança locatícia.
IV - cessão fiduciária de quotas de fundo de investimento.
Parágrafo único. É vedada, sob pena de nulidade, mais de uma das modalidades de garantia num mesmo contrato de locação."

[43] "Art. 38. A caução poderá ser em bens móveis ou imóveis.
§ 1º A caução em bens móveis deverá ser registrada em cartório de títulos e documentos; a em bens imóveis deverá ser averbada à margem da respectiva matrícula.
§ 2º A caução em dinheiro, que não poderá exceder o equivalente a três meses de aluguel, será depositada em caderneta de poupança, autorizada, pelo Poder Público e por ele regulamentada, revertendo em benefício do locatário todas as vantagens dela decorrentes por ocasião do levantamento da soma respectiva.
§ 3º A caução em títulos e ações deverá ser substituída, no prazo de trinta dias, em caso de concordata, falência ou liquidação das sociedades emissoras."

[44] "Art. 39. Salvo disposição contratual em contrário, qualquer das garantias da locação se estende até a efetiva devolução do imóvel, ainda que prorrogada a locação por prazo indeterminado, por força desta Lei."

quando o imóvel for devolvido. O fiador, nesse caso, fica obrigado até o final da relação *ex locato*[45]. O dever do fiador, contudo, admite limitação, se as partes tiverem convencionado expressamente dessa forma.

Evidentemente, essa responsabilidade do fiador cessa se locador e locatário tiverem celebrado novo contrato, no qual assumiram novas obrigações. Neste caso, o fiador pode eximir-se, como, inclusive, resguarda a Súmula 214 do Superior Tribunal de Justiça: "O fiador da locação não responde por obrigações resultantes do aditamento ao qual não anuiu."

O artigo 40 da Lei menciona as hipóteses nas quais se pode reclamar um novo fiador ou a alteração da modalidade da garantia. Todas essas hipóteses se relacionam a alguma alteração da situação do fiador, como sua morte ou insolvência. A última das situações referidas se relaciona ao caso no qual a locação deixar de ser por prazo determinado, porque foi prorrogada sem prazo para findar. Aqui, o fiador poderá solicitar a sua exoneração, mas a lei diz que ele seguirá obrigado a responder pelo prazo de 120 dias contados de quando enviou a notificação. Veja-se que o artigo 835 do Código Civil[46], informa que o fiador de uma obrigação sem prazo de vencimento pode exonerar-se a qualquer momento, devendo, entretanto, responder perante o afiançado pelo prazo de 60 dias. A Lei de Locações, como se vê, foi mais severa com o fiador, pois o obriga a seguir responsável pelo dobro do tempo da lei civil.

Se o locatário deixar de atender a exigência de indicar um novo fiador, ou a de alterar a garantia, o parágrafo único do mencionado artigo 40 vai permitir que se desfaça a locação, ou seja, com o seu vencimento antecipado.

---

45 "processual civil e locação. embargos à execução. fiança. ofensa aos arts. 586 e 677 do código de processo civel. ausência de prequestionamento. violação ao art. 528 do código civil de 1916. legitimidade ativa *ad causam* do locador. título executivo extrajudicial. prova de propriedade do imóvel para promover a execução dos aluguéis atrasados. desnecessidade. arguição de nulidade absoluta. ausência de intervenção do ministério público. menor proprietário do imóvel. ausência de prejuízo. prorrogação do contrato. cláusula que prevê a obrigação até a entrega das chaves. exoneração do fiador. impossibilidade. entendimento consolidado a partir do julgamento do resp nº 566.633/ce. ofensa ao art. 538, parágrafo único, do código de processo civil. súmula nº 98 do superior tribunal de justiça. exclusão da multa.
(...)
O entendimento da Terceira Seção deste Superior Tribunal de Justiça encontra-se consolidado no sentido de que, havendo, no contrato locatício, cláusula expressa de responsabilidade do garante até a entrega das chaves, o fiador responde pela prorrogação do contrato, a menos que tenha se exonerado na forma do art. 1.500 do Código Civil de 1916 ou do art. 835 do Código Civil vigente, a depender da época da avença." (REsp 645414/MS, rel. Min. Laurita Vaz, j. 03.11.2009)

46 "Art. 835. O fiador poderá exonerar-se da fiança que tiver assinado sem limitação de tempo, sempre que lhe convier, ficando obrigado por todos os efeitos da fiança, durante sessenta dias após a notificação do credor."

garantias

Há duas espécies de contratos de locação de imóvel: residencial e não residencial.

No residencial, a locação é destinada à residência de pessoas naturais, ressalvada a exceção do artigo 55[47] (destinada a empregados de pessoa jurídica).

A locação residencial pode ser: (a) com prazo mínimo de 30 meses (artigo 46). Findo o prazo, a locação se extingue, independentemente de notificação ou aviso. Se o locatário ficar no bem, depois de terminado o prazo, por mais 30 dias sem oposição do locador, presume-se que a locação foi prorrogada. Passa a ser por prazo indeterminado; (b) com prazo menor do que 30 meses ou verbal (artigo 47). Findo o prazo, a locação se renova automaticamente. Pode, contudo, ser rescindida nos casos mencionados nos incisos do artigo 47; (c) por tempo indeterminado; e (d) por temporada: prazo máximo de três meses (artigos 48 a 50).

O legislador entendeu que, nas locações residenciais, o prazo mínimo para uma pessoa residir no imóvel seria de 30 meses (dois anos e meio). Nesses casos, o locador apenas pode retirar o locatário do imóvel se munido de um fundamento previsto na lei, referidos no artigo 9º.[48]

Vale explicitar os casos, arrolados no artigo 47, nos quais o locador pode retomar o imóvel nas locações por prazo inferior a trinta meses e que se tenham prorrogado por prazo indeterminado. A primeira hipótese é a de incidência do artigo 9º da Lei de Locações, antes já apreciado, no qual se mencionam situações nas quais se pode desfazer a locação tais como o mútuo acordo e a infração legal ou contratual. A Lei ainda suscita outras hipóteses, tais como se o locador precisar do imóvel para uso próprio, ou de alguém de sua família, que não possua outro imóvel. Neste caso, caberá ao locatário demonstrar a falsidade desse propósito, pois vigora a presunção de boa-fé do locador que reclama a devolução do bem por esse motivo. O inciso V do artigo 47 indica que, após cinco anos de locação, o locador pode requerer a devolução do imóvel do locatário, sem a necessidade de oferecer qualquer fundamento.

---

[47] "Art. 55. Considera - se locação não residencial quando o locatário for pessoa jurídica e o imóvel, destinar - se ao uso de seus titulares, diretores, sócios, gerentes, executivos ou empregados."

[48] "Art. 9º A locação também poderá ser desfeita:
I - por mútuo acordo;
II - em decorrência da prática de infração legal ou contratual;
III - em decorrência da falta de pagamento do aluguel e demais encargos;
IV - para a realização de reparações urgentes determinadas pelo Poder Público, que não possam ser normalmente executadas com a permanência do locatário no imóvel ou, podendo, ele se recuse a consenti - las."

Vale repetir, aqui, que, no artigo 6º da Lei de Locações[49], admite-se a denúncia vazia de todos os contratos de locação por prazo indeterminado. Assim, o locador poderá requerer, independentemente de fundamentação, que o imóvel lhe seja restituído.

locação não residencial

A locação não residencial, por sua vez, é aquela destinada para fins distintos do residencial. Normalmente, trata-se da locação para fins comerciais.

renovação

A grande distinção é a de que, em muitos casos, a locação não residencial dá direito ao locatário de reclamar a sua renovação, como se vê dos artigos 51 e 52. Com isso, o locatário tem como garantir a sua permanência no imóvel locado, ainda que contra o interesse do locador. Este, preenchidos os requisitos exigidos por lei, fica obrigado a manter a locação, renovando-a.

Para haver a renovação, o locatário deve ter as seguintes características: (1) um ou mais contratos escritos, com prazo determinado; (2) prazo mínimo de cinco anos de seus contratos; e (3) explorar o mesmo ramo de negócio no mínimo pelos últimos três anos anteriores.

fundo de comércio

A lei pretende proteger o fundo de comércio do locatário comerciante. Faz sentido. Afinal, um comerciante que se estabelece num determinado local e lá explora seu negócio com sucesso gera um ativo. O fato de que a clientela sabe que, naquele local, existe um determinado comércio de qualidade, é um bem que merece proteção. O direito protege esse patrimônio do comerciante, garantindo-lhe o poder de manter-se no local, se seguir exercendo a mesma atividade comercial.

Aliás, vale a pena ver a situação de outro lado. Imagine-se se fosse possível ao senhorio retirar o comerciante do local a qualquer momento. Esse proprietário poderia receber, de mão beijada, o ativo criado pelo locatário, caso passasse a explorar, no local, a mesma atividade comercial antes exercida pelo inquilino. Teria esse proprietário um benefício desprovido de causa, pois receberia o proveito de um trabalho feito por outrem. Para proteger o patrimônio e evitar o enriquecimento sem causa, a norma impõe a renovação, caso atendidos os requisitos.

Presentes os três elementos antes mencionados, o locatário tem direito a requerer a renovação. Se o locador recusar-se a concedê-la, o inquilino pode propor uma ação renovatória, a fim de garantir judicialmente esse direito. A ação renovatória encontra-se referida nos artigos 71 a 75 da Lei de Locações.

---

49 "Art. 6º O locatário poderá denunciar a locação por prazo indeterminado mediante aviso por escrito ao locador, com antecedência mínima de trinta dias.
Parágrafo único. Na ausência do aviso, o locador poderá exigir quantia correspondente a um mês de aluguel e encargos, vigentes quando da resilição."

O direito de renovação pode ser exercido pelos cessionários e sucessores da locação. No caso de sublocação total do bem, é o sublocatário quem exclusivamente terá o direito de reclamar a renovação, consoante a regra do § 1º do artigo 51, da Lei de Locação.

O prazo para propor essa ação é de um ano a seis meses antes do término do contrato (artigo 51, § 5º). Trata-se de prazo decadencial. Perdido esse prazo, perde-se o direito.

De toda sorte, se o contrato de locação vige por prazo indeterminado, o artigo 57[50] admite que a relação seja denunciada por escrito pelo locador, concedendo-se ao locatário 30 dias para desocupar voluntariamente o imóvel.

Algumas locações, referidas no artigo 53[51], gozam de uma proteção especial – as que se destinam a hospitais, estabelecimentos de saúde e ensino autorizados e fiscalizados pelo poder público.

Estas apenas podem ser desfeitas nas hipóteses do artigo 9º ou na situação referida do inciso II do mencionado artigo 53 da Lei de Locações.

regras processuais da Lei de locação

Além dos aspectos materiais, a Lei de Locações também se ocupa de estabelecer regras processuais, indicando as principais ações manejadas nas relações *ex locato*[52]. Não é objeto deste trabalho se aprofundar nesses aspectos processuais. Registre-se, apenas, que a ação de despejo é tratada pelo artigo 59, a ação de consignação de aluguel pelo artigo 67, a ação revisional de aluguel pelos artigos 68 a 70 e a renovatória, de que antes já se deu notícia, pelos artigos 71 a 75.

locação de lojas em Shopping Centers

O aluguel das lojas em shopping centers apresenta peculiaridades[53]. Normalmente, esse aluguel é composto de duas parcelas: uma fixa, pelo uso da loja, e outra variável, normalmente atrelada ao faturamento do estabelecimento comercial.

Os shoppings têm uma série de regras, normalmente complexas e abrangentes, às quais os exploradores das lojas devem submeter-se. Nesse regimento interno, aderido necessariamente por todos os lojis-

---

50 "Art. 57. O contrato de locação por prazo indeterminado pode ser denunciado por escrito, pelo locador, concedidos ao locatário trinta dias para a desocupação."

51 "Art. 53 - Nas locações de imóveis utilizados por hospitais, unidades sanitárias oficiais, asilos, estabelecimentos de saúde e de ensino autorizados e fiscalizados pelo Poder Público, bem como por entidades religiosas devidamente registradas, o contrato somente poderá ser rescindido.
I - nas hipóteses do art. 9º;
II - se o proprietário, promissário comprador ou promissário cessionário, em caráter irrevogável e imitido na posse, com título registrado, que haja quitado o preço da promessa ou que, não o tendo feito, seja autorizado pelo proprietário, pedir o imóvel para demolição, edificação, licenciada ou reforma que venha a resultar em aumento mínimo de cinqüenta por cento da área útil."

52 Ver, Luiz Fux, *Locações, Processo e Procedimentos*, Rio de Janeiro, Ed. Destaque, 1992.

53 Sobre o tema, João Augusto Basílio, *Shopping Centers*, Rio de Janeiro, Renovar, 2005.

tas, há, por exemplo, que se adequar aos conceitos estéticos do centro, para garantir uma harmonia. Existem obrigações de contribuir com fundos para publicidade comum e manutenção do local. Deve-se pagar uma contribuição especial à administradora do shopping pelas vantagens que esta oferece, inclusive pelo fundo de comércio do centro desfrutado pelo lojista. Denomina-se esta contribuição de *res sperata*.

> arrendamento residencial com opção de compra

Por fim, vale um comentário sobre o advento da Lei nº 10.188, de 12.2.2001. Nela, introduz-se uma espécie diferenciada de locação: o arrendamento residencial com opção de compra. Esse tipo de negócio direciona-se à população de baixa renda, que pretenda adquirir imóveis populares. Há uma simbiose do contrato de locação com uma opção, pois, ao final de determinado período, o ocupante do imóvel pode exercer a faculdade de compra do bem. Assemelha-se ao arrendamento mercantil (o leasing).

Empréstimo

Sob o título de "empréstimo", o Código Civil alberga dois importantes contratos, de enorme uso prático: o comodato e o mútuo.

No primeiro – comodato –, há um empréstimo gratuito para uso, ao passo que, no segundo – o mútuo – ocorre um empréstimo, não necessariamente gratuito, para o consumo de quem recebe. A distinção fundamental dos dois reside na natureza do bem emprestado: no comodato, empresta-se um bem infungível, ao passo que no mútuo, o empréstimo recai em bem fungível. A fungibilidade, como se sabe, encontra-se definida no artigo 85 do Código Civil[1]: trata-se da aptidão da coisa a ser substituída por outra da mesma espécie, qualidade e quantidade[2]. As coisas fungíveis têm essa característica. As infungíveis, diferentemente, não: são únicas e não admitem a substituição.

Em ambos os casos, quem recebe a coisa fica obrigado a restituí-la. Entretanto, no comodato, será necessário restituir a mesmíssima coisa – uma obrigação de restituir coisa certa, referida nos artigos 238 a 242 do Código Civil –, ao passo que no mútuo será restituída coisa do mesmo gênero e espécie.

---

1 "Art. 85. São fungíveis os móveis que podem substituir-se por outros da mesma espécie, qualidade e quantidade."

2 Como lembra Luís Cabral de Moncada, os romanos chamavam as coisas fungíveis de *"res quae pondere, numero, mensura consistunt"*, a fim de externar que eram coisas que se tratavam de coisas de quantidade ou de gênero (*Lições de Direito Civil*, 4ª ed., Coimbra, Almedina, 1995, p. 422).

COMODATO

Trata-se de contrato antiquíssimo. Chamava-se, entre os romanos, de *commodum datum*, isto é, dado para a comodidade de alguém.

sujeitos

Há duas figuras: o comodante, normalmente o dono da coisa, e o comodatário, que a recebe. Antes, disse-se "normalmente", porque não será necessário que o comodante seja o proprietário do bem dado em comodato. Basta que o comodante possa entregar e garantir a posse do bem para outro.

definição

O comodante entrega graciosamente um bem ao comodatário – uma coisa infungível –, para que este a use e, ao final de certo prazo, a restitua, como se vê da definição constante do artigo 579[1].

Vê-se, pois, as características predominantes do comodato (todas encontradas no já referido artigo 579): o bem infungível, a graciosidade do ato e a efetiva transferência da posse do bem (trata-se, pois, de um contrato real). Essa transferência da posse é, evidentemente, temporária.

contrato real

De fato, o comodato serve de exemplo de contrato real, pois apenas se aperfeiçoa com a entrega física da coisa. Não basta a vontade das partes, mas a própria norma exige que esse contrato, para se concretizar, haja a efetiva entrega física do bem. Esse conceito, aliás, consta, de forma expressa, da segunda parte do artigo 579, exatamente aquele que define o instituto.

A identificação do contrato de comodato como real é antiga. No Direito Romano, o comodato, ao lado do mútuo, do depósito e do penhor, aparecia listado entre os contratos reais. Esse conceito chegou aos nossos dias. Vale, contudo, ressalvar que, hoje, essa

---

[1] "Art. 579. O comodato é o empréstimo gratuito de coisas não fungíveis. Perfaz-se com a tradição do objeto."

natureza real do contrato de comodato não é unânime. No direito alemão, por exemplo, o § 598 do Código – "Pelo contrato de comodato está o comodante obrigado a permitir, ao comodatário, o uso da coisa gratuitamente." – não contém a mesma exigência da tradição, divergindo da orientação do artigo 579 do nosso Código Civil.

Embora o comodato apenas se concretize com a tradição, diante da clara escolha do legislador, se aquele que prometeu dar um bem em comodato falhar, deixando de cumprir o prometido, poderá aquele que seria comodatário – e não foi porque jamais recebeu o bem – reclamar pelo dano sofrido.

Como o comodato é um contrato gracioso, esse "inadimplemento" deve ser visto com sensibilidade, tomando analogicamente, já que a lei não se ocupa do tema, as regras aplicáveis à doação. Assim, apenas responderá pelo descumprimento da promessa se o promitente agiu com dolo. Caso a coisa, que seria objeto do comodato, venha a perecer, mesmo que apenas por culpa do seu dono que a daria em comodato, este não poderá ser responsabilizado. Contudo, caso, depois de se comprometer a entregar o bem em empréstimo, houver uma recusa fútil e injustificada, aquele a quem se comprometeu poderá reclamar o adimplemento (ou, eventualmente, uma indenização). Apenas depois de entregue a coisa inicia-se o comodato, pois se trata, como se viu, de contrato real.

<small>não solene</small>

Registre-se, ainda, que o comodato é um contrato não solene. Não requer uma forma especial. Nada impede que ele seja celebrado verbalmente. Basta o acordo de vontades e, diante da sua natureza real, a efetiva entrega da coisa, momento no qual o negócio se perfaz.

Essa desnecessidade de observar uma forma pode, contudo, trazer problemas no momento de provar o negócio. Imagine-se a pessoa que ajusta, verbalmente, o comodato de um imóvel e recebe, ato contínuo, a sua posse. Contudo, não há prova escrita do ato. Tempos depois, falece o comodante e os seus herdeiros, que desconhecem a natureza do acordo, cobram do comodatário o aluguel do imóvel por este ocupado. Haverá, nesse caso, uma dificuldade de prova. Daí porque se recomenda que o contrato de comodato seja registrado de alguma forma, a fim de garantir a prova do ato.

<small>objeto</small>

Tratemos, inicialmente, do bem suscetível de ser objeto de comodato. Como mencionado, necessário que ele seja infungível: um bem certo e determinado, identificado na sua unicidade.

Será necessário que, ao fim da relação, o comodatário devolva exatamente o bem que lhe fora entregue. Existe, portanto, uma obrigação de restituir coisa certa. Se o bem for fungível, haverá mútuo, que se examinará logo adiante.

Bens que não podem ser alienados são, contudo, suscetíveis de ter seu uso cedido por meio de comodato.

Muito excepcionalmente, admite-se o comodato de coisa fungível, se o bem dado se destinar à mera exibição – *ad pompam vel ostentationem*. Isso ocorreria se uma pessoa emprestasse a outra centenas de bolas de gude para, digamos, tirar uma fotografia, ajustando-se que as bolinhas seriam restituídas em seguida.

<small>contrato gracioso</small>

Com efeito, uma importante característica é a graciosidade da relação. Se a posse da coisa for transferida momentaneamente em troca de alguma remuneração, estar-se-á diante da locação, e não do comodato.

Se, embora não se houver fixado uma remuneração pelo uso da coisa, existir, no acordo que estabeleceu a transferência do bem, uma série de encargos onerosos para quem ficou com a posse da coisa, pode-se dizer que não haverá comodato, porém outro negócio. Na maioria das vezes, se houver um custo, haverá locação.

Evidentemente, pode-se ajustar que o comodatário arque com as despesas ordinárias da coisa, mas não com gastos extraordinários, sob pena de o negócio perder a sua característica de gracioso, desfigurando-se o contrato de comodato.

Se os custos ordinários forem muito elevados, o comodato estará desvirtuado. Isso é importante notar porque, não raro, uma pessoa aluga seu bem apenas para que outro arque com as despesas de manutenção da coisa. Não há, nesses negócios, nenhum desejo de fazer uma graciosidade, senão o de transferir custos.

Tome-se a pessoa que tem um barco, cuja manutenção é altamente dispendiosa e o seu proprietário ainda segue pagando as parcelas da compra do bem. Pois para se livrar desses custos, o dono da embarcação entrega a outra o bem, sendo que o dever desta consiste em arcar com os gastos dessa manutenção e a responsabilizar-se por seguir pagando as parcelas do preço da coisa. Haverá comodato? Parece que não, pois o propósito do negócio não é um empréstimo gracioso. Existe um motivo econômico – transferência de custos – que torna o negócio muito mais próximo da locação.

Se quem recebe o bem tiver que realizar alguma atividade mais simples, sem que exista aí um custo extraordinário, haverá apenas um comodato modal.

O dever de zelar ou conservar o bem, se isso não acarreta um enorme dispêndio ao comodatário, será apenas um corolário do comodato, não alterando a sua natureza.

Como contrato gratuito, ele também não terá sinalagma. Será, pois, impossível suscitar a lesão nesse negócio. Uma das partes terá forçosamente seu patrimônio desfalcado, pois perderá a posse do bem (e, nesse particular, seu conteúdo econômico), enquanto a outra receberá a posse graciosa da coisa, com uma vantagem econômica, pois nada retribuirá.

<small>interesse do comodante</small>

De toda sorte, além do aspecto objetivo – especificamente a ausência de contraprestação –, também se pode apreciar a questão subjetiva para identificar, com precisão, o contrato de comodato. Neste negócio, há um interesse, pelo comodante, de trazer um benefício ao comodatário.

Também por esse motivo, o artigo 580 do Código Civil[2] veda que "tutores, curadores e em geral todos os administradores de bens alheios ou de terceiros" recebam em comodato os bens confinados à sua guarda. Ora, haveria, nesses casos, um conflito de interesses e um abuso. Compete aos administradores de bens alheios proteger esses ativos em proveito dos seus donos e não em proveito próprio. Como o comodato é gracioso, esses administradores receberiam uma vantagem, sem que ela necessariamente importe num ato de generosidade do dono da coisa objeto do comodato. Eis o motivo da proibição legal.

<small>natureza personalíssima</small>

Não é da essência do comodato a natureza *intuitu personae*. Entretanto, normalmente é estabelecido para beneficiar uma determinada pessoa, que tem um proveito (o uso da coisa) sem qualquer contraprestação, pois a cessão é graciosa. Isso não é, contudo, essencial.

Embora menos comum, pode haver um comodato sem que exista essa relação personalíssima, como, por exemplo, no caso de uma pessoa que deseja que outra proteja e conserve um piano, não requisitando qualquer contraprestação.

A análise dessa característica tem relevância. Se o comodato foi *intuitu personae*, a morte do comodatário importa o fim do contrato, o que não acontecerá se o acordo não tiver essa natureza, situação na qual o comodato seguirá com os sucessores do comodatário.

Além disso, se o comodato for personalíssimo, não se admitirá que o comodatário ceda sua posição jurídica.

O nosso Código não estabeleceu, de antemão, a natureza do comodato, sendo, pois, importante que se analise a situação prática para, então, identificar a natureza do negócio, deve-se apreciar o caso concreto, com as suas peculiaridades, a situação de fato que vinculava as partes antes do nascimento do contrato, para, então, reconhecer, pelas suas características, a natureza personalíssima ou não do negócio.

Na maioria dos casos – embora isso não represente uma regra –, o comodato será personalíssimo. Se assim for, a morte do comodatário extinguirá a relação. Afinal, o seu motivo declarado consistia em auxiliar (numa relação *intuitu personae*), de alguma forma, o comodatário, sendo que a morte deste impediu que esse propósito fosse alcançado.

---

2   "Art. 580. Os tutores, curadores e em geral todos os administradores de bens alheios não poderão dar em comodato, sem autorização especial, os bens confiados à sua guarda."

Se não havia essa finalidade personalíssima, a morte do comodatário não encerra o negócio e a relação jurídica seguirá com os sucessores do comodatário original.

vontade

Deve haver, portanto, um contrato específico para esse fim. O simples uso, por uma pessoa, de um bem de outra não cria o comodato. Necessário, portanto, existir uma vontade direcionada de ambas as partes, que consentem em concretizar o negócio, o que se manifesta na efetiva transferência da posse do bem.

Como antes mencionado, é a própria lei, na segunda parte do artigo 579, que informa: "Perfaz-se [o comodato] com a tradição do objeto". Eis, pois, um exemplo clássico de contrato real. Aliás, ao lado do depósito, do penhor e do mútuo, o comodato compunha os quatro contratos reais mencionados por Justiniano.

Veja-se que essa transferência da posse serve para diferenciar o comodato de um simples ato de gentileza. Tome-se a situação da pessoa que, no escritório, empresta a outra a sua calculadora, para uma conta rápida. No exemplo, não há a efetiva entrega da posse, mas um ato de cortesia. Se, por acaso, a calculadora cair no chão e se espatifar, não poderá o dono da calculadora reclamar uma reparação com base no contrato de comodato, mas com base nas regras gerais de responsabilidade civil.

res perit domino

Embora a transferência da posse seja essencial para que o comodato se aperfeiçoe (trata-se, claramente, de um contrato real), não há transferência de propriedade. Logo, os riscos de perecimento seguem com o proprietário que deu o bem em comodato (o comodante). Aplica-se o conceito de *res perit domino*. Caso o bem venha a perecer sem culpa do comodatário, quem tem o risco da perda é o comodante (ou o dono da coisa, se não forem a mesma pessoa).

a posse

De toda sorte, tanto o comodante como o comodatário têm a posse. O primeiro a posse indireta e o segundo a posse direta. Ambos têm como requerer do Judiciário a proteção a essa posse, detendo efetivamente o bem e ficando com ele em seu poder. Aqui, recorre-se ao conceito do artigo 1.197 do Código Civil[3]: tanto o comodante como o comodatário detêm a posse. Embora ambos tenham a posse – um a indireta e outro a direta –, consoante o referido dispositivo do artigo 1.197, o possuidor direto pode defender a sua posse do possuidor indireto. Assim, caso, no curso do comodato, o comodante queira reaver a coisa indevidamente, o comodatário, possuidor direto, terá os remédios para proteger a sua posição. Afinal, o comodante terá que respeitar o contrato e a

---

3   "Art. 1.197. A posse direta, de pessoa que tem a coisa em seu poder, temporariamente, em virtude de direito pessoal, ou real, não anula a indireta, de quem aquela foi havida, podendo o possuidor direto defender a sua posse contra o indireto."

situação do comodatário, muito embora ele mesmo tenha, de forma generosa, concedido o direito.

O comodante obriga-se a garantir o uso pacífico da coisa pelo comodatário, embora nada receba por isso – no que se diferencia fundamentalmente da locação, porque nesta haverá uma contraprestação pelo uso da coisa.

prazo Como antes se mencionou, estabelecido o prazo para o comodato, o comodante deve respeitá-lo. Apenas ao seu término, poderá reclamar a restituição da coisa dada. Se não se ajustar um prazo específico, entende-se que o comodato irá perdurar pelo tempo necessário ao uso concedido. Se esse tempo já tiver passado, poderá o comodante requerer a devolução.

A lei excepciona a regra de o comodante respeitar o prazo do contrato se, como ressalva a segunda parte do artigo 581[4], sobrevier um fato extraordinário para ele, que crie para este a necessidade de reaver o imóvel.

Não poderá o comodante, salvo alguma necessidade "imprevista e urgente, reconhecida pelo juiz", exigir a devolução do bem e suspender o comodato antes do fim do prazo do negócio. Quando a lei menciona "reconhecida pelo juiz", diz-se que o critério de urgência e necessidade não pode ser unilateralmente indicado pelo comodante, porém deve ser aferido pelo Judiciário (artigo 581, 2ª parte), para evitar o abuso e a arbitrariedade. Portanto, se não houver consenso entre as partes, caberá ao juiz apreciar a existência de uma situação emergencial.

Evidentemente, poderá o comodante, no instrumento que instituir o comodato, explicitar, de antemão, os motivos pelos quais poderá requerer a restituição da coisa. Sendo um contrato gracioso, a sua interpretação, por força do artigo 114 do Código Civil[5], será benéfica ao instituidor.

Caso as partes nada disponham sobre o prazo do negócio e não exista ou já tenha escoado um tempo razoável para o uso do bem, o comodante poderá notificar o comodatário, fixando um prazo aceitável para restituição do bem.

Não haverá comodato perpétuo. O limite temporal é uma de suas importantes características. Como bem aponta Carlos Roberto Gonçalves, "Se for perpétuo, transforma-se em doação"[6]. Com rela-

---

4 "Art. 581. Se o comodato não tiver prazo convencional, presumir-se-lhe-á o necessário para o uso concedido; não podendo o comodante, salvo necessidade imprevista e urgente, reconhecida pelo juiz, suspender o uso e gozo da coisa emprestada, antes de findo o prazo convencional, ou o que se determine pelo uso outorgado."

5 "Art. 114. Os negócios jurídicos benéficos e a renúncia interpretam-se estritamente."

6 *Direito Civil Brasileiro 3*, 7ª ed., São Paulo, Saraiva, 2010, p. 399.

ção ao seu prazo, há duas possíveis situações: ou o comodato tem um prazo certo e previamente fixado ou o negócio tem prazo indeterminado.

Se houver prazo, o bem apenas poderá ser reclamado pelo comodante no seu termo. Aliás, basta a verificação do prazo para que o comodante possa reclamar a restituição, independentemente de notificação prévia. Aplica-se, aqui, o conceito segundo o qual *dies interpellat pro homine*.

Se não houver prazo fixado, entende-se que o prazo do negócio é aquele suficiente para que o comodatário possa atingir o propósito razoável do uso da coisa dada em comodato (artigo 581). Se isso não existir, o contrato pode ser rescindido, de pronto e unilateralmente, por qualquer das partes.

No *precário* do Direito Romano, uma pessoa entregava a outra a coisa e poderia reclamar a sua devolução a qualquer momento, sem necessidade de explicar o motivo. O Direito brasileiro não cuida do *precário*, mas a sua situação é, na prática, a mesma do comodato sem prazo determinado, quando o comodante também pode reclamar a coisa, a qualquer momento.

esbulho

Se o comodatário for notificado para devolver a coisa, seja por conta do fim do contrato, ou por outro motivo legítimo, e negar-se, haverá esbulho. A ação para o comodante reaver o bem não será de despejo, mas uma ação possessória.

sanção por
não restituir

Responderá o comodatário por perdas e danos e por uma contraprestação (que a lei qualifica como "aluguel"), a ser fixado pelo comodante, enquanto deixar de restituir a coisa (segunda parte do artigo 582[7]). Isso mesmo: se o comodatário for constituído em mora, responderá, pelo período, com o "aluguel" da coisa ao comodante, no valor por este arbitrado, registra o artigo 582, 2ª parte.

Caso o valor arbitrado unilateralmente seja excessivo, aplica-se, por analogia, o artigo 575[8], para que o juiz possa fixá-lo em bases mais razoáveis, porém sempre ciente de que se trata de uma pena. Aqui, claro, o valor do "aluguel" poderá superar aquele aplicado no mercado porque há nele um aspecto de sanção. Aplica-se, então, o conceito do artigo 575.

---

[7] "Art. 582. O comodatário é obrigado a conservar, como se sua própria fora, a coisa emprestada, não podendo usá-la senão de acordo com o contrato ou a natureza dela, sob pena de responder por perdas e danos. O comodatário constituído em mora, além de por ela responder, pagará, até restituí-la, o aluguel da coisa que for arbitrado pelo comodante."

[8] "Art. 575. Se, notificado o locatário, não restituir a coisa, pagará, enquanto a tiver em seu poder, o aluguel que o locador arbitrar, e responderá pelo dano que ela venha a sofrer, embora proveniente de caso fortuito.
Parágrafo único. Se o aluguel arbitrado for manifestamente excessivo, poderá o juiz reduzi-lo, mas tendo sempre em conta o seu caráter de penalidade."

Frise-se, contudo, que a lei, em momento algum, equipara o comodatário ao locatário, nem, tampouco, a situação de o comodatário permanecer com o bem após ser intimado a devolvê-lo tem o condão de transformar o contrato de comodato em contrato de locação.

Em mora, o comodatário terá seus riscos majorados, na forma do artigo 399[9], isto é, passará a suportar o risco com a manutenção indevida da coisa. Ordinariamente, houvesse algum dano à coisa, oriundo de um caso fortuito, o risco seria do comodante. Com a mora, inverte-se esse ônus.

Como antes se ressaltou, embora a lei denomine de aluguel a remuneração paga pelo comodatário quando em mora na devolução da coisa, a ação para reclamar a restituição não será de despejo, porém um interdito proibitório, uma ação de reintegração de posse.

A principal obrigação do comodatário consiste em cuidar e em conservar a coisa dada em comodato como se sua fosse. Deve o comodatário arcar com certos encargos, como os tributos incidentes e os gastos normais de conservação.

Além disso, o comodatário deve dar à coisa entregue em comodato o seu uso normal, ou, quando muito, aquele referido no contrato, sob pena de responder por perdas e danos, além de ter que restituir a coisa, pondo fim ao negócio (artigo 582, 1ª parte).

Caberá ao comodatário suportar com os gastos ordinários de conservação da coisa dada em comodato. Em relação aos gastos extraordinários, estes seguem sendo da alçada do comodante.

A lei não indica quais seriam os gastos ordinários e extraordinários. Antes, ao tratar do mesmo tema relacionado à locação, já se explicou a diferença. De fato, pode-se valer, para distinguir essas duas hipóteses no comodato, do mesmo conceito aplicável à locação, facilitado pelo fato de que a Lei de Locações, como vimos, oferece uma detalhada lista das hipóteses.

Nas despesas com uso e gozo que arcar, não terá o comodatário como reclamar restituição do comodante, registra o artigo 584[10]. A regra é muito razoável: afinal, ao emprestar graciosamente a coisa, o comodante já realizou uma generosidade. Seria uma demasia que ele ainda fosse obrigado a arcar com os gastos despendidos pelo comodatário para usar o bem. Ao receber o objeto do comodato, portanto, o comodatário passa a ser responsável pelas despesas de conservação e manutenção da coisa.

---

9   "Art. 399. O devedor em mora responde pela impossibilidade da prestação, embora essa impossibilidade resulte de caso fortuito ou de força maior, se estes ocorrerem durante o atraso; salvo se provar isenção de culpa, ou que o dano sobreviria ainda quando a obrigação fosse oportunamente desempenhada."

10 "Art. 584. O comodatário não poderá jamais recobrar do comodante as despesas feitas com o uso e gozo da coisa emprestada."

risco da coisa dada em comodato

Ainda com relação aos cuidados sobre o bem, o artigo 583[11] apresenta uma hipótese dramática, cuja imaginação evoca imagens cinematográficas. Trata-se da situação de haver, ao mesmo tempo, risco do objeto dado em comodato e de outro, de propriedade do comodatário. Segundo o referido dispositivo, nesta hipótese, caberá ao comodatário salvar, primeiro, o bem em comodato e, apenas depois, o seu próprio. Se não proceder assim, terá que arcar com os danos decorrentes da perda do bem dado em comodato, muito embora isso tenha ocorrido em decorrência de caso fortuito ou de força maior.

A lei, nessa passagem, desconsidera o valor dos dois bens. Ora, se a coisa dada em comodato possui valor reduzido e, na situação de emergência, prevista pela lei, o comodatário tem como salvar bem de valor muito superior, é evidente que, até por uma razão lógica, ele salvará o bem de maior valor. A lei tem lugar quando ambos os bens possuem valores equivalentes. Washington de Barros, contudo, entende que, em qualquer situação, o comodatário deve salvar primeiro dado em comodato.[12]

Tome-se, para dar um exemplo extremo, a situação de haver uma enchente que traga água para dentro da casa de uma pessoa. Naquele momento, a tal pessoa corre para salvar uma pasta, com todas as suas joias de família, de valor considerável. Entretanto, quase já escapando das águas, lembra-se que lhe foi dado, em comodato, um violão, de valor pequeno (e de valor desprezível se comparado às preciosidades contidas na pasta). O que fazer? Evidentemente, salvar a joia e arcar com os danos decorrentes da perda do violão.

benfeitorias

A lei não exige uma formalidade do contrato de comodato. Não existe, portanto, uma solenidade especial.

Discute-se se o comodatário tem direito à indenização pelas benfeitorias. Isso porque se leva em conta que ele já recebe uma benesse do comodante.

Como a lei não oferece um tratamento específico, o melhor entendimento é o de se socorrer da regra geral do artigo 1.219 do Código Civil[13], segundo o qual o possuidor de boa-fé poderá reclamar ressarcimento pelas benfeitorias necessárias e úteis.

. . . .

---

11 "Art. 583. Se, correndo risco o objeto do comodato juntamente com outros do comodatário, antepuser este a salvação dos seus abandonando o do comodante, responderá pelo dano ocorrido, ainda que se possa atribuir a caso fortuito, ou força maior."

12 *Curso de Direito Civil, Direito das Obrigações*, 2ª parte, 36ª edição, São Paulo, Saraiva, 2009, p. 220.

13 "Art. 1.219. O possuidor de boa-fé tem direito à indenização das benfeitorias necessárias e úteis, bem como, quanto às voluptuárias, se não lhe forem pagas, a levantá-las, quando o puder sem detrimento da coisa, e poderá exercer o direito de retenção pelo valor das benfeitorias necessárias e úteis."

Evidentemente, como se trata de um contrato gracioso, deve-se dar uma leitura da situação que proteja o comodante.

Embora o tema também seja discutível, parece razoável admitir que, como possuidor de boa-fé, o comodatário tem direito a retenção – o *jus retentionis* – pelas benfeitorias efetuadas no imóvel dado em comodato, na forma contemplada pelo artigo 1.219, salvo, claro, se houver cláusula expressa no contrato estipulando-se de forma diversa.

solidariedade

Se duas ou mais pessoas forem comodatárias, diz o artigo 585 do Código Civil[14] que responderão solidariamente perante o comodante. Trata-se de uma hipótese de solidariedade prevista na lei.

---

14 "Art. 585. Se duas ou mais pessoas forem simultaneamente comodatárias de uma coisa, ficarão solidariamente responsáveis para com o comodante."

MÚTUO

Ao se despedir de seu filho, Polônio, personagem de *Hamlet*, uma das obras primas de Shakespeare, dá a seguinte recomendação: "Não emprestes, nem peças emprestado: quem empresta perde o dinheiro e o amigo, e o pedir emprestado é o primeiro passo para a ruína."

Apesar desse conselho, o mútuo – o empréstimo de coisas fungíveis – é um dos contratos mais comuns e dos mais antigos. Era denominado de *mutuum* pelos romanos.

Por meio desse negócio, uma pessoa "empresta" a outra um bem fungível para que seja restituído no futuro. As aspas que abraçam a palavra "empresta" se justificam porque, a rigor, há a transferência da propriedade da coisa objeto do mútuo, como veremos a seguir.

sujeitos

As figuras desse contrato são o mutuante, aquele que dá o empréstimo, e o mutuário, quem recebe.

importância prática

O mútuo tem enorme importância na economia mundial. Principalmente por meio do empréstimo de dinheiro, move-se a vida financeira do nosso planeta. Pelo mútuo, as pessoas conseguem obter dinheiro e perseguir seus propósitos. Afinal, para iniciar ou incrementar um projeto comercial, faz-se, em regra, necessário um capital. O empreendedor, que não possui o dinheiro, encontra quem o empreste. Também a pessoa que passa por uma dificuldade financeira e tem dívidas a quitar. Ela precisa de um empréstimo para fazer frente a essas obrigações, assumindo, entretanto outra, de quitar, no futuro, o mútuo, pagando a quem lhe emprestou.

Ao se falar em mútuo, como feito acima e na grande maioria das vezes, estar-se-á referindo ao empréstimo de dinheiro, o bem fungível por excelência. Contudo, nada impede que se esteja tratando de outros bens fungíveis. Imagine-se, por exemplo, a pessoa que pede emprestada a outra garrafas de água, para que sejam devolvidas no dia seguinte.

definição

A rigor, no mútuo, uma pessoa transfere a outra a propriedade de coisa fungível, ficando esta última obrigada a entregar, num momento futuro, coisa do mesmo gênero e qualidade daquela inicialmente entregue. A restituição, portanto, se dá com o equivalente.

Há, na verdade, uma ficção, pois, vista a coisa objetivamente, não há empréstimo de uma coisa: como se disse, uma pessoa transfere a propriedade de um bem fungível e aquele que recebe o bem fica obrigado a dar, num momento futuro, à quem lhe deu o bem, outro igual. Nesse negócio, existem duas transferências de propriedade.

Distingue-se o mútuo essencialmente da compra e venda porque nesta transfere-se a propriedade da coisa por dinheiro, enquanto no mútuo há a entrega da coisa para posterior devolução de outra coisa, porém do mesmo gênero e qualidade. Se o mútuo for de dinheiro, quem recebe deve devolver o dinheiro, no futuro, porém não será a mesma coisa (por óbvio, não se restituirão as mesmas cédulas de papel moeda).

Também não se confunde com o seu primo, o comodato. Afinal, no comodato, quem recebe a coisa deve restituir o mesmíssimo bem. No mútuo, contudo, deve-se entregar ao mutuante o bem no seu gênero e qualidade.

Tampouco há troca, pois nesta as prestações não se confundem, havendo duas coisas distintas, oferecidas de parte a parte. No mútuo, o mutuante entrega uma coisa e receberá, num momento posterior, uma coisa igual àquela que deu. Com efeito, no mútuo, a devolução deve ser de coisa idêntica, na mesma qualidade e quantidade. Não fosse assim, haveria uma troca.

O conceito do mútuo se vê registrado no artigo 586 do Código Civil1. O dispositivo repete o conceito do artigo 1.256 do Código Civil de 1916[2]. A segunda parte do dispositivo registra que a restituição deve dar-se sobre coisa do mesmo gênero, qualidade e quantidade.

empréstimo de consumo

No mútuo, estamos diante de um contrato translatício de propriedade da coisa, como ressalva o artigo 587[3]. Por isso, diz-se que existe um empréstimo de consumo, como, aliás, o qualifica o artigo 1.892 do Código Civil francês. Na grande maioria dos casos, é impossível que se devolva o mesmo bem entregue pelo mutuante e sequer isso é exigível.

---

1   "Art. 586. O mútuo é o empréstimo de coisas fungíveis. O mutuário é obrigado a restituir ao mutuante o que dele recebeu em coisa do mesmo gênero, qualidade e quantidade."

2   "Art. 1.256. O mútuo é o empréstimo de coisas fungíveis. O mutuário é obrigado a restitui ao mutuante o que dele recebeu em coisas do mesmo gênero, qualidade e quantidade."

3   "Art. 587. Este empréstimo transfere o domínio da coisa emprestada ao mutuário, por cuja conta correm todos os riscos dela desde a tradição."

Diante dessa peculiaridade, o mutuante deve ser o proprietário da coisa, a fim de que possa transferir seu domínio.

Recebida a coisa, o mutuário pode até destruí-la, pois seu dever é apenas o de devolver outra, de mesma espécie e qualidade – por isso, como se registrou, apenas pode haver mútuo de bens fungíveis.

objeto

Necessário, assim que o bem, objeto do mútuo, seja fungível. Os bens fungíveis são definidos pelo artigo 85 do Código Civil[4]. Tratam-se daqueles que podem substituir-se por outros da mesma espécie, qualidade e quantidade. Logo, "em regra", não se conceberá o mútuo de imóvel. Diz-se, em regra, porque muito excepcionalmente poderá haver o mútuo de coisa imóvel, nas hipóteses nas quais é possível uma "aparente fungibilidade" entre os bens, como dois apartamentos de um mesmo prédio, ou dois terrenos de um mesmo loteamento.

res perit domino

Como há transferência da propriedade da coisa, correm, por conta do mutuário, os riscos. Aqui também incide o conceito de *res perit domino*. Com efeito, o perecimento da coisa dada em mútuo é irrelevante ao mutuante, pois, uma vez entregue o bem ao mutuário, ele já não é proprietário da coisa e a obrigação pactuada é a de dar coisa incerta, segundo a qual *genus non perit*.

contrato real

Trata-se de contrato real, que apenas se aperfeiçoa com a entrega da coisa, como se reconhecia desde os romanos. Enquanto a coisa objeto do mútuo não for entregue, o negócio não se aperfeiçoa. A abertura de crédito de uma instituição financeira, por meio do qual se concede ao cliente o poder de concretizar o mútuo, apenas vai ocorrer quando o mutuário recebe o dinheiro. Fica claro nesse exemplo, a natureza real do contrato. Antes da entrega, existira apenas a promessa.

promessa de mútuo

Entretanto, nada impede que se estabeleça uma promessa de mútuo. Se a parte que se obrigou a emprestar descumprir a promessa, a outra poderá requerer o cumprimento específico da obrigação, acrescido dos danos, ou, eventualmente, apenas reclamar as perdas e danos. Nessa análise, cumpre aferir a natureza graciosa ou onerosa do contrato, o que terá importantes efeitos para se apurar a responsabilidade, eis que nos contratos graciosos responde-se apenas com dolo.

Veja-se que essa promessa tem força obrigacional e a parte interessada pode exigir da outra os cumprimentos dos deveres ajustados.

A entrega do bem, objeto do mútuo, seria, pois, um dos elementos constitutivos do contrato.

Essa natureza real, entretanto, é discutida. Para muitos, como Caio Mario[5], seria melhor reconhecer o mútuo como um negócio

---

4   "Art. 85. São fungíveis os móveis que podem substituir-se por outros da mesma espécie, qualidade e quantidade."

5   Para Caio Mario, aliás, a possibilidade de classificar como "reais" os contratos importa um "romantismo inútil", pois bastaria o acordo de vontades à sua celebração (*Instituições do Direito Civil*, vol. III, 12ª ed., Rio de Janeiro, Forense, 2007).

consensual. Em defesa dessa corrente, registra-se que até mesmo o dispositivo legal, do artigo 586, não requer a tradição da coisa como elemento para constituir o negócio.

contrato unilateral

A rigor, é um contrato unilateral, pois haverá obrigações apenas para o mutuário.

gracioso ou oneroso

Historicamente, o mútuo era gracioso. Assim era entre os romanos. O bem era emprestado por generosidade do mutuante. Diante disso, no mútuo ajustava-se a "devolução" da coisa, no seu gênero e qualidade, sem qualquer acréscimo. Não havia qualquer remuneração por esse empréstimo, como os juros dos mútuos de dinheiro. Assim, caso as partes naquela época desejassem estabelecer uma remuneração pela atividade de empréstimo, elas deveriam firmar outro contrato, apenas com esse fim. No caso do empréstimo em dinheiro, as partes firmavam o *stipulatio usurarum*. O *mutuum* era extremamente restrito.

Havia, até o advento do Código Civil de 2002, a presunção de gratuidade do mútuo. Hoje, contudo, a maior parte dos mútuos é onerosa, pois o mutuante espera uma contraprestação pelo empréstimo. É o que diz o artigo 591[6], segundo o qual se presumem devidos juros no mútuo de fins econômicos. Regra semelhante tem o artigo 1.145 do Código Civil português. Os juros representam a remuneração do mutuante pelo empréstimo.

personalíssimo

Não obstante essa não seja a regra, o mútuo, por vezes, será um contrato personalíssimo, ajustado em função das pessoas que firmaram o negócio, mas essa identificação necessitará, claro, da análise da situação concreta.

empréstimo de dinheiro

Um tipo muito comum de mútuo é o empréstimo de dinheiro, o bem fungível por excelência. O mutuante entrega dinheiro, que será restituído no futuro pelo mutuário. Nesses casos, muitas vezes o mutuante será uma instituição financeira e o contrato de empréstimo seguirá um padrão, ou seja: um contrato de adesão. De fato, esse tipo de negócio é um produto financeiro e o empréstimo nessas circunstâncias consiste numa relação de consumo. Já se reconheceu, inclusive pela Súmula 279 do STJ, que: "O Código de Defesa do Consumidor é aplicável às instituições financeiras."

Apenas pode haver mútuo em real, por conta do uso forçado da moeda, como, inclusive, consta do artigo 318[7].

---

6   "Art. 591. Destinando-se o mútuo a fins econômicos, presumem-se devidos juros, os quais, sob pena de redução, não poderão exceder a taxa a que se refere o art. 406, permitida a capitalização anual."

7   "Art. 318. São nulas as convenções de pagamento em ouro ou em moeda estrangeira, bem como para compensar a diferença entre o valor desta e o da moeda nacional, excetuados os casos previstos na legislação especial."

juros A remuneração do mutuante no empréstimo em dinheiro são os juros, referidos no artigo 591. Nos contratos com fins econômicos, esses juros, como se disse, são presumidos. Isto é, eles são devidos mesmo que não se tenha previsto expressamente sua incidência.

Juros, como se sabe, correspondem ao valor da oportunidade. São os juros remuneratórios ou compensatórios, merecidos porque a pessoa, que emprestou o dinheiro, ficou privada de seu capital. São os frutos civis, devidos pelo mutuário ao mutuante, do próprio capital.[8]

Ao emprestar dinheiro e cobrar uma remuneração por isso, estamos diante do mútuo feneratício, isto é, o empréstimo com juros.

Há os juros moratórios, devidos pelo atraso na devolução do valor emprestado, e os juros compensatórios, estes devidos a título de retribuição pelo empréstimo do capital.

Existe uma discussão histórica acerca da cobrança de juros. Isso porque, desde os tempos imemoriais, a fixação da taxa de juros foi fonte de abusos e o tema foi tratado, por vezes, até mesmo por preceitos religiosos.

Para os cristãos, emprestar dinheiro a juros consistia num pecado. O III Concílio de Latrão, de 1179, excomungou aqueles que emprestavam dinheiro com juros. Mais ainda, a mera argumentação acerca da natureza pecaminosa do empréstimo com juros foi considerada uma heresia pelo Concílio de Viena de 1311-1312.[9] Dante Alighieri, na sua obra clássica *A Divina Comédia*, colocou os usurários no sétimo círculo do inferno, como se vê no Canto XVII da obra monumental.

Os judeus estavam proibidos de emprestar dinheiro com juros aos demais judeus, mas não os cristãos. Segundo o livro do Deuteronômio: "Para um estrangeiro, vós podeis emprestar sob usura; mas não emprestarás sob usura ao vosso irmão." Uma das partes mais citadas da Bíblia é o Evangelho de Lucas: *Muutum date nihil inde sperantes*, isto é, empresta sem nada esperar em retorno (Luc 6,35). Como a igreja proibia a cobrança de juros, os judeus, principalmente na Idade Média, encontraram espaço nesse setor da economia, de empréstimo de dinheiro, pelo qual cobravam juros.[10] Aos poucos, historicamente, a cobrança de juros nos empréstimos foi sendo aceita socialmente.

Aliás, a palavra "banco", como referência às instituições financeiras, nasce desses emprestadores de dinheiro na idade média. Eles

---

8 Sobre o tema, ver José Roberto de Castro Neves, *Direito das Obrigações*, 6ª ed., Rio de Janeiro, GZ, 2016, p. 358 e seguintes.

9 Niall Ferguson, *A Ascensão do Dinheiro*, São Paulo, Editora Planeta, 2009, p. 38.

10 Sobre o tema Jacques Le Goff, *A Idade Média e o dinheiro*, Rio de Janeiro, Civilização Brasileira, 2014.

ficavam sentados em bancos nas praças de Florença e Veneza, e nesses "banchi" negociavam o mútuo.

A rigor, a história da arte ocidental tem uma dívida com os "juros". Isso porque, em 1303, o banqueiro de Pádua, Enrico degli Scrovegni construí, em sua cidade, uma capela como penitência, pelo fato de que cobrava juros. O pecado, aliás, corria em sua família, tanto que Dante colocara o pai de Enrico, Reginaldo degli Scrovegni, entre os usurários de seu inferno. Para expiar o mal, o banqueiro contratou Giotto para pintar a sua capela. O resultado foi extraordinário. Trata-se, seguramente, de uma das grandes obras primas da civilização. Giotto criou uma série de afrescos comparáveis apenas à Capela Sistina. A obra influenciou vivamente os artistas do Renascimento. A beleza da Capela Scrovegni – como ficou conhecida – é tamanha que sequer se falam dos juros.

limite dos juros

No Brasil, o Código Civil de 1916, inicialmente, concedia uma grande flexibilidade à fixação dos juros. Isso reflete o momento no qual a lei foi promulgada, de exaltação da liberdade contratual. Segundo o artigo 1.062 do antigo Código[11], a taxa legal de juros era de 6% ao ano, aplicável subsidiariamente, na hipótese de as partes não terem fixado outro índice.

Pouco depois, contudo, com a promulgação do Decreto nº 22.626, de 7.4.1933, passou-se a limitar os juros cobrados em mútuos para o dobro da taxa legal. Como os juros legais eram de 6%, o máximo legal era de 12%. Esse Decreto passou a ser conhecido como a Lei de Usura. Afinal, usura consiste exatamente na cobrança de juros acima do limite legal.

Mais adiante, sobreveio a Lei nº 4.595, de 31.12.1964, que visava a regulamentar o sistema financeiro nacional. Naquele contexto, discutiu-se se os limites de juros, indicados na Lei de Usura, deveriam valer também para as instituições financeiras. Prevaleceu o conceito de que as instituições financeiras poderiam cobrar juros superiores daqueles previstos no Decreto nº 22.623/33, na forma regulamentada pelo Banco Central.

Assim, vigora a regra de que a Lei de Usura se aplica aos contratos de mútuo em geral, mas não nos casos nos quais o mutuante for instituição financeira.

A Constituição Federal de 1988, ao tratar do Sistema Financeiro Nacional, cuidou de limitar os juros a 12% ao ano, na forma do artigo 192, § 3º. Segundo esse dispositivo, o limite máximo dos juros anuais era de 12%, aí incluídas todas as comissões e remunerações indiretas, sob pena de crime de usura. Essa regra cons-

---

11 "Art. 1.062. A taxa dos juros moratórios, quando não convencionada (art. 1.262), será de seis por cento ao ano."

titucional trouxe enorme discussão. Houve, até, uma ação direta de inconstitucionalidade, julgada pelo Supremo Tribunal Federal, para tratar especificamente do tema, pois deveria haver lei complementar para regulamentar o conceito de juros reais. Acabou por se concluir que a norma precisava ser melhor regulamentada. Enquanto isso não ocorresse, sua eficácia estava contida. Com isso, a regra virou um leão sem dente.

Em 2003, sobreveio a Emenda Constitucional 40, que revogou expressamente o dispositivo do § 3º do artigo 193 da Constituição Federal.

O Código Civil de 2002 tratou dos juros no artigo 406.[12] Aliás, o artigo 591,[13] relativo ao mútuo, expressamente se refere ao dispositivo do artigo 406 como sendo o limite da estipulação dos juros.[14]

A lei civil não tratou especificamente das instituições financeiras, cuja regulamentação, no que se refere aos juros, ficou a cargo da legislação própria. Vigora o conceito de que a lei especial tem prevalência em relação à norma geral. Assim, segue em vigor a Lei nº 4.595/64 para as instituições financeiras.

Contudo, os juros cobrados por instituições financeiras, previstos no artigo 4º, IX, da referida Lei nº 4.595, de 31.12.64[15], apenas se aplica aos empréstimos. Esse entendimento se chegou até mesmo em função do advento do Código de Consumidor, Lei nº 8.078, de 11.9.1990. Isso porque o Código do Consumo regula as instituições

---

12 "Art. 406. Quando os juros moratórios não forem convencionados, ou o forem sem taxa estipulada, ou quando provierem de determinação da lei, serão fixados segundo a taxa que estiver em vigor para a mora do pagamento de impostos devidos à Fazenda Nacional."

13 "Art. 591. Destinando-se o mútuo a fins econômicos, presumem-se devidos juros, os quais, sob pena de redução, não poderão exceder a taxa a que se refere o art. 406, permitida a capitalização anual."

14 Sobre juros no Direito brasileiro, veja-se Marcos Cavalcante de Oliveira, Moeda, Juros e Instituições Financeiras, Rio de Janeiro, Forense, 2006 e Luiz Antonio Scavone Junior, Juros no Direito Brasileiro, 2ª ed., São Paulo, Ed. Revista dos Tribunais, 2007.

15 "Art. 4º Compete ao Conselho Monetário Nacional, segundo diretrizes estabelecidas pelo Presidente da República: (...)
IX - Limitar, sempre que necessário, as taxas de juros, descontos comissões e qualquer outra forma de remuneração de operações e serviços bancários ou financeiros, inclusive os prestados pelo Banco Central da República do Brasil, assegurando taxas favorecidas aos financiamentos que se destinem a promover:
- recuperação e fertilização do solo;
- reflorestamento;
- combate a epizootias e pragas, nas atividades rurais;
- eletrificação rural;
- mecanização;
- irrigação;
- investimento indispensáveis às atividades agropecuárias;"

financeiras nas suas relações com os seus clientes. Esse tema foi objeto da Súmula 297 do STJ, segundo a qual: "O Código de Defesa do Consumidor é aplicável às instituições financeiras." Assim, há uma ferramenta mais severa, em amparo ao consumidor, se houver alguma prática abusiva, que pode ser, inclusive, a da cobrança desmesurada de uma remuneração, direta ou indireta, pelo empréstimo de dinheiro.

Também no que se refere à capitalização dos juros, as instituições financeiras podem estabelecer prazo inferior a um ano, ao contrário dos demais mútuos, nos quais o prazo mínimo para capitalização é anual, na linha do artigo 591 do Código Civil. Assim, ao fazer cálculo da atualização de uma dívida, não se pode acrescer os juros de um mês no mês seguinte, incorporando os juros ao principal da dívida para fins de verificar os juros devidos no período seguinte, sob pena de violar a lei civil. Essa prática acarreta o aumento extraordinário da dívida, sendo conhecida fonte de abuso. Ademais, computar juros em cima de juros, de forma não autorizada por lei, representará anatocismo. Essa majoração apenas pode dar-se anualmente.

Uma grande alteração trazida pelo artigo 406 do Código Civil consiste em deixar de prever juros fixos, previamente estabelecidos. Isso porque o dispositivo legal indica como os juros legais aqueles em vigor para os pagamentos em mora dos impostos à Fazenda Nacional.

A admissão dessa possibilidade de mudança da taxa de juros é inteligente. Não faz sentido, hoje, a estipulação de um limite fixo de juros. Atualmente, a economia se caracteriza por seu dinamismo. Melhor admitir que os juros possam flutuar, em conjunto com os humores da economia. Isso garantirá a correta remuneração do capital. De uma forma simples, pode-se verificar que, numa economia estável, a remuneração do capital é menor, pois menor o risco. De outro lado, numa economia turbulenta, a remuneração pelo capital deve ser maior, de sorte que maiores serão os juros. Em países de economia instável – e o nosso, infelizmente, se enquadra nessa categoria –, a adequada remuneração pelo capital varia de forma abrupta. Portanto, justo que se altere o valor dos juros ao longo do tempo, pois essa representa a forma de correto equilíbrio dessa relação.

Consoante se registrou, a regra do artigo 591 estabelece que os juros convencionais remuneratórios não poderão exceder o limite dos juros legais. Como há abusos decorrentes da cobrança excessiva de juros, a lei cria esse limite. O artigo 406 do Código Civil, acima mencionado, oferece a indicação demarca essa taxa de juros.

Se o legislador foi feliz em admitir a flutuação dos juros, falhou na precisa indicação da forma como isso se daria. Isso porque se discute a forma de se aplicar a regra.

O artigo 406 parece remeter à Taxa Selic (Sistema Especial de Liquidação e Custódia), criada pela Lei nº 9.065, de 20.6.95. Essa taxa vem sendo utilizada para atualizar os impostos devidos à Fazenda Nacional.

Todavia, a Selic apresenta problemas sérios. Para começar, ela engloba juros e correção monetária. Em função disso, como bem salienta Paulo Sanseverino, trata-se de uma "taxa com formação promiscua"[16]. Além disso, ela tem natureza programática, ou seja, trata-se de uma expectativa de inflação futura, não servindo de correta medição do custo da moeda. Em função disso, seu uso passou a ser vivamente criticado.

Defende-se, em função da inaptidão da Selic, a adoção do artigo 161 do Código Tributário Nacional[17], que estabelece o juro fixo de 1% ao mês. Para alguns, a existência de uma taxa fixa acarreta segurança e certeza do que se esperar, tanto da parte de quem toma o empréstimo, como da de quem dá.

Com relação aos juros remuneratórios, explicou-se que o limite, salvo para as instituições financeiras, é de 12% ao ano. No que se refere aos juros moratórios, entende-se que se aplica o mesmo limite. Aliás, o entendimento do STJ é no sentido de que, para os juros moratórios, o limite é de 12% ao ano. Assim, as instituições financeiras têm maior liberdade na fixação dos juros remuneratórios, porém devem adequar-se ao limite de 12% dos juros moratórios.

Como se viu, houve sempre o cuidado de se estabelecer um limite para os juros. Em resumo, atualmente, nos contratos de mútuo, o limite dos juros é aquele previsto no artigo 461 do Código Civil, com a capitalização anual.

correção monetária

Na devolução do dinheiro, deve incidir, ainda, a correção monetária. A correção não acarreta um proveito ao mutuante, porém apenas a equiparação do valor do dinheiro no tempo. Com a correção monetária, o valor do dinheiro se mantém.

Por força da Lei nº 10.192, de 14.2.2001, não se admite a correção monetária com atualização menor do que um ano.

garantia

O artigo 590[18] permite ao mutuante reclamar o oferecimento de uma garantia ao empréstimo se, antes do vencimento, sobrevier

---

16 *Contratos Inominados*, 2ª ed., São Paulo, RT, 2011, p. 349.

17 " Art. 161. O crédito não integralmente pago no vencimento é acrescido de juros de mora, seja qual for o motivo determinante da falta, sem prejuízo da imposição das penalidades cabíveis e da aplicação de quaisquer medidas de garantia previstas nesta Lei ou em lei tributária.
§ 1º Se a lei não dispuser de modo diverso, os juros de mora são calculados à taxa de um por cento ao mês.
2º O disposto neste artigo não se aplica na pendência de consulta formulada pelo devedor dentro do prazo legal para pagamento do crédito."

18 "Art. 590. O mutuante pode exigir garantia da restituição, se antes do vencimento o mutuário sofrer notória mudança em sua situação econômica."

mudança na situação econômica do mutuário. Evidentemente, a mudança de que fala a lei é aquela referente ao estado econômico do devedor, no qual sua situação se debilita, colocando em risco o recebimento da dívida.

Trata-se de um corolário do artigo 477 do Código Civil[19], que trata da exceção da inseguridade. Nesse dispositivo, a lei vai proteger a parte que, diante de um muito provável futuro inadimplemento, aguarde o cumprimento de sua prestação, até que a contraparte entregue a sua contraprestação ou ofereça garantia.

No caso do artigo 590, o mutuante pode reclamar o oferecimento da garantia para proteção de seu crédito. Evidentemente, isso só terá lugar se, de fato, houver essa alteração considerável da situação econômica. Caso o mutuário se recusar a apresentar a garantia, aplica-se o artigo 333 do Código Civil[20], que trata das hipóteses de vencimento antecipado da dívida. Afinal, um dos casos previstos em lei para essa antecipação ocorre se houver insuficiência de garantia. Portanto, ao fim, caso não seja dada a garantia, o mutuante terá como cobrar antecipadamente o empréstimo.

Embora a lei não diga, a regra do artigo 590 parece não se aplicar se o crédito estiver garantido. Afinal, a *ratio* da lei encontra-se na proteção do mutuante que, vendo a depreciação do patrimônio do mutuário seu devedor, com o crescimento de seu risco de não receber o crédito, pode adotar medidas. Contudo, se o crédito está devidamente garantido, o risco de prejuízo do mutuante encontra-se afastado, deixando de haver sentido da aplicação da norma.

mútuo a menor

O mútuo a pessoa menor é regulado pelo artigo 588[21]. Evidentemente, o negócio lícito exige a capacidade do agente. Se o menor for absolutamente incapaz, deve ser representado. Caso seja relativamente incapaz, o menor deve ser assistido em seus atos. Sem esses cuidados, o negócio é inválido.

---

19   "Art. 477. Se, depois de concluído o contrato, sobrevier a uma das partes contratantes diminuição em seu patrimônio capaz de comprometer ou tornar duvidosa a prestação pela qual se obrigou, pode a outra recusar-se à prestação que lhe incumbe, até que aquela satisfaça a que lhe compete ou dê garantia bastante de satisfazê-la."

20   "Art. 333. Ao credor assistirá o direito de cobrar a dívida antes de vencido o prazo estipulado no contrato ou marcado neste Código:
I - no caso de falência do devedor, ou de concurso de credores;
II - se os bens, hipotecados ou empenhados, forem penhorados em execução por outro credor;
III - se cessarem, ou se se tornarem insuficientes, as garantias do débito, fidejussórias, ou reais, e o devedor, intimado, se negar a reforçá-las.
Parágrafo único. Nos casos deste artigo, se houver, no débito, solidariedade passiva, não se reputará vencido quanto aos outros devedores solventes."

21   "Art. 588. O mútuo feito a pessoa menor, sem prévia autorização daquele sob cuja guarda estiver, não pode ser reavido nem do mutuário, nem de seus fiadores."

Entretanto, diante da característica real do mútuo, o menor, sem atentar aos requisitos de validade de seu ato, pode receber a coisa emprestada. Nesse caso, segundo o artigo 588, se houver empréstimo a menor, sem a autorização de quem tiver a guarda deste, o mutuante não poderá reaver a coisa.

A regra é dura. Quis a lei evitar que se abusasse do menor inexperiente. A lei, a rigor, não faz nenhuma distinção do menor relativa ou absolutamente incapaz. Interessante, também, notar que a lei cuida apenas da incapacidade relativa à idade. A norma não trata das outras incapacidades, como a dos doentes mentais.

O artigo 588 proíbe que se cobre até mesmo dos fiadores do menor. Não se cuida, aqui, de validade do ato, mas apenas da sua eficácia. Como se deseja proteger o menor, o maior que emprestou não pode cobrar a dívida.

O artigo 589[22] indica as situações nas quais a regra do artigo 588 deixa de ter eficácia. Como se verá, essas hipóteses são tão abrangentes, que a exceção acaba sendo mais comum do que a regra.

A primeira ocorrerá se a pessoa, cuja autorização era necessária para que o menor realizasse o negócio, ratificar o mútuo posteriormente. Isso ocorrerá, por exemplo, se os pais responsáveis pelo filho menor ratificarem o ato antes realizado apenas pelo incapaz.

No inciso II do artigo 589 do Código Civil, cuida-se do caso de o menor ter contraído o empréstimo para comprar os alimentos essenciais à sua subsistência e estando ausente o responsável. O conceito de ausência tem uma acepção específica no Direito Civil. Neste dispositivo, entretanto, a ausência significa simplesmente que o representante do menor não estava presente no momento específico no qual foi contraído o empréstimo necessário.

Alimentos, como se sabe, significa, nessa acepção, não apenas o que se irá comer, mas o grupo de bens que compõe o necessário para a subsistência de uma pessoa, como a moradia, remédios, estudos e, até mesmo, os alimentos *strito sensu*. A hipótese se refere à uma situação de necessidade do menor, razão pela qual se admite a licitude do negócio.

---

22 "Art. 589. Cessa a disposição do artigo antecedente:
I - se a pessoa, de cuja autorização necessitava o mutuário para contrair o empréstimo, o ratificar posteriormente;
II - se o menor, estando ausente essa pessoa, se viu obrigado a contrair o empréstimo para os seus alimentos habituais;
III - se o menor tiver bens ganhos com o seu trabalho. Mas, em tal caso, a execução do credor não lhes poderá ultrapassar as forças;
IV - se o empréstimo reverteu em benefício do menor;
V - se o menor obteve o empréstimo maliciosamente."

A terceira exceção prevista no inciso III do artigo 589 cuida da situação de o menor ter ganho algum valor com seu próprio trabalho. Veja-se que, de acordo com o art. 7º, XXXIII[23], da Constituição Federal, o menor, que conte com mais de 16 e menos de 18 anos, pode trabalhar e receber remuneração. Nesses casos, ele poderia assumir obrigações, desde que apresente condições de responder por essas obrigações com o patrimônio que amealhou. A lei registra que o credor, que eventualmente cobrar a restituição do valor emprestado, não poderá ultrapassar a força dos ativos do menor.

No inciso IV do artigo 589, aponta-se a situação de o empréstimo ter-se revertido em benefício do menor. Compete ao mutuante fazer a prova. Tome-se o caso de uma pessoa ter emprestado a um menor um valor e este adquiriu, digamos, uma televisão. Se não houver a devolução do valor emprestado, o mutuante pode provar que o dinheiro entregue foi utilizado para comprar o eletrodoméstico e, a partir daí, reclamar a devolução do dinheiro.

O legislador quis evitar que o menor pudesse experimentar um benefício sem causa, escondendo-se atrás de sua condição de incapaz. Evidentemente, se o menor teve proveito e se consegue provar essa vantagem, caberá a ele restituir o empréstimo.

De outro lado, se o menor desperdiçou o objeto do empréstimo, não sorvendo qualquer vantagem do negócio, o mutuante não poderá cobrar a devolução da coisa mutuada. O mutuante deveria saber dos riscos de fazer negócio com um incapaz e de que os riscos de perda do empréstimo eram consideráveis, inclusive levando em conta a inexperiência do menor no que se relaciona a negócios.

Por fim, o inciso V diz que o menor responderá se agiu com malícia. Evidentemente, o ordenamento não poderia prestigiar a maldade.

Também será possível cobrar se o menor declara, falsamente, ser maior, como se vê do artigo 180 do Código Civil[24].

Diferentemente, se o menor entregou a coisa em mútuo, o negócio poderá ser anulado, reclamando-se a pronta devolução de quem recebeu o bem. Se o empréstimo foi em dinheiro, a devolução deve vir acrescida de juros.

---

23 "Art. 7º São direitos dos trabalhadores urbanos e rurais, além de outros que visem à melhoria de sua condição social:
(...)
XXXIII - proibição de trabalho noturno, perigoso ou insalubre a menores de dezoito e de qualquer trabalho a menores de dezesseis anos, salvo na condição de aprendiz, a partir de quatorze anos"

24 "Art. 180. O menor, entre dezesseis e dezoito anos, não pode, para eximir-se de uma obrigação, invocar a sua idade se dolosamente a ocultou quando inquirido pela outra parte, ou se, no ato de obrigar-se, declarou-se maior."

prazo   O contrato de mútuo terá um prazo ajustado para o seu fim, quando o mutuário deve entregar a coisa. Se o empréstimo for permanente, o negócio se aproximará da doação.

Nas hipóteses em que isso não ocorrer, vale o artigo 592[25], que fala de presunções relativas de seu vencimento.

O caso mais comum encontra-se mencionado no inciso II: se o empréstimo for de dinheiro e as partes não tiverem convencionado o prazo, este será, pelo menos, de trinta dias.

O inciso III traz uma regra genérica, que acaba por dar força ao mutuante. Segundo a regra, caso não haja prazo definido e o bem dado em empréstimo não for produto agrícola, referido no inciso I, ou dinheiro, mencionado no II, o prazo será aquele declarado pelo mutante. Evidentemente, essa regra deve ser temperada com a boa-fé. Não pode ser fonte de abusos. O prazo sempre será aquele razoável.

---

[25] "Art. 592. Não se tendo convencionado expressamente, o prazo do mútuo será:
I - até a próxima colheita, se o mútuo for de produtos agrícolas, assim para o consumo, como para semeadura;
II - de trinta dias, pelo menos, se for de dinheiro;
III - do espaço de tempo que declarar o mutuante, se for de qualquer outra coisa fungível."

BIBLIOGRAFIA

Enrique AHRENS, *História Del Derecho*, Buenos Aires, Editorial Impulso, 1945.

Alain de BOTTON e John ARMSTRONG, *A Arte como Terapia*, Rio de Janeiro, Intrínseca, 2014.

Robert ALEXY, *Teoria dos Direitos Fundamentais*, São Paulo, Malheiros Editores, 1986.

Carlos Ferreira de ALMEIDA, Contratos II, 2ª ed., Coimbra, Almedina, 2011.

Alceu AMOROSO LIMA, *Introdução ao Direito Moderno*, 4ª ed., Rio de Janeiro, Editora PUC, 2001.

ARISTÓTELES, Ética a *Nicômacos*, 3ª ed., Brasília, Ed. UNB, 1999.

P. S. ATIYAH, The Sale of Goods, 8ª ed., London, Pitman, 1994.

Jaques ATTALI, *Os judeus, o dinheiro e o mundo*, São Paulo, Futura, 2003.

Álvaro Vilaça AZEVEDO, *Contratos Inominados ou Atípicos*, São Paulo, Bushatsky, 1975.

Antonio Junqueira AZEVEDO, "Princípios do Novo Direito Contratual e Desregulamentação do Mercado, Direito de Exclusividade nas Relações Contratuais de Fornecimento, Função Social do Contrato e Responsabilidade Aquiliana do Terceiro que contribui para Inadimplemento Contratual" *in* Revista dos Tribunais, nº 750, São Paulo, ed. RT, 1998.

José Osório de AZEVEDO JÚNIOR, "Compra e Venda Imobiliária" *in* Direito dos Contratos II, São Paulo, Quartier Latin, 2008.

Washington de BARROS MONTEIRO, *Curso de Direito Civil 5*, 36ª ed., São Paulo, Saraiva, 2009.

João Augusto BASÍLIO, *Shopping Centers*, Rio de Janeiro, Renovar, 2005.

Gabriel BAUDRY-LACANTINERIE, *Contratto di Locazione*, vol. I, Milano, Casa Editrice Dottor Francesco Villardi, 1903.

Emilio BETTI, *Teoria General Del Negócio Jurídico*, Madrid, Editorial Revista de Derecho Privado, 1969.

Leonardo de Faria BERALDO, Função Social do Contrato, Belo Horizonte, Del Rey, 2011.

Clovis BEVILAQUA, *Código Civil dos Estados Unidos do Brasil Comentado*, vol. IV, Rio de Janeiro, Livraria Freitas Bastos, 1958.

Marco Aurélio BEZERRA DE MELO, Curso de Direito Civil - Direito dos Contratos, São Paulo, Atlas, 2015.

Mônica Yoshizato BIERWAGEN, *Princípios e Regras de Interpretação dos Contratos no Novo Código Civil*, 2ª ed., São Paulo, Saraiva, 2003.

Hans Christoph BINSWANGER, *Dinheiro e Magia*, Rio de Janeiro, Zahar, 2010.

Pietro BONFANTE, *Histoire du Droit Romaine*, tome premier, Paris, Sirey, 1928.

Alexandre Freitas CÂMARA, *O Novo CPC e a Revogação de alguns dispositivos do Código Civil - Parte I*, Disponível em <http://justificando.com/2015/08/07/o-novo--cpc-e-a-revogacao-de-alguns-dispositivos-do-codigo-civil-parte-i/>

Sylvio CAPANEMA DE SOUZA, *A Lei do Inquilinato Comentada*, 5ª ed., Rio de Janeiro, GZ Editora, 2009.
- *Comentários ao Código Civil*, vol. VIII, Rio de Janeiro, Forense, 2004.

Vladimir Mucury CARDOSO, Revisão Contratual e Lesão, Rio de Janeiro, Renovar, 2008.

M. CARVALHO SANTOS, *Código Civil Brasileiro Interpretado*, vol. XVI, 13ª ed., Rio de Janeiro, Livraria Freitas Bastos, 1991.

M.I. CARVALHO DE MENDONÇA, M.I. Carvalho de Mendonça, *Contractos no Direito Civil Brasileiro*, 2ª ed., Rio de Janeiro, Editora Freitas Bastos, 1939.

José Roberto de CASTRO NEVES, *O Direito das Obrigações*, 6ª ed., Rio de Janeiro, GZ, 2016.
- *Uma Introdução ao Direito Civil*, 3ª Ed., Rio de Janeiro, GZ Editora, 2011.
- *A Invenção do Direito*, Rio de Janeiro, Edições de Janeiro, 2015.

Ebert CHAMOUN, *Instituições de Direito Romano*, Rio de Janeiro, Ed. Forense, 1951.
- *Da Retrocessão nas Desapropriações*, Rio de Janeiro, Forense, 1959.

Pietro COGLIOLO, *Filosofia del Diritto Privato*, Firenze, Barbèra, 1888.

Fabio Konder COMPARATO, *O Seguro de Crédito*, São Paulo, RT, 1968.

André COMTE-SPONVILLE, *O amor*, São Paulo, Martins Fontes, 2011.

Clovis do COUTO E SILVA, *A obrigação como processo*, Rio de Janeiro, FGV Editora, 2007.

Eduardo COUTURE, *Interpretação das Leis Processuais*, São Paulo, Max Limonad, 1956.

José CRETELLA JÚNIOR, *Curso de Direito Romano*, 26ª ed., Rio de Janeiro, Forense, 2001.

Celso Ferreira da CUNHA, *Gramática da Língua Portuguesa*, 12ª ed., Rio de Janeiro, FAE, 1990.

San Tiago DANTAS, *Programa de Direito Civil II*, Rio de Janeiro, Editora Rio, 1978.

René DAVID, *Os Grandes Sistemas do Direito Contemporâneo*, São Paulo, Martins Fontes, 1998.

Marcelo DICKSTEIN, A *boa-fé objetiva na modificação tácita da relação jurídica: surrectio e suppressio*, Rio de Janeiro, Lúmen Júris, 2010.

Luis DÍEZ-PICAZO, *Experiencias jurídicas y teoria del derecho*, 3ª ed., Barcelona, Ariel, 1993.

Digesto, Livro II, Título XIV, 7, §4º. *Du Digeste,* Tome Premier, Paris, Chez Behmer et Lamort, 1804.

Carlos Gustavo Vianna DIREITO, *Do Contrato*, Rio de Janeiro, Renovar, 2007.

Ronald DWORKIN, *Uma questão de princípio*, 2ª ed., São Paulo, Martins Fontes, 2005.

Eduardo ESPÍNOLA FILHO, A *Locação Residencial e Comercial*, vol. I, 3ª ed., São Paulo, Livraria Freitas Bastos, 1956.

Niall FERGUSON, A *Ascensão do Dinheiro*, São Paulo, Editora Planeta, 2009.

Paula A. FORGIONI, *Teoria Geral dos Contratos Empresariais*, São Paulo, Ed. Revista dos Tribunais, 2010.

Luiz FUX, *Locações, Processo e Procedimentos*, Rio de Janeiro, Ed. Destaque, 1992.

Pablo STOLZE GAGLIANO e Rodolfo PAMPLONA FILHO, *Novo Curso de Direito Civil*, vol. IV, tomo II, São Paulo, Saraiva, 2008.

Rodrigo GARCIA DA FONSECA, A Função Social do Contrato e o Alcance do Artigo 421 do Código Civil, Rio de Janeiro, Renovar, 2007.

John GILISSEN, *Introdução Histórica ao Direito*, Lisboa, Fundação Calouste Gulbekian, 1979.

Frederic GIRARD, *Manuel Élémentaire de Droit Romain*, Paris, Librairie Arthur Rousseau, 1924.

Luiz Roldão de Freitas GOMES, *Contrato*, 2ª ed., Rio de Janeiro, Renovar, 2002.

Orlando GOMES, Transformações Gerais do Direito das Obrigações, Rio de Janeiro, Ed. Revista dos Tribunais, 1967.

Orlando GOMES, *Contratos*, 26ª ed., Rio de Janeiro, Forense, 2008.

Carlos Roberto GONÇALVES, *Direito Civil Brasileiro 3*, 7ª ed., São Paulo, Saraiva, 2010.

Cunha GONÇALVES, *Da Compra e Venda*, São Paulo, Ed. Monteiro Lobato, 1930.

Alessandro GROPPALI, *Introdução ao Estudo do Direito*, 3ª ed., Coimbra, Coimbra Editora, 1978.

Yuval Noah HARARI, *Sapiens*, 3 ed., Porto Alegre, L&PM, 2015.

H.L.A. HART, *O Conceito de Direito*, São Paulo, Martins Fontes, 2009.

Rudolf Von IHERING, A *luta pelo direito*, 12ª ed., Rio de janeiro, Forense, 1992.

- A *evolução do direito*, 2ª ed., Salvador, Livraria Progresso, 1956.

- *O espírito do direito romano*, vol. III, Rio de Janeiro, Alba Editora, 1943.

Jorge Mosset ITURRASPE, Contratos, Buenos Aires, Rubinzal, 2010.

Carlos Nelson KONDER, *Contratos Conexos*, Rio de Janeiro, Renovar, 2006.

Paulo LÔBO, *Contratos*, São Paulo, Saraiva, 2011.

Marcos de Campos LUDWIG, *Usos e Costumes no Processo Obrigacional*, São Paulo, Ed. Revista dos Tribunais, 2015.

Francisco Paulo de Crescenzo MARINO, *Contratos Coligados no Direito Brasileiro*, São Paulo, Saraiva, 2009.

Caio MARIO, *Instituições de Direito Civil*, vol. III, 12ª ed., Rio de Janeiro, Forense, 2007.

Thomas MARKY, *Curso Elementar de Direito Romano*, 8ª ed., São Paulo, Saraiva, 1995.

Judith MARTINS-COSTA, A *Boa-Fé no Direito Privado – critérios para a sua aplicação*, São Paulo, Marcial Pons, 2015.

José Carlos MATOS PEIXOTO, *Curso de Direito Romano*, 4 ed., Rio de Janeiro, Haddad Editor, 1960.

Marcel MAUSS, *Sociologia e Antropologia*, 4ª reimpressão, Cosac Naify, São Paulo, 2011.

José Carlos MOREIRA ALVES, *Direito Romano*, vol. II, 6ª ed., Forense, Rio de Janeiro, 1997.
- *A Retrovenda*, Rio de Janeiro, Borsoi, 1967.

Pontes de MIRANDA, *Comentários ao Código de Processo Civil*, tomo I, Rio de Janeiro, Forense, 2001.
- *Tratado de Direito Privado*, 2ª ed., tomo XII, Rio de Janeiro, Ed. Borsoi, ano
- *Tratado de Direito Privado*, Parte Especial, tomo XXXIX, Rio de Janeiro. Ed. Borsoi, 1962.

Luís Cabral de MONCADA, *Lições de Direito Civil*, 4ª ed., Coimbra, Almedina, 1995.

Paulo NADER, *Curso de Direito Civil, Contratos*, 3ª ed., vol. 3, Rio de Janeiro, Forense, 2008.

Walter Vieira NASCIMENTO, *Lições de História do Direito*, 14ª ed., Rio de Janeiro, Forense, 2003.

Teresa NEGREIROS, *Teoria dos Contratos*, Rio de Janeiro, Renovar, 2002.

Nelson NERY JUNIOR, *Código Civil Comentado*, 4ª ed., São Paulo, Ed. Revista dos Tribunais, 2006.

Marcos Cavalcante de OLIVEIRA, Moeda, Juros e Instituições Financeiras, Rio de Janeiro, Forense, 2006.

Adalberto PASQUALOTTO, *Contratos Nominados III*, São Paulo, Ed. RT, 2008.

Pietro PERLINGIERI, *Perfis do Direito Civil*, Rio de Janeiro, Renovar, 1997.

Oscar PILLAGALLO, *A Aventura do Dinheiro*, São Paulo, Publifolha, 2000.

Richard A POSNER, *A Economia da Justiça*, São Paulo, Martins Fontes, 2010.

Gustav RADBRUCH, *Filosofia do Direito*, 6ª ed., Coimbra, Armênio Amado Editor, 1979.

Georges RIPERT, *Les Forces Créatrices Du Droit*, Paris, LGDJ, 1955.
- *A regra moral nas obrigações civis*, 2ª ed., Campinas, Bookseller, 2002.

Arnaldo RIZZARDO, *Contratos*, 8ª ed., Rio de Janeiro, Forense, 2008.

Roberto de RUGGIERO, *Instituições de Direito Civil*, vol. III, São Paulo, Saraiva, 1958.

Enzo ROPPO, *O Contrato*, Coimbra, Almedina, 2009.

Paulo de Tarso Vieira SANSEVERINO, *Contratos Nominados II*, 2ª ed., São Paulo, Ed. Revista dos Tribunais, 2011.

Sergio SÁ MENDES, *Direito Romano Resumido*, 2ªed., Rio de Janeiro, Ed. Rio, 1978.

Antonio Padoa SCHIOPPA, *História do Direito na Europa*, São Paulo, Martin Fontes, 2014.

Luiz Antonio SCAVONE JUNIOR, *Juros no Direito Brasileiro*, 2ª ed., São Paulo, Ed. Revista dos Tribunais, 2007.

Anderson SCHREIBER, *A proibição de Comportamento Contraditório*, Rio de Janeiro, Renovar, 2005.

Cáio Mario da SILVA PEREIRA, *Instituições de Direito Civil*, vol. III, 12ª ed., Rio de Janeiro, Forense, 2007.

Humberto THEODORO JUNIOR, *O Contrato e seus Princípios*, Rio de Janeiro, Aide, 1993.

Humberto THEODORO NETO, *Efeitos Externos do Contrato*, Rio de Janeiro, Forense, 2007.

Haroldo VERÇOSA, *Contratos Mercantis e a Teoria Geral dos Contratos*, São Paulo, Quartier Latin, 2010.

Cesare VIVANTE, *Trattato di Diritto Commerciale*, vol. IV, V ed., Milano, Casa Editrice Dottor Francesco Vallardi, 1926.

Arnoldo WALD, *Direito Civil - Contratos em Espécie*, 18ª ed., São Paulo, Saraiva, 2009.

Jack WEATHERFORD, *A História do Dinheiro*, São Paulo, Negócio Editora, 1999.

José Guilherme Vasi WERNER, *A formação, o controle e a extinção dos contratos de consumo*, Rio de Janeiro, Renovar, 2007.

Franz WIEACKER, *História do Direito Privado Moderno*, 2 ed., Lisboa, Fundação Calouste Gulbekian, 1967.

ÍNDICE ALFABÉTICO REMISSIVO

A

ação de despejo 155, 171, 172, 187
acasos de nulidade pela função do comprador 155, 171, 172, 187,
ad pompam vel ostentationem 152, 193
ad pompam ve ostentationem 155
Alexy 215
alienação de coisa litigiosa 215
alienação de estabelecimento comercial 70
alienação do bem locado 162, 180
alienação fiduciária em garantia 42, 86
aluguel-pena 155, 172
Álvaro Vilaça Azevedo 215
Anderson Schreiber 219
André Cmte-Sponville 216
animus donandi 101, 112, 114, 147
Antonio Junqueira de Azevedo 17
aquisição pelo ascendente de bens de filho menor 61
Aristóteles 215
Arnold Wald 75

B

Baudry-Lacantinerie 151
benfeitorias 49, 63, 64, 74, 81, 124, 152, 158, 160, 161, 162, 164, 181, 182, 199, 200
bens e vantagens 104
boa-fé VII, XV, 12, 14, 17, 20, 21, 22, 27, 33, 49, 50, 56, 70, 71, 83, 105, 144, 160, 162, 166, 181, 185, 199, 200, 213, 216

C

Caio Mario 48, 56, 75, 77, 78, 203
capacidade das partes 57
Carlos Roberto Gonçalves 136, 196
Carvalho Santos 216
caveat emptor 71
Celso Ferreira da Cunha 135

Cesare Vivante 219
cláusula de impenhorabilidade 113
cláusula de inalienabilidade 44, 113, 114
cláusula de incomunicabilidade 113
cláusula de vigência 163, 172, 173
cláusula resolutiva expressa 82, 83
cláusula resolutiva tácita 28
Clovis Bevilaqua 61, 101, 115, 140
Clovis do Couto e Silva 216
Código de Defesa do Consumidor 34, 204, 208
Código Justiniano 7
coisa 3, 7, 12, 20, 21, 28, 31, 37, 38, 39, 40, 41, 42, 43, 45, 46, 47, 48, 49, 50, 51, 53, 55, 57, 60, 63, 64, 65, 66, 67, 68, 69, 70, 72, 74, 75, 76, 77, 78, 79, 80, 81, 82, 83, 84, 85, 86, 87, 89, 90, 92, 93, 94, 95, 96, 97, 98, 100, 105, 108, 109, 111, 114, 118, 120, 144, 149, 150, 152, 153, 154, 155, 156, 157, 158, 160, 161, 162, 163, 164, 165, 166, 172, 178, 179, 181, 189, 191, 192, 193, 194, 195, 196, 197, 198, 199, 200, 201, 202, 203, 204, 211, 212, 213
coisa exposta ao risco 47
coisas futuras 45, 46
comodato 7, 31, 153, 189, 191, 192, 193, 194, 195, 196, 197, 198, 199, 200, 202
companheiro 126, 127, 130, 132, 140, 174
compra a non domino 48
compra e venda IV, 6, 21, 27, 31, 32, 35, 38, 39, 40, 41, 42, 43, 44, 45, 46, 47, 48, 51, 52, 53, 55, 57, 58, 59, 60, 62, 64, 65, 66, 67, 69, 70, 71, 72, 73, 74, 75, 79, 80, 81, 82, 83, 85, 87, 89, 90, 97, 99, 100, 107, 112, 114, 126, 152, 163, 164, 170, 202
compra e venda aleatória 46
compra e venda entre cônjuges 60
Concílio de Latrão 205
concordância expressa 103
concordância tácita 103

condição propter nuptias 119
condomínio 63, 64, 65, 69, 81, 110, 178, 179, 181
condômino 63, 64, 65, 79, 80, 81, 181
confiança 4, 20, 22, 24, 71, 72, 83, 86
cônjuge adúltero 129
consenso 2, 4, 5, 27, 40, 57, 95, 96, 196
consensualismo 8, 35
consentimento do cônjuge 59, 60, 62, 90, 106
consignatário 92, 93, 94, 95, 96, 97, 98, 149
consumo XIII, 9, 71, 151, 189, 202, 204, 213, 219
contrato aleatório 31, 45
contrato bilateral 40, 89
contrato com prazo determinado 33
contrato com prazo indeterminado 33
contrato comutativo 40, 70, 108, 153
contrato de adesão 33, 34, 204
contrato de execução instantânea 33
Contrato estimatório XV, 91
contrato real 95, 105, 151, 191, 192, 195, 203
contratos acessórios 32
contratos atípicos 35
contratos bilaterais 23, 28, 29, 66
contratos comutativos 30
contratos consensuais 31
contratos gratuitos 29
contratos mistos 35
contratos não solenes 32
contratos principais 32
contratos reais 31, 191, 195
contratos solenes 32
contratos sujeitos à condição 33
contratos típicos 34, 35, 39
contrato sujeito a evento 33
contratos unilaterais 27, 28
contratos unilaterais imperfeitos 27
contratos verbais e literais 31
correspectividade 27
crédito 4, 16, 39, 41, 42, 43, 50, 51, 62, 66, 75, 83, 86, 87, 128, 129, 203, 209, 210
Cunha Gonçalves 43
curso forçado da moeda 57

D

Dante Alighieri 205
descumprimento de encargo 145
despesas 58, 64, 74, 84, 85, 86, 89, 104, 112, 130, 156, 178, 179, 180, 193, 198
deterioração da coisa 68, 156
dever de gratidão 107, 133
deveres laterais 21, 22
dicta et promissa 70
dies interpellat pro homine 154, 197
Digesto 6, 53, 59, 91, 104, 128, 217
dignidade da pessoa humana 19, 25
direito de preferência 63, 64, 65, 79, 80, 81, 82, 163, 164, 180, 181
direito de retenção 152, 158, 160, 161, 162, 164, 182, 199
direito de superfície 151, 152
dirigismo contratual 15
doação XV, 6, 27, 29, 35, 40, 41, 44, 56, 59, 60, 64, 99, 100, 101, 102, 103, 104, 105, 106, 107, 108, 109, 110, 111, 112, 113, 114, 115, 116, 117, 118, 119, 120, 121, 122, 123, 124, 125, 126, 127, 128, 129, 130, 131, 132, 133, 134, 135, 136, 137, 138, 139, 140, 141, 142, 143, 144, 145, 146, 147, 148, 181, 182, 192, 196, 213
doação ao nascituro 103
doação ao neto 127
doação com encargo 27, 114, 115, 116, 143
doação condicional 118, 119
doação de bens alheios 105
doação de bens futuros 105
doação em fraude contra credores 127
doação entre cônjuges 128, 129, 133
doação inoficiosa 121, 124, 125
doação mista 114
doação mortis causa 100, 107
doação na tutela 129
doação para pessoa jurídica 110
doação pura 104, 112, 142
doação remuneratória 115, 116, 117, 142, 143
doação reversível 118
doação universal 121
doação verbal 106, 110, 111, 112

doações conjuntivas 110
domínio 8, 39, 41, 42, 44, 45, 49, 50, 53, 67, 69, 72, 73, 75, 82, 83, 84, 85, 86, 93, 97, 112, 149, 202, 203
donatário 27, 99, 100, 101, 102, 103, 104, 105, 107, 108, 109, 112, 113, 114, 115, 116, 117, 118, 119, 120, 122, 123, 124, 126, 128, 130, 131, 133, 134, 135, 136, 137, 138, 139, 140, 141, 142, 143, 144, 145, 146, 147, 148
donatione sub modo 114
Dostoiévski 168
drag along 65
dworkin 217

E
Ebert Chamoun 216
Eduardo Couture 216
Eduardo Espínola Filho 217
Empréstimo XV, 189
empréstimo de consumo 202
empréstimo de dinheiro 201, 204, 205, 208
emptio rei speratae 46, 47
emptio spei 45, 47
emptio venditio 38
emptor 38, 71
encargo 26, 27, 54, 103, 104, 109, 114, 115, 116, 134, 142, 143, 144, 145, 146, 175
equivalência econômica 18, 28, 30, 176
essentialia negotii 42
Eurípedes 140
Evangelho de Lucas 205
evicção 69, 70, 108, 109
exceptio non adimpleti contractus 28
exceptio non rite adimpleti contractus 28
execução diferida 33

F
favor negotii 25
fontes das obrigações 2
formalidade 7, 31, 41, 110, 111, 181, 199
função social VII, XIV, 10, 14, 16, 17, 18, 19, 24, 28, 49
fundo de comércio 186, 188

G
garantia do bem dado em consignação 98

H
Hans Christoph Binswanger 216
Hart 217
honra do doador 138

I
ingratidão 27, 117, 119, 134, 135, 136, 137, 138, 140, 141, 142, 143, 144, 145, 146, 148
interesse social 9, 10, 15, 16, 25, 81, 168
interpretação integrativa 26
interpretação restritiva 107
Interpretatio contra stipulatorem 34

J
Jack Weatherford 38
Jaques Attali 38
Jhering 9, 13, 18
João Augusto Basílio 187
José Carlos Moreira Alves 218
José Osório de Azevedo Júnior 215
José Roberto de Castro Neves 216
Judith Martins-Costa 218
Juros 205, 207, 218, 219
jus disponendi 93, 98
Justiniano 7, 134, 135, 146, 195
jus tolendi 160, 162

K
Konder 32, 216

L
legítima 21, 22, 59, 90, 113, 120, 121, 122, 123, 124, 125, 126, 127, 137, 147, 154
Lei de Locação 63, 169, 187
Lei de Usura 206
Lilia Moritz 45
limite dos juros 206, 208, 209
Locação I, III, XV, 63, 149, 167, 168, 169, 187, 217
Locação de imóveis XV, 167
locação não residencial 182
locação residencial 169, 174, 185
locatio romana 150
Luís Cabral de Moncada 189
Luiz Fux 217
Luiz Roldão de Freitas Gomes 217

M

Marcel Mauss 218
Marino 218
menor em negócios de pequena monta 58
mensuram 51, 52
M.I. Carvalho de Mendonça 134, 216
moeda 38, 39, 53, 54, 57, 153, 176, 177, 202, 204, 209
Moreira Alves 6, 46, 74, 146, 150
multa 85, 158, 159, 160, 171, 184
mútuo 7, 13, 31, 75, 139, 173, 185, 189, 191, 192, 195, 201, 202, 203, 204, 205, 206, 207, 209, 210, 211, 212, 213
mútuo a menor 210
mutuum 7, 201, 204

N

Nelson Nery Junior 64
Niall Ferguson 205

O

objeto IX, 2, 7, 15, 21, 22, 29, 39, 40, 42, 43, 44, 45, 46, 47, 48, 49, 51, 55, 56, 60, 65, 67, 68, 69, 70, 71, 72, 73, 74, 75, 77, 82, 83, 85, 93, 96, 98, 102, 105, 108, 109, 111, 112, 113, 116, 118, 126, 127, 131, 144, 146, 147, 148, 149, 150, 151, 152, 153, 155, 156, 157, 164, 165, 169, 172, 174, 187, 191, 192, 194, 195, 198, 199, 201, 203, 208, 212
obrigação de meio 94
obrigação de restituir 94, 189, 192
obrigação natural 142, 143
ofensa física 135, 138
opção 18, 73, 74, 92, 116, 144, 156, 159, 188
Orlando Gomes 40, 56, 76, 77, 78, 79, 80, 157
Oscar Pillagallo 218
outorga do cônjuge 58, 132

P

Pablo Stolze Gagliano 217
pacto comissório 75, 82
pacto de melhor comprador 81, 82
pactum 6, 7, 76, 79, 146, 147
pactum protimiseos 79
Paulo de Tarso Vieira Sanseverino 96, 105, 106, 138
Paulo Lôbo 168
Paulo Nader 218
Paulo Sanseverino 209
perecimento da coisa 157, 203
Perlingieri 218
Pietro Bonfante 216
Pontes de Miranda 218
prazo 33, 50, 53, 61, 63, 64, 67, 68, 70, 73, 74, 76, 77, 78, 79, 80, 81, 82, 84, 85, 92, 94, 95, 96, 97, 98, 103, 106, 116, 124, 125, 126, 131, 132, 141, 145, 151, 152, 154, 155, 156, 158, 159, 160, 162, 163, 164, 170, 171, 172, 173, 174, 175, 177, 178, 179, 180, 181, 183, 184, 185, 186, 187, 191, 196, 197, 208, 209, 210, 213
precário 197
preço 23, 26, 27, 28, 38, 39, 40, 42, 43, 46, 47, 51, 52, 53, 54, 55, 56, 57, 58, 60, 63, 64, 65, 66, 68, 70, 71, 73, 74, 79, 80, 81, 83, 84, 85, 86, 92, 93, 94, 96, 97, 98, 114, 123, 144, 152, 153, 156, 169, 172, 176, 177, 178, 180, 181, 187, 193
preço de estima 92, 93, 94
preço vil 56, 60
preferência 62, 63, 64, 65, 78, 79, 80, 81, 82, 162, 163, 164, 180, 181
princípio da boa-fé XV, 20, 166
princípio da confiança 22
Princípio da conservação 25
princípio da obrigatoriedade XV, 13, 16, 84
Princípio da ordem pública 17
princípio da relatividade dos contratos 24, 175
princípios gerais 10, 11, 12
Promessa de compra e venda 72
Promessa de doação XV, 146
propter rem 69
Protágoras de Abdera 111
prova do ato 66, 192

R

rebus sic stantibus 17
Reintegração de Posse 111
rei speratae 46, 47
relação de consumo 151, 204
Rem pro re 89
renovação 186, 187
rescisão 56, 82, 83, 158, 159, 160, 173

reserva de usufruto 109, 136, 146
res perit domino 68, 83, 96, 97, 195, 203
restituição 52, 76, 84, 92, 94, 95, 96, 98, 100, 122, 144, 154, 160, 166, 171, 179, 196, 197, 198, 202, 209, 212
restituição da coisa 96, 100, 144, 166, 196
Retrocessão 81, 216
Retrovenda 74, 218
Revogação da doação XV, 133
risco 17, 31, 45, 46, 47, 48, 67, 68, 96, 97, 121, 128, 195, 198, 199, 208, 210
riscos 47, 67, 68, 69, 71, 83, 93, 181, 195, 198, 202, 203, 212
Rizzardo 43, 48, 76, 80, 126, 133, 143, 147
Rodolfo Pamplona Filho 54

S

San Tiago Dantas 43, 55, 78
segurança jurídica 10, 11, 16, 22, 25, 49
Selic 208, 209
Shakespeare VII, XIII, XIV, 133, 134, 201
sinalagma 28, 30, 54, 151, 193
solidariedade 141, 170, 200, 210
stipulatio 7, 31, 204
subvenção periódica 120
Sylvio Capanema de Souza 63, 91, 170

T

tag along 65
teoria da imprevisão 16, 17, 30, 40, 56
terceiro de boa-fé 144

tipicidade dos contratos 34
tradição 41, 42, 46, 67, 68, 69, 86, 87, 96, 100, 105, 106, 110, 112, 151, 191, 192, 195, 202, 204
transferência do bem 41, 43, 44, 49, 64, 67, 68, 100, 114, 193
Troca I, III, XV, 89

U

Ulpiano 53, 91

V

Velho Testamento 37
venda a contento 76, 77, 78
venda ad corpus e ad mensuram 51
venda com reserva de domínio 83, 84, 85, 86
venda de imóvel hipotecado 50
venda em consignação 91, 92, 97
venda entre ascendente e descendente 59
venda sob mostra 48
venda sobre documentos 87
venda sujeita à prova 78
vênia do cônjuge 106, 170
Verçosa 219
vício oculto 70, 156
vícios redibitórios 69, 70, 108, 109, 156
Vivante 15, 39
vontade XV, 1, 5, 6, 7, 8, 9, 10, 14, 15, 17, 19, 20, 24, 27, 33, 34, 35, 50, 57, 59, 73, 76, 77, 84, 86, 101, 135, 141, 142, 153, 170, 174, 183, 191, 195

Impressão e acabamento:

Grupo SmartPrinter
Soluções em impressão